权威·前沿·原创

皮书系列为

"十二五""十三五""十四五"时期国家重点出版物出版专项规划项目

GREEN BOOK

智库成果出版与传播平台

北京旅游绿皮书

GREEN BOOK OF BEIJING'S TOURISM

北京旅游发展报告（2021~2022）

ANNUAL REPORT ON BEIJING'S TOURISM DEVELOPMENT(2021-2022)

编　著／北京旅游学会

主　编／张　辉

社会科学文献出版社

SOCIAL SCIENCES ACADEMIC PRESS（CHINA）

图书在版编目（CIP）数据

北京旅游发展报告.2021～2022/张辉主编.－－北
京：社会科学文献出版社，2022.4
（北京旅游绿皮书）
ISBN 978－7－5201－9673－4

Ⅰ.①北…　Ⅱ.①张…　Ⅲ.①旅游业发展－研究报告
－北京－2021－2022　Ⅳ.①F592.71

中国版本图书馆 CIP 数据核字（2022）第 021835 号

北京旅游绿皮书
北京旅游发展报告（2021~2022）

主　　编/张　辉

出 版 人/王利民
组稿编辑/任文武
责任编辑/杨　雪
文稿编辑/谷丹阳
责任印制/王京美

出　　　版/社会科学文献出版社·城市和绿色发展分社（010）59367143
　　　　　　地址：北京市北三环中路甲 29 号院华龙大厦　邮编：100029
　　　　　　网址：www.ssap.com.cn
发　　　行/社会科学文献出版社（010）59367028
印　　　装/天津千鹤文化传播有限公司

规　　　格/开　本：787mm×1092mm　1/16
　　　　　　印　张：21.25　字　数：315 千字
版　　　次/2022 年 4 月第 1 版　2022 年 4 月第 1 次印刷
书　　　号/ISBN 978－7－5201－9673－4
定　　　价/128.00 元

读者服务电话：4008918866

主要编撰者简介

张　辉　1957 年 9 月生。北京交通大学旅游系教授，博士生导师，山东诸城人。陕西省"三秦学者"岗位教授，世界旅游城市联合会专家委员会副主任，文化和旅游部"十四五"规划专家委员会委员，中国旅游改革发展咨询委员会委员，北京市旅游学会副会长，北京大学、西北大学、陕西师范大学、长安大学、河北师范大学、海南大学兼职教授，《旅游管理》《旅游科学》等编委会顾问，中国旅行社集团决策委员会委员，中国国旅集团顾问，1993 年起享受国务院特殊津贴。

张辉教授长期从事旅游经济宏观理论与旅游产业的研究，先后主持完成国家社会科学基金项目、教育部人文社会科学基金项目等三项。先后出版《中国旅游产业发展模式及运行方式》《中国旅游产业转型环境、制度与构建研究》《旅游经济学》《旅游经济论》《消费经济学》《现代饭店经营管理与实务》等著作十余部，在《光明日报》（理论版）《经济日报》（理论版）《经济学动态》《商业经济与管理》《旅游学刊》等报刊杂志上发表论文数十篇。荣获省部级社会科学优秀成果奖一等奖二项，三等奖三项。2003 年在第三届"新世纪中国改革人物征评活动"中，被授予"新世纪中国改革人物"荣誉称号。

前　言

北京旅游学会，于 1980 年 12 月 21 日成立，是经北京市民政局批准登记的社会团体，主办单位原为北京市旅游局，后更名为北京市旅游发展委员会，现为北京市文化和旅游局。

北京旅游学会自成立以来，不断聚力学会发展，探讨旅游业热点话题、理论问题，积极开展学术交流，充分发挥了其交流平台的作用。经过多年发展，北京旅游学会得到了全国旅游界的认可，具有较大影响力，于 2015 年获评中国社会组织评估最高等级 5A 级，于 2017 年被中国社科联评为全国先进社团组织。

"北京旅游绿皮书"是由原北京市旅游委委托北京旅游学会编著的年度连续出版物，自 2012 年以来，已连续出版了八册。该书为全国省级旅游部门的第一本旅游绿皮书，出版后得到了广泛的关注和好评，形成较强的社会影响力，为北京乃至全国旅游发展提供了重要理论与实践参考。《北京旅游发展报告（2017）》荣获第九届"优秀皮书奖"一等奖，《北京旅游发展报告（2019）》荣获第十一届"优秀皮书奖"二等奖。

本书将围绕热点，服务国家战略，以"北京旅游高质量发展和构建新格局"为主题，设置"冬奥时代体育旅游发展""入境旅游和国际案例""文旅融合""文化公园建设"四个板块，希望能给旅游学界、政界和业界读者带来一些新的启迪与思考。

北京旅游学会紧密结合北京旅游发展的实际，积极承担旅游重大课题的研究，把学术活动和论坛成果付诸北京旅游发展实践，使旅游理论不断服务

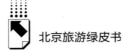

于实践。北京旅游学会充分发挥智囊作用，以"服务首都旅游发展"为宗旨，凝聚智慧，围绕前沿学术热点，广泛开展学术交流活动和沙龙，举办首都旅游发展论坛、旅游研究北京论坛两个品牌论坛，力求通过政、产、学、研相互交流融合的方式，对北京的文化旅游和京津冀旅游协同发展起到桥梁和纽带作用，并形成丰富的成果。

本书系在中国旅游高速发展 40 年的背景下，旅游学界的专家学者对中国民营旅游经济发展现象和发展规律的深度思考，由北京市文化和旅游局委托北京旅游学会研究编撰。借此，感谢北京市文化和旅游局、北京市社团办对学会工作的持续关心、指导和支持！感谢社会科学文献出版社对本书的支持！感谢众多专家学者的辛勤撰稿！感谢北京旅游学会全体会员的不懈努力！

摘　要

　　《北京旅游发展报告（2021～2022）》是"北京旅游绿皮书"的第九本年度报告。全书由总报告和21篇专题报告组成。总报告《2020年北京市文旅融合新发展》提出北京市文旅融合新思路，分析了北京市文旅融合发展的新局面，并对日后的工作进行了展望。

　　基于"国家战略与热点问题"，21篇专题报告围绕"北京旅游高质量发展与新格局构建"这一主题，设立"冬奥时代体育旅游发展""入境旅游和国际案例""文旅融合""文化公园建设"四个板块。

　　其中，冬奥时代体育旅游发展板块包含七篇报告，《北京建设高质量体育旅游目的地的战略思考》从战略背景、战略机遇和战略任务三个方面对北京建设世界一流的高质量体育旅游目的地进行阐述。《冬奥会背景下北京滑雪旅游市场分析》则以建设国际一流滑雪旅游名城为目标，在冬奥之城的总战略下，把北京滑雪旅游推向绿色、高效、美好的高质量发展新阶段。《冬奥会背景下京张体育文化旅游带的建设现状与发展建议》提出打造京张体育文化旅游带对京张两地经济产业转型升级以及京津冀一体化发展具有重要意义。《冬奥会推动北京体育旅游发展的策略研究——基于北京冬奥会雪上场馆可持续利用视角》一文依据冬奥会场馆可持续发展理念的政策背景，借鉴了国外冬奥会场馆可持续利用的经验，针对我国冬奥会雪上场馆利用的难点，对北京体育旅游发展提出可行性建议。《攀岩旅游研究及北京攀岩旅游发展建议》一文立足于优化攀岩旅游产品开发与设计、完善攀岩旅游运营体系和加强攀岩旅游合作与交流三个方面，提出优化措施与建议，以期提升当前北京攀岩旅游运营能力,助力北京攀岩旅游高质量发展。《霞慕尼与环勃朗峰地区文化旅游业协同发展对京张体育文化旅游带的启示》借鉴霞慕尼与环勃朗峰地区在体育文化旅游融合发展和区域协同方面的实践经验,结合京张地区实际,提出京张体育文化旅游带在区域融合、产业融合等方面的发展策略。《新格局下京津冀体育旅游产业协同发展的韧性构建》一文认为,在新发展格局下京津冀体育旅游协同发展过程中要把韧性应对融入全过程,提升"化危为机""革故鼎新"能力,从而实现京津冀体育旅游产业协同发展新局面。

入境旅游和国际案例板块包含六篇文章,《旅游市场战略的新近调整与变迁思考》梳理了改革开放以来不同时期的旅游市场战略"四个版本",研究了其确立、发展和变迁的背景及相关因素,尤其是入境旅游市场由"大力发展"到"积极发展"再到需要"振兴"的演变过程,提出了一些值得业界共同思考的论点。《后疫情时代北京入境客源市场开拓应有的认识——以日本客源市场营销为例》一文以后疫情时代北京入境日本客源市场为例进行研究,并提出相应的营销对策和建议。《把"讲好中国故事"置于首位,开启北京入境旅游新篇章》建议新时期北京把"讲好中国故事"置于发展首位,并以此开启北京入境旅游与中国入境旅游的新篇章。《日本京都振兴入境旅游政策研究》系统梳理了日本京都振兴入境旅游的各项政策措施,据此提出了"京都经验"对于北京入境旅游的借鉴意义。《讲好长城故事:慕田峪长城国际营销创新和应用》提出慕田峪长城旅游服务公司需要进一步加强市场分析,做好国际营销工作,讲好长城故事,为疫情后国际市场的恢复和拓展未雨绸缪。《西班牙、法国入境旅游发展经验梳理及对北京的启示》一文通过梳理分析西班牙、法国在入境旅游产品建设、旅游宣传推广、服务管理等方面的成功做法,并结合北京入境旅游发展实际提出针对性的政策建议,以期为助推北京入境旅游高质量发展带来有益启示。

文旅融合板块包括四篇文章,《中国城市文化和旅游融合的发展潜力》一文通过深入分析文化和旅游融合发展的背景,从资源禀赋、产业基础、支撑环境三个维度构建文化和旅游融合的发展潜力指标体系,测算2009～2019

年262个地级及以上城市文化和旅游融合发展潜力指数，统计各城市发展潜力排名及时空变化特征，深入分析城市文化和旅游融合发展潜力的影响因素。我国应当积极将城市文化和旅游融合发展的潜力转化为文化和旅游产业发展的实力，实现我国城市产业结构转型升级和空间品质的提升。《北京文化和旅游融合发展——以东城区为例》从北京视角、中国视角、世界视角和未来视角对东城区的文化和旅游融合的现状进行了分析，最后对北京文化和旅游融合发展提出了对策与建议。《北京非遗与旅游的融合：案例分析、认知体系、融合路径》一文对三个非遗与旅游融合案例进行了分析，获得非遗与旅游融合的四条认知体系与五种融合路径；以及非遗的旅游发展要根植于地方特征，非遗与旅游的结合，旨在实现双方共赢。《从"故宫以东"看文旅融合品牌化发展》一文指出，北京市东城区"故宫以东"利用品牌识别力，树立城市新形象，推进"文化东城"建设，同时发挥品牌信用背书的作用，发挥品牌的经济效益和文化内涵，为文旅融合产品增强市场竞争力。

文化公园建设板块包含四篇文章，《北京大运河国家文化公园建设策略和思路》一文结合北京地区大运河文化的特点，分析了大运河国家文化公园的建设功能，提出大运河国家公园建设应注意几个方面的问题，进而提出北京市建设大运河国家文化公园应采取的基本对策和思路。《北京大运河文化建设的旅游资源分析》系统分析了北京大运河沿线资源类别和空间分布特征，并给予旅游价值评判，进而对北京大运河沿线各区如何有效开展大运河旅游文化建设提出合理建议。《北京国家文化公园体制机制建设研究》立足首都北京，通过梳理北京国家文化公园的建设现状，分析了其在规划和建设中面临的问题与挑战，最后针对北京国家文化公园的体制机制问题，从管理、经营、财政、法律、公众参与五个方面对北京国家文化公园的建设提出见解和展望。《"智慧长城"和"智慧运河"——国家文化公园建设的技术化应用研究》"智慧长城""智慧运河"在数字中国战略的牵引下需充分发挥数字化优势，如何有效平衡保护传承和运营发展的关系是推进国家文化公园数字化的关键。该文首先阐述了国家文化公园数字化建设—运营的现状，

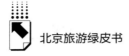

说明了运营主体前期数字化发展过程中的相关问题和难点，以及建设国家文化公园带来的新动能；其次，基于行业现状梳理了国家文化公园数字化建设的内容与路径；最后，提出了国家文化公园数字化建设的方向建议。

在以国内大循环为主体、国内国际双循环相互促进的新发展格局大背景下、新发展阶段下，旅游如何适应国家新发展格局的基本要求，更好地发挥综合性优势，推动我国旅游高质量持续发展，成为旅游领域重大的研究课题。《北京旅游发展报告（2021~2022）》四个板块紧紧围绕"北京旅游高质量发展与新格局构建"这一主题展开讨论，每篇文章都有较高的理论价值与实践意义，能给旅游学界、政界和业界读者带来不一样的启迪与思考。

关键词： 北京旅游　冬奥　高质量发展

Abstract

The Annual Report on Beijing's Tourism Development (*2021 – 2022*) is the ninth book in the series Green Books of Beijing's Tourism. The book consists of one main report and 21 special reports. The main report, *The New Development of Beijing Culture and Tourism Integration In 2020*, indicates the new idea and situation of cultural and tourism fusion in various fields, and the prospect of the work in 2021 is put forward.

Based on the theme of "National Strategies and Hot Issues", 21 articles focused on the theme of "Beijing Tourism High-quality Development and New Pattern Construction", and established 4 sections: Sports Tourism Development in Winter Olympics Era Section, Inbound Tourism and International Cases, Cultural Tourism Integration, and National Cultural Park.

The Sports Tourism Development in Winter Olympics Era section consists of seven articles. *Strategic Thinking on Beijing's Construction of a High-Quality Sports Tourism Destination* elaborates on Beijing's construction of a world-class high-quality sports tourism destination from three aspects: strategic background, strategic opportunities and strategic tasks. *Analysis of Beijing Ski Tourism Market in the Context of the Winter Olympics* puts forward that with the goal of building a world-class ski tourism city, under the overall strategy of the Winter Olympic City, Beijing ski tourism will be promoted to a new stage of green, efficient, beautiful and high-quality development. *Construction Status and Development Proposals for the Beijing-Zhangjiakou Sports Cultural Tourism Belt in the Context of the Winter Olympics* proposes that the construction of the Beijing-Zhangjiakou Sports Cultural Tourism Belt is of great significance to the transformation and upgrading of the economy industry of two cities, as well as the integrated development of Beijing, Tianjin and Hebei.

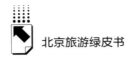
In view of the difficulties in the utilization of snow venues in the Winter Olympics in China, *Research on Strategies for the Winter Olympics to Promote the Development of Sports Tourism in Beijing—Based on the Perspective of Sustainable Use of Snow Venues in the Beijing Winter Olympics* puts forwards some feasible suggestions for the development of sports tourism in Beijing. *Research on Rock Climbing Tourism and Recommendations for the Development of Beijing Rock-Climbing Tourism* is based on three aspects: optimizing the development and design of rock-climbing tourism products, improving the rock-climbing tourism operation system, and strengthening rock-climbing tourism cooperation and exchanges, and proposes optimization measures and suggestions. *Enlightenment of the Coordinated Development of Cultural Tourism Between Chamonix and the Mont Blanc Region to the Beijing-Zhangjiakou Sports Cultural Tourism Belt* based on the practical experience of Chamonix and the Mont Blanc Region development and regional coordination of sports and cultural tourism, this paper puts forward the development strategies of Beijing Zhangjiakou sports and cultural tourism belt in terms of regional integration and industrial integration.

The Resilience Construction of the Coordinated Development of the Beijing-Tianjin-Hebei Sports Tourism Industry Under the New Pattern proposes to integrate resilience response into the whole process and enhance the ability to "turn crises into opportunities" and "renovate the old", so as to achieve a new situation of coordinated development of the Beijing-Tianjin-Hebei sports tourism industry.

The section of Inbound Tourism and International Communication includes six articles. *Thoughts on Recent Adjustments and Changes of Tourism Market Strategy* combs the "four versions" of the tourism market strategy in different periods since the reform and opening up, and studies the background and related factors of its establishment, development and changes. *Knowledge for Beijing's Inbound Tourist Market Development in the Post-Epidemic Era-Taking Japanese Tourist Source Marketing as an Example* takes Beijing's inbound Japanese tourist market as an example for research, and proposes corresponding marketing measures and suggestions. *Putting "Telling a Good Chinese Story" in the First Place and Opening a New Chapter in Beijing's Inbound Tourism* suggests that in the new era, Beijing should put "telling a good Chinese story" in the first place in its development, and thus open a new chapter in Beijing's inbound tourism and China's inbound tourism. *The Policy Research on Revitalizing Inbound Tourism in Kyoto, Japan* systematically combs various policies and measures for revitalizing inbound tourism in Kyoto, and puts forward the reference significance of "Kyoto experience" for Beijing. *Telling the Story of the Great Wall: Innovation and Application of International Marketing of Mutianyu Great Wall* puts forward that Mutianyu great wall needs to further strengthen market analysis, do a good job in international marketing and prepare for the recovery and expansion of the international market after the epidemic. *Combing the Development Experience of Inbound Tourism in Spain and France and Its Enlightenment to Beijing* puts forward targeted policy suggestions in combination with the actual development of Beijing, in order to bring beneficial enlightenment to boost the high-quality development of inbound tourism in Beijing.

The integration of culture and tourism section includes four articles. *The Development Potential of China's Urban Culture and Tourism Integration* points out that we should actively promote the transformation of the development potential of urban culture and tourism integration into the development strength of culture and tourism industry, so as to realize the transformation and upgrading of China's urban industrial structure and the improvement of spatial quality. *The Integrated Development of Culture and Tourism in Beijing - Taking Dongcheng District as an Example* analyzes the integration of culture and tourism in Dongcheng District from the perspectives of Beijing, China, the world and the future, and finally puts forward countermeasures and suggestions for the integrated development of culture and tourism in Beijing. *The Integration of Beijing Intangible Cultural Heritage and Tourism: Case Analysis, Cognitive System and Integration Path* analyzes three cases of the integration of intangible cultural heritage and tourism, and obtains four cognitive systems and five integration paths of the integration of intangible cultural heritage and tourism. *Observing the Brand Development of Cultural Tourism Integration from the "East of the Forbidden City"* points out that we should give play to the role of brand credit endorsement, give play to the economic benefits and cultural connotation of the brand, and enhance the market competitiveness of cultural tourism integration products.

The National Cultural Park section contains five articles. *The Construction*

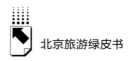

Strategies and Ideas of Beijing Grand Canal National Cultural Park puts forward the basic countermeasures and ideas that should be taken in the construction of Beijing Grand Canal National Cultural Park. *The Analysis of Tourism Resources for the Cultural Construction of the Beijing Grand Canal* systematically analyzes the types and spatial distribution characteristics of resources along the Beijing Grand Canal, and gives the evaluation of tourism value. *Research on the Construction of System and Mechanism of Beijing National Cultural Park* puts forward opinions and prospects for the construction of Beijing National Cultural Park from five aspects: management, operation, finance, law and public participation. "*Smart Great Wall*" *and* "*smart canal*" —*Research on the Technical Application of National Cultural Park Construction* puts forward suggestions on the direction of digitization of national cultural park.

Under the background of the new development pattern with the domestic big cycle as the main body and the mutual promotion of domestic and international double cycles, how to adapt to the basic requirements of building a new national development pattern in the new development stage, give better play to the comprehensive advantages and promote the high-quality and sustainable development of China's tourism has become a major research topic in the field of tourism. The four sections of *The Annual Report on Beijing's Tourism Development* (*2021 – 2022*) closely focus on the theme of "high-quality development and new pattern construction of Beijing Tourism". Each article has high theoretical value and practical significance, which can bring different enlightenment and thinking to tourism academic, political and industry readers.

Keywords: Beijing Tourism; Winter Olympics; High-quality Development

目 录 ⬈

Ⅰ 总报告

G.1 2020年北京市文旅融合新发展 …………………… 陈 冬 / 001

Ⅱ 冬奥时代体育旅游发展篇

G.2 北京建设高质量体育旅游目的地的思考
………………………… 曾博伟 程金燕 / 015
G.3 冬奥会背景下北京滑雪旅游市场分析 …………………… 张宪玉 / 030
G.4 冬奥会背景下京张体育文化旅游带的建设现状与发展建议
………………………… 陈 希 何道刚 刘惠敏 / 038
G.5 冬奥会推动北京体育旅游发展的策略研究
——基于北京冬奥会雪上场馆可持续利用视角
………………………… 王敬先 刘 铮 / 053
G.6 攀岩旅游研究及北京攀岩旅游发展建议 …… 高辉娜 邱安琪 / 071
G.7 霞慕尼与环勃朗峰地区文化旅游业协同发展对京张体育文化
旅游带的启示 ………………………… 金豆豆 / 086

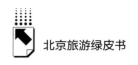

G. 8 新发展格局下京津冀体育旅游产业协同发展的韧性构建

.... 梁　强 / 094

Ⅲ　入境旅游和国际案例篇

G. 9 旅游市场战略的新近调整与变迁思考 .... 高舜礼 / 117

G. 10 后疫情时代北京入境客源市场开拓应有的认识

　　　　——以日本客源市场营销为例

　　　　.................... 德村志成（TOKUMURA/SHISEI）/ 132

G. 11 把"讲好中国故事"置于首位，开启北京入境旅游新篇章

　　　　.............. 李创新　王雪莉　蒋　蕾　格根塔娜 / 145

G. 12 日本京都振兴入境旅游政策研究

　　　　............................ 王　侃　仲一鸣　王越川 / 153

G. 13 讲好长城故事：慕田峪长城国际营销创新和应用

　　　　............ 周久树　罗　星　贾亚顿　蔡　红　高　爽 / 171

G. 14 西班牙、法国入境旅游发展经验梳理及对北京的启示

　　　　................................ 吴若山　郭　亮 / 185

Ⅳ　文旅融合篇

G. 15 中国城市文化和旅游融合的发展潜力

　　　　............ 厉新建　张　琪　陶志华　宋昌耀 / 195

G. 16 北京文化和旅游融合发展

　　　　——以东城区为例 ...... 杨晶晶　张　琪　厉新建　崔　莉 / 213

G. 17 北京非遗与旅游的融合：案例分析、认知体系、融合路径

　　　　........ 张祖群　吴秋雨　陈　琦　谢心怡　李　昕　胡　英 / 225

G.18 从"故宫以东"看文旅融合品牌化发展

············ 李雪敏　甘晓帆　方晨子 / 251

Ⅴ　文化公园建设篇

G.19 北京大运河国家文化公园建设策略和思路 ············· 陈喜波 / 264

G.20 北京大运河文化建设的旅游资源分析

············ 蒋世和　马宝建　吴若云 / 274

G.21 北京国家文化公园体制机制建设研究

············ 邹统钎　苗　慧　常东芳　仇　瑞 / 287

G.22 "智慧长城"和"智慧运河"

——国家文化公园建设的技术化应用研究 ··········· 汪早荣 / 299

皮书数据库阅读 **使用指南**

总 报 告

G.1
2020年北京市文旅融合新发展

陈 冬*

摘　要： 本文对2020年北京市文化和旅游各项工作从推动全面从严治党、常态化疫情防控与复工复产、文化艺术繁荣发展、提升文化和旅游公共服务效能、非遗创造性转化创新、促进文化和旅游产业发展、优化文化和旅游市场环境、文化和旅游国内外交流合作、加强现代治理体系与能力建设、文旅融合发展等十个方面提出北京市文旅融合新思路，分析了北京市文旅融合发展的新局面，并对2021年的工作进行了展望。

关键词： 北京市　文化和旅游融合　高质量发展

　　2020年，是全面建成小康社会和"十三五"规划收官之年。北京市文

---

* 陈冬，北京市文化和旅游局党委书记。

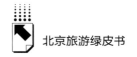
化和旅游局坚持以习近平新时代中国特色社会主义思想为指导，全面贯彻党的十九大和十九届二中、三中、四中、五中全会精神，在市委市政府、市委宣传部的坚强领导下，统筹推进疫情防控和文化旅游业发展，攻坚克难、砥砺前行，危中寻机、稳中求进，文化事业、文化产业繁荣发展，旅游业稳步复苏，各项工作取得积极成效。

一　强化全面从严治党

习近平新时代中国特色社会主义思想学习深入扎实。北京市文化和旅游局始终以政治建设为统领，严守政治规矩和政治纪律，树牢"四个意识"、坚定"四个自信"、做到"两个维护"；采取集中宣讲、培训轮训、交流研讨等形式，深入学习习近平新时代中国特色社会主义思想和党的十九届四中、五中全会精神，真正做到学深悟透、融会贯通；制定《2020 年理论中心组学习计划》，全年开展理论中心组学习和研讨 18 次；严格落实"三会一课"、组织生活会等党的组织生活基本制度，努力做到学而思、学而行；积极发挥"学习强国"、党员与先锋等学习平台的作用，推动学习往深里走、往实里走。

组织建设不断强化。北京市文化和旅游局严格落实组织生活制度，党员领导干部带头落实"一岗双责"；指导 15 家基层党组织进行换届选举工作，完成 2019 年度基层党组织书记述职评议；开展"两优一先"评比表彰活动，159 名同志和 30 个先进基层党组织受到表彰，两名同志被市直机关工委评为优秀党务工作者和优秀共产党员；举办庆祝建党 99 周年暨迎"七一"表彰展览；落实党员教育管理工作，有序推进 2020 年党员发展工作，主动做好生活困难党员帮扶慰问；组织开展党员献爱心活动，捐款 40.4158万元。

全面从严治党深入推进。北京市文化和旅游局 2020 年专题召开全面从严治党工作会议，制定全面从严治党责任清单，层层压实各级党组织主体责任；加强对局属单位全面从严治党工作专项检查，督促落实"三重一大"决策事项；制定局机关纪律检查委员会工作暂行办法，建立完善以"一会一清单、一区一述职、两检查一考核"为主体的工作机制；召开警示教育大会，从严从实推动全面从严治党和反腐倡廉建设；严格执行关于加强采购工作日常监督管理的规定，加强项目采购监督；加强意识形态的正面引导和阵地管控，开展因疫情导致的旅游行业矛盾纠纷及社会风险排查评估分析；做好全局系统网宣、网评、网监、网管工作，提升管网治网用网水平；加强局系统落实意识形态责任制情况日常督查、全年检查，并督促做好整改。

二　统筹推进常态化疫情防控与复工复产

面对疫情对文化和旅游业的巨大冲击，全局系统上下一心，主动担当作为，守好首都文化和旅游阵地。

疫情管控有效有力。成立市文化和旅游局疫情防控工作领导小组，统筹全市文化和旅游系统疫情防控工作。春节期间，北京市文化和旅游局率先取消近万场包括营业性演出在内的文化活动，关闭全市近9000个文化场所、娱乐场所，关闭封闭式管理的181家旅游景区，有效阻断了因人员聚集引发的疫情传播风险。迅速调集力量，对全市3000余家旅行社和1000余名带团导游进行统计摸排，统筹协调1182个在京旅游团队、31587人安全结束行程，帮助出境游团队2.8万余人全部安全回国。做好入境旅客转运管理工作。抽调局机关30多名同志参加指定酒店协调小组和入境人员新国展集散点服务保障工作，在新国展承担酒店预订中心组和接待组工作，其间指定酒店累计接待短期入境来京商务出差人员、各地中转过境旅客"两类人员"10304人，累计使用客房8724间。协助社区开展疫情防控工作。组织两批次共26名党员干部下沉到社区担负疫情防控任务，630名在职党员为所在社区提供志愿服务1906次。及时调解因疫情产生的矛盾纠纷。1月23日至7月20日，累计收到游客投诉7790件，已办结7787件，办结率为99.96%，涉及旅游退费金额累计3704.1万元。疫情期间，全市旅行社退团

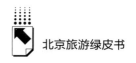

13525 个，涉及游客 76.45 万人，涉及金额 25 亿元。执行严格防疫举措。制定并及时更新演出场所、旅游景区等文旅领域 10 个重点行业防控指引。新发地聚集性疫情发生后，文旅部门果断采取更为严格的管控措施，动态更新公园、景区、酒店、乡村旅游经营单位（户）开放防控指引（指南），对酒店入住政策进行 16 次更新调整，确保酒店防疫安全。

帮扶企业精准高效，加强政策指引。制定《应对新冠肺炎疫情影响推动旅游业健康发展的若干措施》；退回 2122 家旅行社服务质量保证金10.48 亿元；将旅游企业纳入"房租通""投贷奖"政策支持范围；将受疫情影响较大的乡村民宿纳入京郊旅游政策性保险服务体系。加大资金扶持。发挥北京文化艺术基金扶持引导作用，2020 年度资助项目 115 个，资助资金超过 1 亿元。实施疫情防控期间演出票价补贴政策，58 家剧场1571 场演出申报疫情防控期间演出票价补贴。推进旅游融资担保服务体系建设，对旅行社、酒店、乡村旅游等受疫情影响较大的旅游企业（户）提供融资担保服务，累计为 317 家单位（户）提供贷款担保支持，放款金额约 6 亿元。

三　着力推进文化艺术繁荣发展

2020 年北京演出市场共演出 6984 场，观众 185.1 万人次，票房收入约2.8 亿元。

舞台艺术创作成果显著。国家大剧院歌剧《青春之歌》入选文化和旅游部 2020～2021 年度"中国民族歌剧传承发展工程"重点扶持剧目。京剧《锁麟囊》代表北京市参加 2020 年全国基层戏曲院团网络会演，当日直播观看总量 149 万人次。京剧《党的女儿》、歌剧《长征》、河北梆子《人民英雄纪念碑》、话剧《玩家》获第九届北京市文学艺术奖（戏剧类作品）。推出原创京剧《李大钊》《许云峰》，实现线上线下同步与观众见面。推出首部反映京杭大运河北京段的舞台艺术作品——大型原创京剧交响套曲《京城大运河》。挖掘整理传统京剧剧目《朱痕记》《凤鸣关·天水关》，策划创排昆曲《救风尘》《红娘》等剧目，均已首演。

以"艺"抗"疫"作品不断涌现。北京京剧院创作京歌《战疫情》《中国脊梁——致钟南山》等，点击量均超千万次。北方昆曲剧院推出《端正好·楚江吟》《丹心映日护人寰》《苍生大医》等昆曲唱段；创出抗疫主题昆曲元素话剧《逆行者》。北京交响乐团创作交响诗《奔跑的勇士——为抗击疫情的白衣天使而作》、交响序曲《武汉2020》，均已首演。北京戏曲艺术职业学院以"抗疫"为主题，创作鼓曲联唱《温情满人间》等作品并纳入《中华美德故事汇》。

文艺演出精彩纷呈，创新形式开展"云演出"。剧院运营服务平台充分利用新媒体融合传播，举办"戏韵动京城"京津冀精品戏曲剧目线上展演。北京京剧院推出传统大戏赏析栏目，将《龙凤呈祥》《四郎探母》等传统经典剧目搬至"云剧场"。北方昆曲剧院推出文艺抗"疫"·"云"赏雅集系列活动，线上推送《续琵琶》《牡丹亭》等一系列优秀剧目。北京交响乐团推出线上"首都市民音乐厅"《艺术抗"疫"专辑》，观看人次数近5000万。线上线下展演同频共振齐发力。创新举办全国首个5G直播的戏曲文化活动——2020年中国戏曲文化周，线下演出180场，线上直播和视频网络播放总量超过2000万次。举办相约台湖艺术有你——北京市属院团优秀剧目展演、第九届北京市文学艺术奖舞台艺术获奖剧目展演、"一城三带"舞台艺术作品展演、韵·北京——北京市属院团优秀剧目年度展演季等活动，共推出204场演出。北京京剧院举办"流派经典剧目展演"；北京画院举办"此中真味——齐白石艺术里的中国哲思"等7项展览。

四 持续提升文化和旅游公共服务效能

坚持示范引领，强化顶层设计，对接群众文化和旅游需求，不断丰富首都人民群众的精神文化生活。

示范区建设卓有成效。印发《北京市公共文化服务体系示范区建设中长期规划（2019年—2035年）》《北京市公共文化服务体系示范区建设标

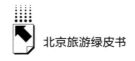

准》。起草北京市文化和旅游公共服务设施规划。指导石景山、门头沟、西城三区完成第四批国家公共文化服务体系示范区（项目）验收工作。积极推进全域旅游示范区创建工作，昌平区和门头沟区成功创建第二批国家全域旅游示范区。

提升基层公共文化服务机构服务效能，2020 年开展街道（乡镇）综合文化中心服务效能评估工作，重点提升 100 个街道（乡镇）社区活动中心（综合文化中心）服务品质。

公共文化服务供给丰富多样。2020 年四级联动开展首都市民系列文化活动 2.2 万场。举办"逛京城、游京郊——'5·19 中国旅游日'线上云游北京活动"，以"线上发布＋景区云游"的形式，推出 10 条特色旅游线路，在线观看 500 万人次。开展"首图讲坛"等多种形式的线上读者活动，参与人次近 4000 万。开展全民艺术普及月系列文化活动，举办线上线下公益文化活动 1691 项、7903 场，总服务人次接近 2000 万。持续丰富线上公共数字文化资源供给，总计达 2TB。

公共文化服务基础设施不断完善。实现公共图书馆"一卡通"全覆盖，开通 404 个街乡成员馆。进行旅游厕所改造提升和等级评定，指导各区开展文旅设施无障碍环境建设。推进智慧旅游相关工作，制定完善"一键游北京"智慧文旅平台建设方案。完善北京智慧旅游地图，实现 17 家老年人文化旅游接待基地和 228 家 A 级景区的虚拟导游。城市副中心图书馆、剧院开工建设；北京市文化中心建设项目完成主体工程及二次结构施工；北昆国际文化艺术中心开工建设；北京画院改扩建项目已完工；吉祥戏院完成装修改造。

五　深入推动非遗创造性转化、创新性发展

秉持"见人见物见生活"的理念，深化非遗保护机制和政策研究，推动中华优秀传统文化创造性转化、创新性发展。

构建非遗政策体系。落实《北京市非物质文化遗产条例》，出台并实施

《北京市非物质文化遗产传承发展工程实施方案》。研究起草《北京市曲艺传承发展计划》等多项制度性文件，逐步构建具有首都特色的非遗保护政策体系。印发《关于积极引导残疾人参与非遗保护和非遗技艺传承培训工作的通知》，带动残疾人实现就业增收。加强与非遗保护工作联席会议成员单位的协作与配合，建立55个非遗老字号保护工作队伍。

夯实非遗保护传承基础。京津冀豫四省市联合申报的"太极拳"列入联合国教科文组织人类非物质文化遗产代表作名录。组织开展北京市第五批市级非遗代表性项目申报和评审，北京曲剧等52个非遗项目入选。创作首部以北京中轴线为核心讲述老北京城变迁和人文历史故事的《北京中轴线文化游典》。完成创修志书《北京志·非物质文化遗产志》约100万字编纂；编辑出版《北京非物质文化遗产传承人口述史》5册。推进第四批次国家级代表性传承人记录工作，系统记录38位传承人的精湛技艺。拍摄完成10个"老北京故事"——北京非物质文化遗产宣传片，展示老城时代新风貌。实施中国非遗传承人群研培计划，举办"金、木、漆、瓷、戏"非遗五艺主题培训和研培成果联展。举办"非遗+旅游"主题培训、非遗保护工作人员培训、"非遗老字号"专题传承人研修培训。

培育非遗消费新业态。率先在全国举办首个非遗老字号电商购物节及主题游活动，70余家非遗老字号店铺开启"云逛街"模式，电商平台销售额近4亿元，与线下300多家门店互动，助力复工复产。举办文化和自然遗产日非遗伴您"逛京城，游京郊"启动仪式，推出"非遗+密约之旅"等近50条非遗主题游线路。策划组织"中国名片"——北京城市中轴线非遗主题旅游线路评选，首批有12条非遗主题旅游线路入选。

讲好北京非遗"抗疫"故事。面向国内，与北京日报客户端合作，在线推出"抗击疫情 北京非遗公开课"，邀请40位非遗项目代表性传承人讲授技艺公开课。面向海外，与中央广播电视总台国际在线合作，推出68期"在线畅游北京·在家乐享非遗"DIY传播活动，通过12个语种对外直播报道，观看量超过643万人次。疫情期间，全市创作非遗抗疫作品1961件，抗疫捐赠价值6516万元。

六 促进文化和旅游产业健康稳定发展

2020年1～11月，全市规模以上文化产业收入合计12334.5亿元，同比增长2.3%。经初步测算，2020年全市接待旅游人次预计超过1.8亿，恢复到上年同期的56%；旅游总收入预计接近2887亿元，恢复到上年同期的46%。

文旅产业发展有序恢复。研究编制《"十四五"时期北京市文化和旅游发展规划》和《北京旅游中长期规划（2019～2035年）》。制定《北京市乡村旅游评定办法》，开展乡村旅游评定工作。召开北京首届乡村民宿大会，加速北京乡村民宿提质增效。培育乡村旅游重点村，32个乡村入选全国乡村旅游重点村名录。举办第九届"动漫北京"活动，吸引观众15万人次，现场销售收入超1000万元。东城区、朝阳区、延庆区入选第一批国家文化和旅游消费试点，798艺术区获得国家级文化产业示范园区创建资格。建立环球主题公园项目建设和运营联席会议机制，积极推进项目建设及运营筹备工作，一期项目全部完工。

文化和旅游产品供给持续优化。积极引导市民有序"逛京城、游京郊"，实施"漫步北京""畅游京郊""点亮北京"三个行动计划，推出100余条精品旅游线路。举办北京消费季促文旅消费活动，开展"首届北京网红打卡地评选"，指导成立北京网红打卡地联盟，向市民推荐100个北京网红打卡地。开展"点亮北京、点亮四九城"系列活动，570余万人次观看直播，拉动夜间文旅消费新热潮。启动"畅游京郊·北京乡村旅游季"系列推广活动，开展百车自驾京郊游活动，推出《我的桃花源》大型文化旅游体验节目。制定《北京市文化旅游体验基地认定及管理办法（试行）》，推出首批16家文化旅游体验基地。完成红色旅游景区复核普查，举办红色故事讲解员大赛。聚焦新首钢、京张铁路和亦庄开发区，开发具有北京特色的工业旅游资源。"北京礼物"旗舰店入驻天猫。完成大运河通惠河高碑店水库段游船通航工作。

七　优化文化和旅游市场环境

聚焦文化和旅游行业监管，加强开放场所安全引导、执法检查与监督，营造安全、健康、有序的市场环境。

行业监管向纵深推进。依法受理审批，全年受理文化和旅游类审批事件38025件，审结37950件，审结率为99.8%，精简审批材料和时限达到60%、40%。制定"两区"建设工作推进方案，出台优化营业性演出审批指导意见，统筹推进文旅领域"两区"建设工作。深化"放管服"改革，高标准完成电子印章应用等"一网通办"重点工作，全程网办率达到100%。积极推进景区分时预约，目前已开放的旅游景区均实现网络预约。推行告知承诺审批，制定旅游市场黑名单、旅游行业信用分级分类监管、文旅行业信用修复与异议处理等管理办法，初步搭建了文旅行业信用监管体系。推进文旅行业标准化建设，制定出台《胡同游服务规范》《乡村民宿服务要求及评定》《大型活动接待服务实施指南》。打好生活垃圾分类攻坚战，指挥部文旅商务组牵头生活垃圾分类工作，出台景区、星级饭店、乡村民宿生活垃圾分类3个行业标准，以及星级饭店和乡村民宿制止餐饮浪费、践行"光盘行动"两个减量指引。牵头制定实施旅游降密工作方案，核心区旅游降密效果良好。开展"北京市文化和旅游行业榜样宣传推广"活动。

文旅市场持续向好。持续严打以非法"一日游"为重点的黑旅游，实现上级督办的案件和线索"双清零"，总结形成文旅行业扫黑除恶专项斗争长效常治的工作机制。2020年全市针对旅游市场秩序执法检查累计出动执法人员18.3万余人次，检查导游9500余人次、旅游车辆2.2万余台次，检查旅行社2856家、景区和购物场所5.3万余家，全年未发生重大涉旅投诉案件，未发生涉旅突发疫情，无重大负面舆情影响。制定假日旅游工作方案，采取"限流、预约、错峰"方式，引导市民健康出游、文明出游、安全出游。提升受理投诉和"接诉即办"工作效率和水平，全年共受理各渠道反映的涉文旅投诉事件10211件，办结10197件，

办结率为 99.86%。

安全管理更加有力。修订完善旅游突发事件应急预案，编制文化和旅游行业生产事故隐患目录，行业安全管理制度进一步健全。完成 A 级景区、经济型酒店和社会旅馆安全风险评估，推进安全生产标准化建设。强化安全生产专项整治三年行动及消防、重大活动、假日和季节性等方面的隐患排查，市区两级共检查文化旅游企业 44200 家，消除各类安全隐患 3058 处。打赢旅游行业防汛攻坚战，临时关闭景区 461 家，8700 家乡村民宿、民俗村暂停接待游客。开展应急演练 45 场次，提升行业应急处置和应急救援能力。开展行业汛期和假日安全应急宣传、安全生产月、行业安全线上培训等活动，进一步提升安全意识。

八　推进文化和旅游国内外交流与合作

对外积极利用多种渠道和平台，开展北京文旅资源海外传播，营造良好的全球舆论氛围。对内持续深化区域文化和旅游交流合作，扎实推进对口支援，积极推动京津冀文化和旅游协同发展。

旅游服务专题展惊艳亮相。成功举办 2020 中国国际服务贸易交易会旅游服务专题展，吸引 864 家参展商和 216 家特邀买家参展，线上线下商洽 3812 次。举办服贸会四大高峰论坛之一——世界旅游合作与发展大会，这也是自疫情以来全球第一个线下大型国际旅游会议。会议发布《新冠肺炎疫情影响下城市旅游业复苏与振兴行动指南》《新冠肺炎疫情下世界旅游业的恢复与发展报告》，从世界旅游业和城市旅游业两个层面提出全球旅游复苏的"中国方案"。举办康养旅游国际论坛，为国际康养旅游提供新的发展思路。高质量完成 2020 年服贸会交易团接待工作。

文化和旅游国际影响力持续扩大。海外推广新渠道、新方法频现。利用海外社交媒体账号客观宣传疫情防控和企业复工复产情况，积极展示北京丰富的文化旅游资源。首次探索在境外社交平台开展故宫、长城等地的直播活动，率先举办面向国际业内人士的线上专业论坛——"北京文旅全球战略合作在线论坛"。开创性推出"北京旅游专家计划",为入境旅游市场恢复储备力量。举办"天涯共此时"中秋直播音乐会全球线上推广活动,宣传具有北京特色的中秋文化和文旅资源。与莫斯科、首尔、基辅进行线上交流,分享北京文旅抗疫工作经验。与国际知名媒体合作公益宣传,表达疫情之下来自北京的人文关怀与问候。交流合作彰显首都风范。2020年初赴爱沙尼亚塔林、芬兰赫尔辛基、英国伦敦及曼彻斯特举办"欢乐春节"和"生肖主题快闪"活动,共举办22场活动吸引约77万现场观众参与。与莫斯科举办两市结好25周年纪念音乐会,协助澳门旅游局在京举办"北京澳门周"系列推广活动。开展2021全球吉庆生肖设计大赛(辛丑牛年)、2020北京新年倒计时、"长城好汉2020——又见北京"等活动。线上线下结合举办第二十三届北京国际音乐节,呈现一个240小时(为期10天,每天24小时)不间断播放的全新音乐节。北京市海外文化交流基地正式开业运营,举办"京剧文化之旅"亲子活动。

区域文化和旅游交流合作走深走实。对口支援和区域合作精准深入。组织文艺演出和非物质文化遗产考察队赴新疆和田地区参加首都文化月演出活动。协助开行"京和号"旅游专列,开展北京扶贫支援地区非物质文化遗产展示活动,举办最美北京援助地优秀风光摄影和微视频大赛。举办第四届北京文化旅游合作促进大会,依托该平台打造全平台融媒体矩阵。启动扶贫支援地区人员培训,线上线下累计3000余人参加培训。组织召开"9+10"区域文化旅游合作交流大会筹备会暨自驾游与房车露营合作联盟成立大会。京津冀文化和旅游协同发展持续深化。三地组织召开京津冀文旅协同发展工作会,开展京津冀房车巡游活动,编制《自驾驿站服务规范》。联合举办第六届京津冀非遗联展和"群星耀京华"京津冀优秀节目大会演活动。积极推动京津冀文旅试点示范区建设,举办京津冀冬季冰雪文旅体验活动等。多措并举开展国内宣传推介。组织策划"迎双节、促发展"系列文旅活动,营造良好的节日氛围。开展以世界文化遗产为主题的城市形象宣传。组织30余家文旅单位参加海峡旅游博览会等重要的国内文化和旅游展会,宣传北京文化和旅游资源。

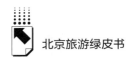
九　加强现代治理体系与能力建设

有序推进法治化发展、治理体系和治理能力建设，完善机关政务运行、人才培养等各项工作机制，增强服务保障能力。

依法行政扎实有效。加强合同管理审查工作，审核300余份项目合同等重要文件。完善建章立制工作，妥善处理行政复议、诉讼。严谨做好法规规章和规范性文件清理，废止行政规范性文件14件。开展《北京非物质文化遗产条例》《北京市旅游条例》等系列宣传活动。强化执法监督，加强日常案件审核和指导力度，对重大行政处罚案件进行合法性监督审查，开展行政执法案卷审核评查。

机关管理运行平稳。全年共办理145件市人大建议和政协提案。起草节庆活动管理实施办法，进一步清理和规范节庆展会活动。持续做好督查和绩效管理、政务公开与信息报送、机要保密、应急值守、档案管理、信息安保、资产监管等工作。组织预算执行和决算草案编制及审查审计，完成绩效评价等日常工作。聚焦疫情防控和企业复工复产，充分利用媒体平台积极开展北京文化和旅游新闻宣传工作。《旅游》杂志荣登2019"中国人文大众期刊数字阅读影响力TOP100"海外数字阅读第54位。积极筹划组织公开出版《北京旅游年鉴》，完成《北京年鉴》组撰稿工作。扎实做好基础设施保障，完成餐饮服务、车场管理等工作。抓好信息网络建设，完成"上链""入云""汇数"等大数据相关工作，各项指标均超过全市平均水平。积极做好走访慰问困难职工、疫情防控服务保障工作，构建"贴心"工会。做好离退休干部服务工作，老干部工作人员和活动阵地平稳安全工作。

干部人才队伍建设成效显著。研究制定公务员考核管理办法、机关工作人员办理退休手续的规定及欢送办法等制度。完成局系统领导干部选拔任用及职级晋升141人次。加强干部锻炼，累计援派、挂职交流、选调干部等22人。组织开展处级干部、党务（纪检）干部、青年干部人才培训。

做好局系统 2019 年度考核、干部监督管理工作，完成领导干部个人事项申报、个人档案核查。开展文化事业单位科学化岗位设置试点工作。妥善做好疫情防控常态化下公开招聘、社会化职称评审及人才评定。组织开展人才推优及推荐评选工作，43 人获得北京市三八红旗手等荣誉称号。

十　全面推进文化和旅游融合发展

各区创新文化和旅游服务供给模式，线上线下联动开展各具特色的文化和旅游活动，推动首都文化和旅游深融合、真融合。

东城区搭建"故宫以东"大平台，助力文商旅融合发展；举办"戏剧东城"系列品牌活动，不断积蓄行业发展新动能。西城区深入推进"书香西城"建设，阅读服务更加优质便捷；制定《西城区住宿业转型升级实施方案》，降密提质工作进展顺利。朝阳区出台文旅融合实施办法，评定 10 家示范园区、10 个消费街区、10 条线路；举办"艺术朝阳"活动，激发区域文化原创活力。海淀区编制文旅产业融合发展三年行动计划，统筹谋划区域文旅产业发展；打造文化活动线上供应新方式，"云"培训、"云"活动、"云"创作丰富群众生活。石景山区国家公共文化服务示范区完成验收，公共文化服务水平全面提升；高标准服务保障冬奥会筹办，推出冰雪旅游线路、冬奥文旅项目。丰台区高标准建设图书馆新馆，基层文化建设取得突破；开展"国潮夜游节"等"夜赏丰台"活动，促进文旅消费。门头沟区举办第十四届永定河文化节，推出"永定河红色文化之旅"和"京西古道绿色之旅"；开展"门头沟小院"系列推广活动，以精品民宿为核心培育壮大精品旅游体系。房山区电影文化活动中心主体结构封顶，公共文化服务效能稳步提升；推出特色旅游线路，开展 22 项"北京之源 休闲房山"主题活动。通州区坚持高定位，大运河 5A 级旅游景区创建工作进展顺利。开展"云游副中心"等宣传推广活动，提升副中心文化旅游形象。顺义区线上线下相结合开展文化活动，满足群众文化需求；出台《顺义区乡村旅游管理办法》，规范引导推进乡村旅游提档升级。昌平区加快天通苑文化艺术中心

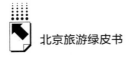

等重点项目建设，公共文化服务品质持续提升；开发重点文化旅游线路产品，成功举办第五届中国北京国际魔术大会等文旅节庆活动。大兴区重点实施 24 小时城市书房提升改造项目，提升公共服务保障力；线上全景直播西瓜节，搭建文旅融合平台。平谷区加快推进"2020 世界休闲大会"配套设施项目建设，提升平谷休闲品牌形象；举办书法作品展等活动，打造书法金名片。怀柔区举办第五届雁栖湖论坛，京津冀三地文旅行业共商大计、共谋未来；积极探索多种乡村旅游发展模式，精品民宿迅速增长。密云区大力推进云蒙山景区二期等项目建设，培育高质量文化和旅游产品；举办"第十七届鱼王文化节"等活动，推出 70 余条旅游线路。延庆区乡村民宿实现跨越发展，入选"2020 年度中国乡村旅游发展名区"；举办长城文化节等品牌活动，全力激发文化旅游市场活力。

冬奥时代体育旅游发展篇

G.2

北京建设高质量体育旅游
目的地的思考

曾博伟　程金燕*

摘　要：　本文从国家和北京的视角分析了北京发展体育旅游业的背
景；并从旅游、体育、休闲、健康以及城市的视角分析了北
京发展体育旅游业的战略机遇；最后从健全政策体制、完善
产业体系、全面提升服务、创新市场营销四个方面给出了北
京建设高质量体育旅游目的地的任务建议。

关键词：　体育旅游　高质量发展　北京市

近年来，体育旅游快速发展，成为旅游产业和体育产业融合发展的一大

---

* 曾博伟，北京联合大学旅游学院教授，研究方向为旅游政策与法规、旅游经济、旅游管理；
程金燕，北京联合大学旅游学院旅游管理硕士研究生。

亮点。北京作为全球唯一举办夏季奥运会和冬季奥运会的"双奥城市",在体育旅游资源方面有得天独厚的优势,在"十四五"和今后一段时期,北京有必要将体育旅游作为城市发展的新兴领域予以重点发展。本文将从背景、机遇和任务三个方面对北京建设世界一流的高质量体育旅游目的地进行阐述。

一 背景

(一)体育旅游发展进入新风口

1. 时代风口:从冷门到热点

体育旅游在中国的发展经历了由冷到热的过程。在 20 世纪,无论是旅游产业还是体育产业的发展都处于初级阶段,支撑体育旅游发展的经济条件、闲暇时间、供给能力以及社会氛围方面也都不充分,体育旅游除了少数体育观赛游以外,很少有以体验为主体的运动休闲项目,体育旅游产业处于"蛰伏"阶段。21 世纪的前 15 年,体育旅游开始启动。2001 年,国家旅游局将全年旅游主题确定为"体育健身游",在呼应 2001 年北京奥运会申办的同时,也引发了社会各界对体育旅游的关注。从 2007 年开始,国家体育总局举办体育旅游博览会,有效地调动地方体育部门以及体育旅游企业的积极性,对推动体育旅游发展起到了积极作用。自 2011 年起,体育总局经济司和原国家旅游局政法司试图在全国层面推动体育旅游工作,但由于时机不成熟,总体进展并不顺利。总体来看,在进入 21 世纪后的十多年时间里,中国体育旅游不温不火。但进入"十三五"时期,中国体育旅游发展突然提速,无论是在市场影响还是产品开发方面,体育旅游都有了长足的进展,关于体育旅游的论文和课题也有了大幅的增长。特别是 2020 年新冠肺炎疫情出现后,在旅游产业和体育产业遭受重创的同时,体育旅游的优势开始凸显,并展现出巨大的前景。

2. 市场风口：从小众到大众

在早期，一些专业运动员和少数"发烧友"在中国播下了体育旅游发展的"种子"，但体育旅游基本上还是小众行为。随着中国经济的快速发展，2019 年中国人均 GDP 历史性地突破 1 万美元，预计中国将在 2025 年进入世界高收入国家行列。[①] 与此同时，中国的城镇化率超过 60%，1/4 左右的人口进入中产阶层行列，这也为体育旅游的快速发展提供了庞大的人口基数。尽管中国体育旅游参与人数越来越多，但与发达国家相比，中国体育旅游市场未来还有巨大的增长空间。目前，估计我国体育旅游人数占旅游总数的比重不到 10%，相关数据显示，发达国家 1/4 以上的旅游者观看体育赛事或进行户外运动等体育休闲活动。这中间的差距，也正是中国体育旅游发展的潜力所在。2018 年中国体育产业及相关产业增加值占 GDP 的比重为1.1%；旅游产业及相关产业增加值占 GDP 的比重为 4.5%。伴随着两大产业比重的不断提升，作为体育和旅游两大产业融合的体育旅游产业规模将进一步扩大。

3. 投资风口：从单一到全面

作为新兴领域，体育旅游业吸引了众多企业投资其中。比如众信旅游、凯撒旅游、中青旅等企业投入资金进行体育旅游项目体验和线路开发运营。万达、融创、万科等地产企业也加大了滑雪场等体育旅游综合体建设的投资；一些非传统的体育和旅游企业也捕捉市场热点，加大了对体育旅游的投资布局。与此同时，一些传统的旅游区点也投入资金增加体育旅游项目，丰富旅游体验。目前在体育旅游投资领域的热点主要集中在运动休闲小镇建设、体育旅游赛事开发、体育旅游产品打造、体育旅游资源整合等方面。

4. 政策风口：从启动到密集

进入 21 世纪第二个十年，与体育旅游相关的政策文件不断出台。在体育领域主要有：2010 年 3 月国办《关于加快发展体育产业的指导意见》、

---

① 《"数"说 2020 年中国经济：人均 GDP 连续两年超过 1 万美元，意味着什么？》，https：// www. 163. com/dy/article/G41RTPLM05158BFB. html。

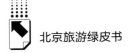

2014 年 10 月国务院《关于加快发展体育产业促进体育消费的若干意见》、2016 年 10 月国办《关于加快发展健身休闲产业的指导意见》、2018 年 12 月国办《关于加快发展体育竞赛表演产业的指导意见》、2019 年 8 月国办《体育强国健身纲要》、2019 年 9 月国办《关于促进全民健身和体育消费推动体育产业高质量发展的意见》。这些文件都从体育视角对体育旅游进行了布局。

在旅游领域主要有：2009 年 12 月国务院《关于加快发展旅游业的意见》、2013 年 2 月国办《国民旅游休闲纲要（2013－2020 年）》、2014 年 8 月国务院《关于促进旅游业改革发展的若干意见》、2016 年 12 月国务院《"十三五"旅游业发展规划》、2018 年 3 月国办《关于促进全域旅游发展的指导意见》、2019 年 8 月国办《关于进一步激发文化和旅游消费潜力的意见》。这些文件也从旅游视角对体育旅游产品打造等方面部署了任务。

此外，旅游和体育部门也联合推出了体育旅游方面的一些政策文件。例如，2016 年 12 月国家旅游局和体育总局发布《关于大力发展体育旅游的指导意见》，明确提出引领健身休闲旅游发展、培育赛事活动旅游市场、培育体育旅游市场主体、提升体育旅游装备制造水平、加强体育旅游公共服务设施建设。再如，2017 年 3 月体育总局和国家旅游局发布《"一带一路"体育旅游发展行动方案》，提出了加大体育旅游宣传力度、培育体育旅游重点项目、加强体育旅游设施建设、促进体育旅游装备制造、推动体育旅游典型示范、发展体育旅游目的地、打造体育旅游合作平台、强化体育旅游智力支撑八大任务。

（二）北京体育旅游发展开启新篇章

北京作为知名的旅游城市和赛事之都，在体育旅游发展方面走在了全国前列。尽管没有发布专项的体育旅游政策文件，但是在推动体育旅游发展方面，北京也出台了一系列的措施。比如，2016 年 2 月，北京市政府发布的《关于促进旅游业改革发展的实施意见》，就特别提到要开发推广体育赛事等旅游产品。而在 2020 年 12 月，北京市体育局印发的《北京市贯彻落实

〈体育强国建设纲要〉实施方案》，也对体育旅游相关内容进行了部署。比如，在战略目标中特别提到"到2022年，全市冰雪运动普及程度显著提升，参与冰雪运动人数达到1000万"。在重点任务中，特别强调，"推动体育与健康、文化、民宿等业态深度融合，催生新业态、新模式。设计开发自行车骑行等特色体育旅游产品，拉长体育旅游产业链条，带动上下游、沿线产业发展"。

除此之外，北京的体育和旅游部门还在联合推广体育旅游产品方面做了不少尝试。2021年5月北京市体育局、北京市文化和旅游局联合推广2021年北京市体育旅游十佳精品项目，推选"顺义奥林匹克水上公园"等10家单位为"2021年北京市体育旅游十佳精品景区"，"北京国际山地徒步大会"等10项赛事活动为"2021年北京市体育旅游十佳精品赛事"，"画廊自驾之旅"等4个项目为"2021年北京市体育旅游十佳精品线路"，"金海湖国际旅游度假区"等4家单位为"2021年北京市体育旅游十佳目的地"，"北京雪世界滑雪场"等32个项目为"2021年北京市体育旅游精品项目"。可以说，借助举办2022年冬奥会，北京体育旅游发展正在开启新的篇章。

二　机遇

北京体育旅游发展的机遇可以从五个视角进行评估。

（一）旅游视角

从旅游的视角来讲，体育旅游是以体育运动为主要目的，兼及体育赛事观摩、重要体育设施参观的一种旅游产品。可以说，体育是当前旅游业最值得充分利用的资源，体育旅游对应的是旅游业"从观光到度假""从静到动"转型升级的方向，可以说，这也是旅游产业最具潜力的增长点。此外，在全域旅游时代，体育旅游为全域旅游注入了新的活力，是动态版的全域旅游。对北京来说，过去备受关注的是历史文化旅游，依托传统文化资源发展旅游是北京在观光旅游时代发展的重点；但从未来北京旅游业发展来看，仅

靠历史文化旅游资源很难保持其旅游吸引力、提高其旅游竞争力。因此充分挖掘北京的体育资源、发展体育旅游应该成为北京旅游业转型升级的重要方向。

（二）体育视角

从体育的视角来讲，体育旅游大体与时下热门的户外运动所包含的内容一致。对体育而言，过去我国发展体育更多的是和中华民族的崛起与复兴联系起来，这样体育关注的重点自然就是竞技体育，也就是在奥运会等国际重大赛事中多拿金牌。随着中国已然成为竞技体育大国以及国民心态的变化，发展体育的重心必然会转移到关注民众的身体健康上来。[1] 这就要求扩大运动项目的覆盖面，特别是要将过去主要由专业运动员从事的竞技类体育活动拓展为广大民众参与的活动，而体育旅游则为各类体育活动的普及提供了重要平台。北京作为国内的体育大市，在奥运会、全运会等赛事中有很强的夺牌实力。但从长远看，仅仅聚焦在精英运动员的培养上，不利于扩大北京市的运动人口基数，因此以体育旅游为切入点，进一步扩大北京市民的体育参与度，才是促进北京体育发展的长久之策。

（三）休闲视角

体育旅游是居民将一部分闲暇时间用于前往异地从事体育运动。从这个意义上讲，体育旅游在很大程度上对应的就是运动休闲。如果以休闲为视角，体育和旅游就可以自然地融合在一起。除此之外，休闲时间的增加，也为发展体育旅游创造了机遇。随着黄金周制度的不断优化、带薪休假等制度的不断落实，体育旅游（休闲）发展迎来了更多机遇。对北京而言，发展体育旅游（休闲）产业既需要满足北京市民常态化体育锻炼的需要，也需要满足外地游客赛事观摩和运动体验的需要。以体育旅游为抓手，可以统筹市民和游客的需要，推动北京休闲产业的进一步发展。

---

[1] 《开创体育旅游产业的美好未来》，https://www.sohu.com/a/118261480_499971。

（四）健康视角

健康正在成为中国各年龄段、各阶层人群的普遍追求。大健康产业发展也正在成为各地高度重视的新型产业。大健康产业既包括静态的养生疗养产业，也包括动态的体育旅游产业。2019年7月国务院出台的《健康中国行动（2019－2030年）》也明确提出，支持发展健康养生、体育健身、运动康复、健康旅游等健康服务业态。北京作为首都，理应在健康中国行动中走在全国前列。建设"健康北京"除了完善医疗保障之外，体育是一个非常重要的内容。而体育旅游在拓展北京体育发展空间、丰富体育运动体验方面无疑扮演着非常重要的角色。

（五）城市视角

城市是开展体育旅游活动的重要区域，也是推动体育旅游工作的重要载体。比如，2017年全国体育旅游产业发展大会主办地无锡就提出：到2020年，力争建成5个具有区域重要影响力的体育旅游目的地，建成3个全国体育旅游示范基地，8个江苏省体育旅游特色小镇，推出5项体育旅游精品赛事，打造8条体育旅游精品线路，培育8家具有较高知名度和市场竞争力的体育旅游企业与知名品牌，体育旅游总人数达到1600万人次，占旅游总人数的16%。① 2018年四川省会成都市提出建设世界文化名城、世界旅游名城、世界赛事名城的发展战略，在具体推进其"三城"战略建设中，旅游发展和赛事培育及其相互促进成为其战略的重点，这实际上也为成都体育旅游发展提供了重要抓手。对北京的城市建设来说，尽管体育和旅游发展都取得了不错的成绩，但是在通过体育和旅游的融合来促进城市发展、提高城市品质等方面还有巨大的空间。

---

① 《无锡做足体旅互动大文章》，http：//sports. people. com. cn/GB/n1/2017/0725/c412458－29426601. html。

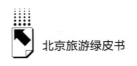

三　任务

北京有优质的体育旅游资源，但如果以高质量体育旅游目的地为目标任务，北京还需要从政策体制、产业体系、提升服务以及市场营销方面进行整体推动。

（一）健全政策体制

从目前北京体育旅游发展的实际看，现在还是以自发式发展为主，未来需要向自觉性发展和主动性发展方向转变。

一是组织领导。其一，可以考虑成立专门的体育旅游领导小组。比如，贵州省为创建国家体育旅游示范区，由体育局牵头成立了贵州省体育旅游建设工作领导小组。对北京而言，需要把体育旅游进一步摆上体育和旅游发展工作的议事日程，通过高层体制机制的建立予以推动，才能实现快速发展。其二，有必要建立体育部门和文化旅游部门的协调机制，解决北京体育旅游发展中遇到的障碍和问题，形成体育旅游发展的合力。其三，可以在适当的时候成立专门的机构。比如贵州省体育局专门设置了一个事业单位——体育旅游经济发展中心，具体落实推动该项工作，在实践中产生了良好的效果。

二是统计体系。从全国的情况看，旅游统计基础较好，体育统计相对薄弱，而作为交叉部分的体育旅游统计更为薄弱，全国还没有通过正规统计获取体育旅游的人数和收入情况。对北京来说，在体育旅游统计方面也是空白。一个产业如果没有准确的数据衡量其规模，辅助其决策，就很难谈得上科学发展。北京可以在现行旅游统计的基础上，结合大数据以及抽样调查等方式，搞清体育旅游产业发展的情况，既为体育旅游产业发展奠定基础，同时也可以在全国做出示范。除此之外，北京还应加强对体育赛事旅游效益和经济社会效益的评估测算，对相关运动赛事，有多少外地游客参加，以及因外地游客参赛带来的旅游收入究竟有多少，都有必要弄清楚。

三是市场主体。为更好地发展体育旅游产业，北京需要进一步支持传统体育企业拓展体育旅游市场；同时还应推动传统旅行社拓展体育旅游市场。除此之外，为扩大体育旅游领域的对外开放，北京还应该积极引进国外知名体育旅游企业，引进国际性或区域性赛事组织总部入驻，促进北京成为国际化的体育旅游目的地。

四是社会组织。体育旅游的健康发展，除了政府和企业的参与外，还特别需要社会组织的介入。比如 2017 年，浙江省就成立了全国首个省级体育旅游协会，之后贵州、海南等省也成立了省级体育旅游协会。北京可以考虑借鉴相关省份的经验，推动成立北京市体育旅游协会，为促进体育旅游发展提供组织保障。此外，与别的产业发展不同，俱乐部是凝聚具有相同运动爱好群体的重要组织，是体育旅游市场拓展的关键所在，因此北京需要规范、引导和支持具有体育旅游属性的俱乐部组织发展，让众多小市场汇聚成为大产业。

五是文件意见。为推动体育旅游发展，像贵州省、浙江省、宁波市等省市都出台了促进体育旅游发展的综合性政策文件或实施方案，这为体育旅游的发展提供了强有力的政策保障。此外，还有不少地方党委、政府在出台的政策文件中对体育旅游发展予以了重点强调。目前，北京还没有出台过体育旅游的专项政策文件，未来可以考虑由文化旅游部门或体育部门牵头，同时整合相关部门的行政资源，调动各方面力量，制定一个有利于北京体育旅游长远发展的文件。

六是专项规划。作为体育和旅游的交叉领域，仅仅用体育产业规划和旅游产业规划很难科学引导体育旅游的发展。为推动体育旅游发展，贵州、海南等地都由省政府出台了具有引领性和指导性、可操作性强的体育旅游发展规划；同时在规划中，明确了工作进度、部门分工，并明确要对体育旅游规划落实情况开展相关督查和评估，确保规划落实的制度保障。对北京来说，零敲碎打地发展体育旅游很难见到大的成效，可以考虑借鉴贵州、海南等地的经验，研究制定专项的体育旅游发展规划。

七是政策支持。作为新兴领域，体育旅游迫切需要相关政策支持。其一，北京可以考虑安排专项的财政资金对体育旅游发展进行支持，如果安排专项资金存在困难，可以考虑先期在文化旅游部门或者体育部门的财政资金中切出一部分用于支持体育旅游发展。其二，北京有必要出台有利于体育旅游企业发展的税收减免措施，为体育旅游企业减负，鼓励其开发体育旅游新产品、新业态。其三，北京可以考虑搭建体育旅游发展的投融资平台，同时通过支持设立体育旅游产业基金等方式，鼓励更多社会资本投入体育旅游业。其四，北京需要进一步完善相关土地政策，为体育旅游项目落地提供用地保障。

八是人才建设。为推动体育旅游发展，北京市可以考虑依托北京体育大学、首都体育学院以及高等院校或中高职学校相关资源，建立体育旅游实训基地，为北京体育旅游发展培养后备力量。除此之外，还可以考虑在中小学推动户外运动课堂，开展特色化户外课程，一方面增强学生体质，另一方面培养未来的体育旅游消费人群。可以考虑建立常态化的体育旅游发展咨询机制，为北京体育旅游发展提供智力支持。

（二）完善产业体系

"十四五"时期，北京要推动体育旅游产业体系化发展，形成整体吸引力和综合竞争力。

一是运动产品。丰富多样的户外运动产品是支撑一个地区体育旅游发展的主要内容。从北京的实际看，一方面，要完善提升城区的户外运动，特别是要进一步提高北京马拉松的影响力，争取能成为比肩东京、波士顿、芝加哥、柏林、纽约、伦敦的世界顶级马拉松赛事；另一方面，要重点抓好郊区户外运动发展，要特别抓好以延庆为代表的冰雪运动旅游，利用延庆浅山区和山区的地形地貌积极发展山地自行车、定向运动、攀岩等山地户外运动项目。此外，还要积极挖掘顺义等地奥运水上运动的潜力，积极开发水上运动产品。

二是体育旅游线路。近年来，每年春节、国庆，国家体育总局、文化和旅游部都会联合发布体育旅游精品线路，这引发了市场的广泛关注。北京要根据自身实际，推动形成一批有市场的体育旅游精品线路。除此之外，还要在传统旅游线路中增加体育旅游体验项目，实现体育旅游与观光旅游、度假旅游产品的有效组合。

三是训练基地。北京体育部门有大量针对运动员的训练基地，但这些训练基地主要是面向运动员开放。如何在保证运动员训练之外，更大范围地向大众开放，未来需要通过体制机制创新，将闲置的训练基地资源盘活，拓展大众运动的空间场所。

四是 IP 赛事。体育赛事是体育旅游最需要打造的品牌。体育赛事能有力地带动举办地的经济消费。比如，2018 年嵩山少林武林大会两个月吸引60 万人次游客体验少林功夫；2019 年第 14 届阿拉善英雄会，短短 5 天时间就汇聚了超 40 万台车参与，累计入园人数达到 120 万人次以上。目前，北京最具代表性的体育旅游赛事是北京马拉松，据测算，2017 年北京马拉松参赛者的人均消费就达到 3000～4000 元。未来北京需要进一步打造精品赛事，吸引全国乃至全球的体育爱好者参赛。

五是运动休闲小镇。运动休闲小镇是体育旅游产业的重要载体。比如新西兰的皇后镇，因为运动项目集中，每年吸引大量的体育旅游游客，创造了大量的旅游收入，极大地带动了当地经济的发展。2017 年国家体育总局推出 96 个运动休闲特色小镇，包括娱乐型 37 个、健康型 22 个、文化民俗型13 个、赛事型 11 个、培训型 11 个、智能制造型 2 个。北京可以结合自身发展需要，在郊区推动建设运动项目丰富、配套服务完备的运动休闲小镇，以弥补其在体育旅游产业方面的不足。

六是体育旅游示范基地。体育旅游示范基地是体量更小的体育旅游产业发展聚集点。国家体育总局、文化和旅游部推出了 30 个国家体育旅游示范基地，包含综合类运动基地（8 个）、水上运动基地（10 个）、冰雪运动基地（4 个）、山地户外运动基地（4 个）、沙漠运动基地（3 个）、低空飞行基地（1 个）。北京也要因地制宜推动形成一批主题突出、体育旅游体验项目集聚的体育旅游示范基地或生态体育公园。

七是体育项目植入。在旅游景区、旅游度假区广泛引入体育活动项目，既是提升旅游景区和度假区吸引力的重要方式，同时也能为体育旅游项目的开展提供更多空间。比如贵州猴耳天坑景区之前是以洞穴旅游观光为主的普通景区，每年旅游收入不到 100 万元；从 2019 年 5 月开始，景区通过引入极限酷玩项目实现了转型升级，营业收入相对于过去 8 年提升了 10 倍，目前其体育旅游的收入占到景区全部收入的 95%。北京郊区有不少旅游景区日渐"老化"，对游客特别是年轻客群的吸引力大幅下降，未来通过体育项目植入的方式改造提升传统旅游景区是一条值得探索的路径。

八是运动基础设施。体育旅游的发展离不开运动基础设施的支撑。北京需要加强全民健身运动中心、体育公园、休闲驿站等体育公共基础设施建设，同时利用郊野公园、城市公园、公共绿地等配置市民游客自主参与的游憩型体育健身设施，形成一批居民和游客使用率高的自行车道、登山步道、休闲绿道等休闲设施。此外，北京还可以考虑盘活现有存量资源，通过改造旧厂房、仓库、老旧商业设施来建设体育休闲设施，为广泛开展体育旅游活动创造条件。

（三）全面提升服务

体育旅游产业作为旅游产业的组成部分，同样需要高度关注服务质量的问题。因此全面提升服务，应该成为北京建设高质量体育旅游目的地的重要内容。

一是培训服务。北京要利用自身体育专业人才众多的优势，大力发展体育培训机构和培养体育专业教练；并在体育旅游项目中普遍开展运动项目培训。与此同时，要针对参与培训的特定体育旅游者，形成完备的培训课程，帮助参与者有效提高运动技能。

二是主题服务。体育旅游和旅游活动一样，也涉及吃住行游购娱等各个环节。北京在提升体育旅游体验项目的同时，还要积极开发适合体育旅游者的特色主题餐饮和营养餐饮；要形成一批主题鲜明、体育文化内涵丰富的特色住宿品牌。同时，开发一批具有当地知名体育运动特征的体育旅游商品；

在体育旅游聚集区域开设体育旅游商品的购物场所。除此之外，与常规旅游不同的是，康复理疗既是体育旅游体验环节的重要组成部分，也是体育旅游产业的重要延伸。因此，北京要针对体育旅游者，引导和鼓励运动后恢复、理疗、保健等相关配套服务的发展。

三是信息服务。体育旅游目的地建设不仅涉及单纯的运动体验，还需要完善相关的信息服务。建议北京完善体育旅游产业相对集中区域内的相关标识引导系统；同时开展有效的体育旅游项目的咨询服务。此外，还应建设统一的体育旅游服务和管理平台，通过互联网渠道，为游客参与体育旅游活动、预订体育旅游产品提供资讯支持。

四是标准化建设。过去旅游系统通过标准化的方式，极大地推动各个领域、各个环节旅游服务质量的提高。同样，提升体育旅游服务也有必要充分利用标准化这一工具。建议北京结合自身特色，引领制定一批与体育旅游相关的地方标准；同时广泛实施国家、行业和地方体育旅游相关标准，促进体育旅游服务质量的整体提升。

五是市场秩序。体育旅游尽管不是普通意义上的大众旅游，但是同样存在市场秩序治理的问题。北京有必要融合现有的体育和旅游行业监管体系，推动体育和旅游综合执法部门常态化地检查体育旅游市场秩序，有针对性地打击体育旅游市场上的欺客宰客行为，保障体育旅游消费环境。

六是安全管理。安全是旅游的生命线，更是体育旅游的生命线。安全对体育旅游发展至关重要。北京山区开展体育旅游具有得天独厚的条件，但是也是体育旅游安全事故易发的地区。未来，北京一方面要加强体育旅游等高风险项目的安全检查，建立完善的安全管理制度和应急救援机制；另一方面要通过政府引导、市场参与的方式，完善相关保障措施，切实把握体育旅游安全的底线。

（四）创新市场营销

"酒好也怕巷子深"，发展体育旅游目的地，同样需要宣传推广、市场营销。一是形象品牌。目前北京作为文化旅游目的地的形象已经树立，尽管北京有"双奥城市"的称号，但是体育旅游目的地形象并不突出。这就意味着体育旅游爱好者在选择体育旅游目的地时，很少在第一时间想到北京或者北京周边的郊区。贵州，其山地公园省的形象与山地运动省的形象紧密关联在一起；新西兰皇后镇，其世界极限运动之都的形象极大地提升了自身的旅游吸引力。未来，北京需要打造独特、鲜明的体育旅游目的地品牌形象，形成易于识别和传播的形象系统；同时鼓励和支持开展特色体育旅游项目的郊区根据其主体运动项目打造自身特色品牌。

二是节会营销。目前，在全国范围已经有一些颇有影响力的体育旅游节庆，比如国家体育总局举办的中国体育旅游博览会已经成为体育旅游业界广泛参与的活动。此外，文化和旅游部主办的国际旅游交易会，以及一些区域性体育或旅游会展活动也开始设置体育旅游方面的专题展览。北京一方面可以通过组织专门的体育旅游展会、体育旅游相关节庆活动进行宣传；另一方面也应该积极参与旅游及体育相关专业展会，依托相关平台开展专门的体育旅游营销。

三是媒体营销。为提高体育旅游的知名度，北京需要通过广泛运用电视、广播、报刊等媒体开展体育旅游营销。更为重要的是，北京还要善于利用新媒体开展体育旅游营销。体育旅游最具潜力的市场是年轻人，年轻人特别是Z世代，获取信息的主要渠道就是新媒体。因此北京要善于通过微博、微信、抖音、快手等新兴网络媒体方式，触达更多年轻的体育旅游客群。

四是事件营销。事件营销对体育旅游传播有特殊的作用。比如，湖南张家界永定区通过组织天门山的飞机穿越、轮滑下山、翼装飞行等事件活动，迅速吸引了全世界极限运动爱好者，同时也极大地提高了其旅游知名度。奥运会的举办虽然极大地提高了北京在体育运动方面的知名度，但是这种知名度并没有有效转化为体育旅游目的地方面的影响力。未来北京可以尝试与专业营销机构合作，通过策划组织有创意的事件，或者其他有创意的营销方式，向全世界宣传自己的特色体育旅游项目，为建设高质量体育旅游目的地培育巨大的市场。

参考文献

岳丽鹃：《全民健身战略下北京市平谷区体育旅游的现状及对策研究》，首都体育学院硕士学位论文，2017。

陈敬南：《体育旅游破解秦皇岛旅游季节性难题的对策研究》，燕山大学硕士学位论文，2017。

张聪、李健萍：《产业整合视角下广西民族传统体育旅游产业化研究》，《旅游纵览》（下半月）2013 年第 16 期。

湖北画报（湖北旅游）编辑部：《体育 + 旅游 跨界融合正当时》，《湖北画报（湖北旅游）》2017 年第 1 期。

陆明：《用先进文化筑牢海南自贸港团结奋进的共同思想基础》，《今日海南》2021 年第 1 期。

《青海省人民政府办公厅关于印发青海省加快发展健身休闲产业行动计划的通知》，《青海政报》2017 年第 19 期。

G.3
冬奥会背景下北京滑雪旅游市场分析

张宪玉*

摘　要： 本文简要回顾北京滑雪旅游20年发展进程，概括冬奥会对北京滑雪旅游的重大机遇与挑战，并乐观讨论了新冠肺炎疫情对北京滑雪旅游的冲击和影响。综合来看，北京冬奥会前后仍然是北京滑雪旅游发展的黄金机遇期，虽受新冠肺炎疫情影响，但滑雪旅游进一步强劲发展的态势良好。"十四五"期间，北京滑雪旅游要在冬奥之城的总战略下，以建设国际一流滑雪旅游名城为目标，把滑雪旅游推向绿色、高效、美好的高质量发展新阶段。

关键词： 冬奥会　滑雪旅游　北京市

一　北京滑雪旅游二十年回顾

根据相关文献，2000年滑雪开始进入北京市民生活，北京滑雪旅游正式开启产业化进程。简要总结这一进程，北京滑雪旅游可以分为三个阶段：困惑中起步、艰难中前进、冬奥中提质。

（一）困惑中起步：2000~2010年

2000年，北京第一家滑雪场石京龙滑雪场正式开业，开启了北京滑雪

---

* 张宪玉，博士，北京联合大学旅游学院讲师，研究方向为冰雪旅游、体育旅游。

旅游时代。之后，北京滑雪旅游进入了快速的发展期，以石京龙滑雪场为例，2000年接待滑雪游客1万人次，2001年接待3万人次，2002年接待7万人次，2003年接待10万人次。在市场和投资双向推动下，到2009年，北京滑雪场已经有13家。

但是，北京滑雪旅游，一开始就在困惑中起步，直到现在仍然面临根本性的资源约束——滑雪场人工造雪与用水之争。2001年北京滑雪场起步之初，媒体、管理层、学者有激烈的争论，且争论也一直伴随着北京滑雪场建设的始终。

争论的焦点集中在两个问题：第一，北京缺水，要不要发展滑雪旅游？要不要建设滑雪场？第二，滑雪场建设过程中的生态破坏如何处理？

第一个问题最为激烈、最为关键。有媒体记者激烈报道：北京滑雪场一年"喝"掉4.2万人的生活用水，北京人民可以不滑雪，但要喝水。[①] 以此观点为代表，把滑雪场发展与北京缺水联系起来，把首都水资源短缺，滑雪场与人"争"水喝的问题明确摆在了政府、公众、行业面前。2005年，北京市水务局出台文件《北京市滑雪场用水管理要求》，对全市的12家滑雪场用水进行严格限制，并做出了详细规定：滑雪场用水以滑雪道为核算单元。滑雪道年用新水量每平方米不得大于0.48立方米；滑雪场绿地每年每平方米用水量为0.3立方米。对于超出定额的用水，水务部门将执行超定额用水累进加价制度。现在来看，客观上讲，滑雪场是耗水型行业，但滑雪产业并不是一项浪费水资源和破坏环境的行业，[②] 人造滑雪在用水用地与绿色发展上可以有更好的办法。但在当时，这是一个不容忽视的重大问题。认识上的不深刻、不透彻，直接影响了北京滑雪旅游业的后续发展。不论如何，北京滑雪旅游在争论中、困惑中快速起步了。

---

① 刘浦泉、张舵、李江涛：《北京滑雪场：一年"喝"掉4.2万人生活用水》，《新华每日电讯》2005年7月18日，第4版。

② 李珂：《滑雪场的草与水》，《林业经济》2005年第9期，第21~22页。

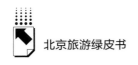

（二）艰难中前进：2011～2015年

2011年，北京滑雪旅游在艰难中前进，主要是因为整体行业体量较小，并没有受到北京发展战略的重视，行业发展的问题也没有认真研究。但是，市场力量驱动着滑雪场建设、滑雪旅游不断前进，一直到2015年北京申办冬奥会成功。

在此期间，滑雪场用水问题依然纠结，困扰行业发展。2014年，习近平总书记在北京调研时明确指出，北京城市发展要坚持"以水定城、以水定地、以水定人、以水定产"的原则。客观讲，这一原则是极为正确的。2015年，北京建有滑雪场21家，在严格的用水约束下，滑雪场规模扩张停止，北京滑雪旅游在进入冬奥时光的同时，也进入了规模收缩和质量提升期。

（三）冬奥中提质：2016～2021年

2015年7月31日，北京成为2022年冬奥会和冬残奥会举办城市，也成为全球唯一一座既举办过夏季奥运会，又将举办冬奥会的城市。北京申办冬奥成功，给北京滑雪旅游带来利好消息和强心剂。2016年北京市政府出台《关于调整北京市非居民用水价格的通知》，将滑雪场用水归入特殊行业，自2016年5月1日起执行，水价为每立方米160元。北京冬奥背景下，这一价格得到了补贴，① 特别是新冠肺炎疫情下，北京滑雪旅游进入了以提升品质为主的冬奥时间。

二 北京滑雪旅游的冬奥机遇

（一）北京双奥之城：政策发力

随着北京冬奥会日益临近，北京即将成为奥运历史上首座"双奥之

---

① 北京市体育局体育产业发展处：《受疫情影响北京市滑冰滑雪场所水电补贴方案公示》，新浪生态体育，https://www.sohu.com/a/394306031_505583，2020年5月9日。

城", 北京滑雪旅游也将进入"双奥之城"的荣光时段, 政策正式发力, 北京滑雪旅游进入规范化发展阶段。

(二) 北京市滑雪场: 城市休闲

截止到 2021 年, 北京建有 22 家滑雪场馆 (包括乔波室内滑雪馆), 主要分布在北部、西部山区, 以初、中级滑雪场为主, 是北京滑雪旅游供给侧的全部力量。

根据滑雪场面积、索道、服务设施、开放时间等条件, 整体上, 北京滑雪场可分为三类: 城市休闲型、城郊休闲度假型、娱乐学习型 (见表 1)。

表 1 北京市滑雪场类型划分一览

类型	滑雪场
城市休闲型	西山、静之湖、十三陵雪世界、雪都
城郊休闲度假型	南山、怀北、军都山、渔阳、石京龙、万龙八易、莲花山、云佛山、云居、八达岭
娱乐学习型	蓝调庄园、华彬生态园

三 滑雪旅游的冬奥黄金机遇期

(一) 中国滑雪旅游市场: 全球唯一增长市场

习近平总书记关于冰雪发展的一系列指示思想, 有力促进了全国冰雪旅游发展。2015 年 1 月, 习近平总书记指出北京举办冬奥会将带动中国"三亿多人参与冰雪运动", 这将是对国际奥林匹克运动发展的巨大贡献。2016 年 3 月, 习近平总书记做出"冰天雪地也是金山银山"的指示。2018 年 9 月, 习近平总书记在吉林省调研时指出, 要"大力发展寒地冰雪经济", "保护生态和发展生态旅游相得益彰, 这条路要扎实走下去"。在习近平总书记正确思想指导下, 中国冰雪旅游总体上进入了快速发展轨道。

相关资料显示, 2017~2018 年冰雪季我国冰雪旅游达到 1.97 亿人次,

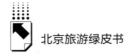

冰雪旅游收入约为 3300 亿元，分别比 2016～2017 年冰雪季增长 16%、22%，预计 2021～2022 年冰雪季，我国冰雪旅游人次将达到 3.4 亿，"三亿人参与冰雪运动"目标将超额完成。滑雪旅游作为"冰天雪地也是金山银山"的示范产业，在北京－张家口联合举办 2022 年冬奥会背景下，北京滑雪旅游市场却呈现倍数扩张。

（二）北京滑雪旅游市场：快速增长

2016 年，北京市出台了"1＋7"冰雪运动发展的综合性政策——《北京市人民政府关于加快冰雪运动发展的意见（2016－2022 年）》及七项配套规划，这就从政策上推动了北京滑雪旅游发展。自 2015 年以来，北京滑雪旅游市场整体上呈现倍数增长的良好态势，包括四大市场：城市休闲、周边滑雪度假、国内滑雪度假、出境滑雪旅游。

1. 城市休闲

受冰雪进校园、大众冰雪季等政府活动推进，北京当地滑雪旅游市场呈现扩大规模、夯实基础、提高水平的整体特点。以 2018～2019 年雪季为例，2018 年 12 月底，北京市有 46 万余名中小学生上冰场、上雪场，其中雪上项目 25 万余人，冰上项目 20 万余人。冰雪进校园，为北京市滑雪旅游人口增加、滑雪旅游市场增长奠定了长期的坚实基础。

市民滑雪休闲也呈现快速增长态势，从 2015 年的 169 万人次，增长到了 2019 年的 189 万人次。

《中国滑雪产业白皮书》[①] 显示，2015 年中国滑雪总人次为 1250 万，较 2014 年的 1030 万人次增长 21.36%。在全国滑雪市场中，拥有 23 家滑雪场的北京以 169 万人次居首位，成为滑雪人次最多的区域。随着冬奥举办时间的临近，各项滑雪推广活动朝着纵深化方向发展，初学者转化率有明显提升。2019 年全年国内滑雪者约为 1305 万人次，相比 2018 年的 1320 万人次略有下降，其中，一次性体验滑雪者占比由 2018 年的 75.38% 下降为

---

① 本段数据来源于《中国滑雪产业白皮书》2016～2019 年数据，特此说明。

72.04%，但滑雪爱好者比例有所上升。2019 年，滑雪者在国内滑雪场的人均滑雪次数由 2018 年的 1.49 次上升为 1.60 次。同期，北京市滑雪旅游人次为 189 万，位列全国第三，被黑龙江省、吉林省超过。

2. 周边滑雪度假

"北京人在崇礼"是北京与张家口成功申办冬奥会以来的一句流行语，冬季到张家口去滑雪，感受冬奥氛围、冬奥文化，已逐渐成为北京滑雪爱好者的共识。携程跟团游和自由行数据显示，张家口冬季旅游的十大客源城市分别是北京、上海、广州、济南、深圳、南京、武汉、石家庄、杭州和福州。北京滑雪爱好者周末在张家口滑雪旅游，人均消费为 852 元。

携程数据显示，张家口的滑雪游客画像中，单人出行最多，占 29.3%；其次是亲子游占 27.5%；情侣出行占 22.8%；同事朋友占 20.4%。除了比较资深的滑雪爱好者外，亲子游比例上升较快，在携程滑雪订单中，孩子滑雪年龄最小的仅两岁半，滑雪成为冬季亲子游的热门选择。

京张高铁于 2019 年底全线通车，延崇高速也在 2019 年底全线通车。使得北京到崇礼滑雪单程通行时间，将由 4 个小时缩短至 1 个小时，北京作为近年来张家口滑雪最传统的客源地市场，将更加催热冬季的张家口崇礼滑雪游。

3. 国内滑雪度假

除周边滑雪度假外，北京市民还前往国内其他城市滑雪度假，北京成为我国最大的滑雪客源地。

根据《冰雪蓝皮书：中国滑雪产业发展报告（2018）》，中国已成为世界上最大的滑雪者市场，而北京则是全国"最爱滑雪之城"。北京凭借众多的滑雪场、经济发达等优势成为全国最主要的滑雪旅游者来源地。另外从《中国滑雪产业白皮书（2017）》、GOSKI、滑雪族三方数据来看，北京也是国内最大的滑雪市场。2017 年，白皮书统计北京滑雪人次为 171 万，为全国第一；GOSKI 数据显示，国内滑雪者中有 30.37% 为北京人，为全国第一；滑雪族数据显示，客源地有 33.67% 为北京用户，也是全国第一。

4. 出境滑雪旅游

作为世界城市，北京便利交通的出境旅游也促进了北京出境滑雪旅游市场成长，特别是到日本、韩国滑雪，成为重要的出境滑雪旅游目的地。

《中国滑雪产业白皮书（2017）》显示，中国 120 万名滑雪爱好者中有超过一半去过国外滑雪，其中到日本的远超瑞士、意大利和加拿大等国，日本是中国滑雪爱好者青睐的目的地。前往北海道滑雪已经成为中国人冬季旅游的重要选择，全球玩乐平台数据显示，札幌国际滑雪场、比罗夫滑雪场、轻井泽王子酒店滑雪场、富良野滑雪场、GALA 汤泽滑雪场、手稻山滑雪场、日本平汤滑雪场、安努普利国际滑雪场、藏王温泉滑雪场和 Sunlaiva 滑雪场成为人气最高的日本滑雪场。

四　北京滑雪旅游发展建议

随着冬奥会日益临近，北京即将成为奥运历史上首座"双奥之城"，北京滑雪旅游也将进入"双奥之城"的荣光时段。展望"十四五"时期，北京滑雪旅游发展应把扩大需求与加强供给侧结构性改革相结合，找到适合自身的发展道路，推动高质量发展，把"冬奥之城"推向新的发展高度。

（一）抓住机遇，扩大需求

北京人均可支配收入居全国前列，滑雪旅游需求潜力巨大。随着冰雪进校园活动的深入推进，北京滑雪旅游人口基数将不断扩大，滑雪旅游人口转换率将进一步提高，按滑雪人口转换率 15% 计算，滑雪旅游人口未来可达到 300 万人；按人均滑雪次数 4 次计算，滑雪人次可达到 1200 万，仍将是国内最大的滑雪旅游客源地。

（二）加强协同，提升品质

北京严重缺水，确实不应再扩建滑雪场，特别是京津冀协同发展加快背景下，张家口将成为北京重要的滑雪产品供给地。北京市内的滑雪场，应加快转型升级，以提升品质为主旨，建设成为城市休闲、旅游度假、娱乐培训相结合的高品质滑雪休闲旅游地。

（三）突出特点，聚焦高端

北京滑雪旅游业发展，还应突出自身特色，聚焦滑雪旅游产业高端功能，服务全国、走向世界。2022 年冬奥会之后，北京将成为国家冰雪运动与旅游服务中心，这是北京建设世界一流国际旅游城市的应有之义。对北京滑雪旅游业来说，应明确提出"建设滑雪旅游文化中心"的战略目标，在滑雪旅游文化、科技、国际化、绿色发展、总部经济等方面加快发展。

G.4
冬奥会背景下京张体育文化旅游带的
建设现状与发展建议

陈希 何道刚 刘惠敏*

摘　要：　北京与张家口的体育旅游产业协同发展具有两地地缘相近、人缘相亲、文缘相通的优势。在北京2022年冬奥会和冬残奥会（以下简称"冬奥会"）举办的背景下，国务院常务会议提出"打造京张体育文化旅游带"，不仅能够助力实现"带动3亿人参与冰雪运动"的愿景，更是对京张两地经济产业转型升级以及京津冀一体化发展具有重要意义。

关键词：　京张体育文化旅游带　冬奥会　延庆　崇礼

一　京张体育文化旅游带的建设历程

2014年，习近平总书记在主持召开的京津冀协同发展专题座谈会上，首次提出了建设京张体育文化旅游带的构想，并将其纳入北京2022年冬奥会愿景与京津冀区域战略发展长期规划。

2016年，京津冀旅游协同发展第六次工作会议正式通过了《京津冀旅游协同发展行动计划（2016～2018年）》，该会议确定延庆与张家口将合作

---

* 陈希，北京体育大学体育休闲与旅游学院硕导，研究方向为体育旅游、冬奥遗产；何道刚，北京体育大学体育休闲与旅游学院博士研究生；刘惠敏，北京体育大学体育休闲与旅游学院硕士研究生。

共建京张体育文化旅游带。

同年，《北京城市总体规划（2016～2035年）》提出，"借助筹办2022年北京冬奥会的契机，共建京张体育文化旅游带，打造立足区域、服务全国、辐射全球的体育、休闲、旅游产业集聚区"。

2016年10月，"打造京张体育文化旅游带"专题研究通过由张家口旅游发展委员会组织的评审会，进一步强化了发展京张体育文化旅游带的战略指导。

2018年6月，北京冬奥组委举办了冬奥经济发展战略研讨会，并就"冬奥筹办如何带动城市和区域发展"主题进行了探讨。

2021年1月20日，习近平总书记在主持召开北京2022年冬奥会筹办工作汇报会时，公开提出"加快建设京张体育文化旅游带"，这一发展任务的提出为京津冀协同发展战略注入新的内涵。习近平总书记此次强调加快建设京张体育文化旅游带，生动体现了"冰天雪地也是金山银山"，是落实四大办奥理念、筑牢"体育强国"基础、夯实"体育强则国家强"的有力举措，为京津冀协同发展战略提供了新的工作抓手。

经过多年的同心协力谋划发展，京张体育文化旅游带的区域融合以及体育文化旅游产业发展对整体社会经济的带动均收获了不错的成果，初步构建了体育产业与旅游产业融合发展的新格局。

二　冬奥会背景下京张体育文化旅游带建设的意义

（一）体旅融合是传统旅游产业转型升级发展的突破点

伴随我国综合国力与经济水平的稳步攀升，居民可支配收入不断提高，人们的旅游消费观念悄然发生着变化，旅游活动不仅早已变成老百姓日常生活中必不可少的调剂品，更不乏旅游经验丰富的旅游"达人"。需求侧的变化呼吁着供给侧不断提升产品质量、更新产品内容、塑造产品特色。在此背景下，"体育＋旅游"产业融合衍生的新业态相继浮现，由于迎合了人们越

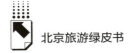
来越注重身心健康的生活观念而迅速受到市场青睐，逐渐成为旅游产业提质增效的新引擎。世界旅游组织（UNWTO）发布的数据显示，体育旅游已经成为新旧动能转换的主战场，占国际旅游市场约 15% 的份额，体育旅游产业每年以高达 14% 的速度增长，远超旅游业平均增速。

北京与张家口两地的体育资源与旅游资源富集，两种资源之间的转化率高，为大力发展体育旅游业奠定了良好的基础。据统计，京张体育文化旅游带范围内共有 4683 个资源点，其中体育类资源点 1419 个，占比高达30.3%。[①] 从资源分布情况来看，高等级体育资源的集聚度高于传统旅游资源，便于进行集中开发，就地转化为体育旅游产品。例如，北京延庆区通过整合资源，相继开展了全国新年登高活动、北京国际自行车骑游大会、北京百里山水画廊森林马拉松（半程）、延庆徒步大会、京张大众钓鱼联谊赛，与怀来共同举办"2018 原乡·古崖居山地探索越野跑"，参与怀来县 2019"桑洋河畔杯"京冀蒙篮球邀请赛及天皇山国际登山节活动等体育旅游活动，取得了良好的市场反响。

未来，如果进一步有效进行资源优化配置、实现发展优势的互补互促，就可以打通体育旅游上下游联动的产业链，有力丰富现有旅游产品体系，极大程度地优化旅游产业和体育产业的经济空间结构，促使传统旅游产业提振升级，形成新的增长点。

（二）北京冬奥会是京张体育文化旅游带建设的出发点

冬奥会为京张体育文化旅游带增添了新动力，更成为推动该地区体育旅游市场规模扩大的重要推动力。自冬奥会申办成功以来，京张两地紧抓冬奥会机遇，整合资源、形成合力，推动京张体育文化旅游带建设取得了积极进展，特别是冬奥会直接促进了京张地区交通、生态、公共服务等基础设施的完善，为进一步发展奠定了坚实基础。

---

① 王灵恩、李浚硕、吴小露、倪笑雯：《京张体育文化旅游带资源空间分布特征与产品转化路径》，《北京体育大学学报》2021 年第 4 期，第 13 ～ 24 页。

两地协同发展方面，2020年，京张两地相继出台一系列扶持政策，北京市文旅局、延庆区与张家口政府建立了联席会议机制，共建体育文化旅游共同体；成立了包含6省市13家民宿协会、231家民宿在内的北方民宿联盟，每年举办北方民宿大会；成立了北方地区首个政府主导的民宿人才培训机构——北方民宿学院，已培训100期3000人次，旨在打通两地合作壁垒。总体而言，冬奥会申办成功带动了京张两地公共服务互补互促，医疗、教育、餐饮、酒店等行业快速发展。

基础设施建设方面，申办冬奥会加速了京张两地交通基础设施互联互通，京张高铁和京礼铁路相继开通，大大缩短了两地通行时间，大幅提升了区域交通运行能力，张家口已纳入首都1小时生活圈。两地高度关注生态环境议题，通过多项联合治沙治水治气措施，共同打响"蓝天保卫战"。北京发挥带头作用，推动多项公共服务项目辐射至张家口，促成北医三院崇礼院区顺利落地，提升了崇礼及周边地区医疗服务的整体水平。首钢园区率先部署5G基站，成为5G示范区，随后，涵盖北京及延庆赛区的所有奥运场馆及京张高铁、京礼高速沿线上百个5G基站和室分系统在内的冬奥基站建设任务也已全面完成。

产业融合发展方面，三大赛区中，首钢园区凭借冬奥资源成为新晋旅游打卡地，实现了老园区的华丽转型。延庆赛区集中精力打好"冬奥会""世园会""长城文化"三张金名片，聚焦国际级冰雪度假、国际级园艺观光体验、世界级长城文化，成就斐然。此外，冬奥会重点促进了冰雪产业的发展，为冰雪旅游奠定了广泛的群众基础和聚焦了庞大的客源市场。

带动乡村振兴方面，京张地区紧抓冬奥会战略机遇窗口期，延庆全区培育民宿品牌100余个，民宿小院376个，形成15个乡镇、94个村的全域布局，打造融合发展生态链，激发区域发展新活力，提高乡村居民的获得感和幸福感。

（三）京张体育文化旅游带是京津冀协同发展战略的着力点

京津冀协同发展是重要的国家战略之一。不同于长三角和珠三角的发展模式，京津冀协同发展以有序疏解非首都功能为要务、缓解北京"大城市病"为出发点，重点在于调整区域经济结构和空间结构。因此，京津冀协同发展面临区域内社会经济发展不均衡、发展落差较大等问题。京津冀体育文化旅游带的建设对于推动京津冀协同发展具有独特的价值。

首先，京张体育文化旅游带建设有利于加快京津冀产业链整合。京张体育文化旅游带的打造将大大促进人才、资本和技术等生产要素在京张两地之间的流动，借助举办冬奥会契机，将北京、延庆、张家口赛区建设成为四季皆可运营的体育文化旅游目的地，两地政府联手推动由单一的滑雪体验游向冰雪旅居、冰雪康养等多业态发展，联合培育"旅游＋生态""旅游＋农业""旅游＋文化""旅游＋工业"等新业态，形成全域的集"吃、住、行、游、购、娱、商、养、会"于一体的体育旅游产业发展模式。

其次，京张体育文化旅游带建设进一步夯实京津冀产业协同发展的基础。京张两地定位准确、分工清晰，主动承接中心城区产业疏解，推动产业融合与转型升级，促进两地基础设施一体化与公共服务均等化，加快北京非首都功能的疏解，依托中关村延庆园等重点项目的建设，推动科技创新、现代园艺、冰雪体育、时尚运动等产业融合发展，共同谋划区域发展大局。

最后，京张体育文化旅游带建设有力推动京津冀旅游资源整合与融合。京张地区联合推出了一系列活动，比如共同举办京张大众滑雪交流赛、第六届全国大学生滑雪挑战赛（华北站）、延庆海坨冰雪徒步大会、京津冀滑雪越野定向赛、斯巴达勇士赛等体育赛事活动。此外，两地联合推出8条精品旅游线路，涵盖70余种优质冰雪资源（见表1）。

表1　北京－张家口联合推出8条精品旅游线路

线路一：世园温泉之旅
第一天：滑雪场滑雪→午餐→入住温泉酒店→夜游世园灯会 第二天：冰雪狂欢嘉年华→午餐→返程

续表

线路二:舌尖延庆之旅
第一天:游长城→午餐→世葡园冰雪嘉年华→晚餐→入住精品民宿→夜游龙庆峡冰灯 第二天:冰雪风光→午餐→返程

线路三:世园灯会之旅
第一天:滑雪场滑雪→午餐→冰雪风光→夜游世园灯会 第二天:游长城→午餐→返程

线路四:滑雪亲子之旅
第一天:滑雪场滑雪或雪场内亲子乐园→午餐→入住温泉酒店或精品民宿→夜游赏灯 第二天:崇礼富龙滑雪场→午餐→返程

线路五:民宿年味之旅
第一天:滑雪场滑雪→午餐→世园灯会庙会→入住精品民宿→晚餐 第二天:民宿内体验过大年→冰雪狂欢嘉年华→晚餐→入住精品民宿 第三天:民宿内体验过大年→午餐→永宁古城赶大集→返程

线路六:新春赏灯之旅
第一天:冰雪狂欢嘉年华→午餐→龙庆峡冰灯→入住精品民宿或酒店→世园灯会 第二天:滑雪场滑雪→午餐→入住精品民宿→晚餐→夜游长城铁花 第三天:游长城→午餐→返程

线路七:森林探险之旅
第一天:玉渡山冬季森林体验→晚餐→入住精品民宿 第二天:游长城→午餐→崇礼冰雪博物馆→入住梦特芳丹酒店(晚餐) 第三天:万龙滑雪场滑雪→返程

线路八:古城赶大集之旅
第一天:滑雪场滑雪→永宁古城赶大集→晚餐→入住精品民宿 第二天:冰雪狂欢嘉年华→午餐→宣化假日绿岛欢乐农场→入住世纪王朝酒店(晚餐) 第三天:宣化桑干河大峡谷赏冰瀑→返程

三 存在的问题

(一)体制机制依旧是最大掣肘

受行政主体和部门权责制约,北京与张家口跨区域的体育旅游协调发展机制尚存在一定壁垒,两地行政管理和体育与旅游部门之间未形成有效的协同发展机制,无论是区域协同发展还是产业融合发展均未涉足深水区。

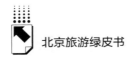

区域间合作壁垒：京张体育文化旅游带所含地区并非隶属于同一行政区划，多个地方政府在合作中面临高位统筹、组织协调、权责匹配、利益让度等一系列协同管理的现实问题，导致京张两地资源分割严重，联结渠道有限，要素流通不畅，协同效率不高。

部门间合作藩篱：旅游部门与体育部门之间缺乏战略领导机构以及有效的协调机制，部门间合作内容有限，影响了全域资源的有效整合，致使产品与市场错配，新业态管理能力有限，动能转换效力触顶，尚未达成有深度、有系统、有创新的体旅融合新局面。

（二）产业融合的深层次理解不到位

体育旅游作为一种"体育+旅游"产业融合的新兴业态，自萌芽起就备受市场关注。但是，体育与旅游分属两个部门的现实状况客观上制约了管理者、经营者、从业者对于体育旅游的深入理解。目前，"体育+旅游"的产业融合实践依旧停留在两个部门、两个产业、两套资源、两套人马、两种思路、两种模式的阶段。在新兴业态的发展过程中，如若没有明晰、透彻的上层指引，企业与组织就很难在短时间内有良好的市场表现，导致产业发展进程拖慢。

当前，多数体育旅游项目仍是从体育或旅游一方立场出发，进行体育与旅游功能的简单叠加。例如，传统景区在转型升级的过程中尝试引入户外体育项目，以期通过"网红"项目或大型活动提升体验性，增加曝光度，翻盘游客量；而对于大型赛事、攀岩基地、户外营地等体育类项目来说，体旅融合的改进措施则仅仅是建设游客服务中心和接待设施、跨地区营销推广等表面措施，真正意义上促进高质量深度融合的措施还比较少。

体育旅游既不同于体育产业叠加旅游接待功能，也不等同于旅游产业通过植入简单体育活动提升游客满意度，它有着特殊的产业发展内涵与规律。第一，需要辨析体育旅游产业的目标市场，即回答"向谁提供产品/服务，满足谁的需求"的问题。第二，欠缺权威统一的管理体制机制，各部门之间各司其职，事权和产业主导权的惯性难以融通，这对体制机制保障提出了很高要求。第三，虽然世界级大型体育资源已经成功探索体育旅游转型之路，但众多中小型体育资源仍旧有待下沉，无法充分发挥其资源价值。

（三）体育旅游专业化人才资源稀缺

体育旅游在我国是一个新兴业态，相较于传统大众旅游产品，体育旅游产品的专业性极强，要求从业人员既熟悉旅游业的理论基础、专业知识、发展规律、市场特征、服务能力，又必须掌握必备的专项运动技能才可以顺利开展具体业务与服务。但是，目前在体育旅游业的从业人员中，具备专业资质的体育系统职业指导员、教练员、领队、运动员以及受过专业运动技能培训的人员数量还很少，国内体育旅游相关专业的高等教育和职业教育也存在较大缺口，后备专业人员稀缺。由于缺乏专项运动的专业指导和体育产业的高度契合，体育旅游的游客体验活动存在一定的安全隐患，体育旅游产品在经营过程中也难以准确对焦市场需求。

四　发展建议

（一）健全京张两地协同发展体制机制

完善机制，联动发展。健全政府层面的沟通协调机制，建立京张体育文化旅游带联席会议制度，定期、定点沟通发展事宜，建立健全区域协同管理办法。围绕活动组织宣传、旅游环境执法、体育文化旅游项目策划、智慧旅游管理等，加强两地合作联动，完善协作推进机制，促进两地要素流动，实现共赢发展。

政策创新，优化环境。建议由国家税务总局、国家发改委牵头，协调北京市、河北省研究制定京张两地产业税收分成政策，针对产业对接转移、产业融合发展等明确分成比例。建议由国家自然资源部、国家发改委牵头，协调北京市、河北省研究制定产业用地政策，调整用地规划、合体调配用地指

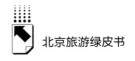

标，为京张体育文化旅游带建设创造空间和提供便利。建议由财政部、国家发改委牵头，积极争取政策性资金支持，确保落实各级财政资金拨付，设立体育旅游产业专项基金，搭建体育旅游投融资交易平台。探索由国家人力资源和社会保障部、国家发改委牵头，抓紧完善人才政策，给予京张地区特殊的人才政策支持。

顶层设计，明确分工。建议在《京津冀协同发展规划纲要》框架下，制定实施"十四五"时期京张体育文化旅游带专项规划，明确京张体育文化旅游带功能定位、发展目标、重点任务以及空间布局。北京市、河北省、延庆区、张家口市要根据各自职责制定相应的地方专项规划和具体实施方案，对主要任务和重点项目进行分解，细化年度推进工作细则，并应明确责任单位及考核方式。

加大投入，落实政策。整合国家、省、市对口资金和政策，优先、重点、集中支持京张地区体育文化旅游带建设。成立京张地区体育文化旅游带基金，主要用来促进重大项目建设落地、新旧产能更迭、培育体旅产业融合新业态等。认真落实各级出台的京张地区体育文化旅游相关政策，确保政策落地。

强化监督，确保实效。健全京张地区体育文化旅游带相关部门的工作动态管理、市场环境监管、内部监督，强调区域协同、层级联动、部门配合，理顺两地在项目落地、资源调度、跟踪检查等方面的通力合作，确保年度重点工作顺利完成。问责拖后进程、落实不力的单位，奖励真抓实干、效果显著的单位。

（二）整体纳入冬奥遗产战略计划大局

北京是世界唯一的"双奥之城"，京张体育文化旅游带承载了丰富多元的运动场馆与配套设施主体奥运资源，以及无形的奥运文化资源，同时也彰显了冬奥会带动区域发展的"中国样板"。2019 年 2 月北京冬奥组委发布了《2022 年北京冬奥会和冬残奥会遗产战略计划》，涵盖了经济、社会、文化、体育、环境、城市和区域发展七大方面的遗产目标，包括 35 个领域重点任务，京张体育文化旅游带被列入其中。有别于以往历届奥运遗产战略聚焦于场地设施等有形资源的赛后利用，此举是对奥运遗产内涵的重要突破创新。

在冬奥文化传承方面，应大力推动冬奥文化融入城市，实施冬奥城市景观提升工程，将冬奥元素嵌入城市风貌设计，在城市重点区域、主要节点布局冬奥特色景观，合理规划打造冬奥特色街区，全面建设冬奥特色社区，营造浓郁冬奥文化氛围。建设奥运博物馆，打造传承冬奥文化、传播冬奥精神的窗口。建设北京国际奥林匹克学院，做好冬奥文化的传承。积极开展赛区奥林匹克命名工作，加快建设延庆奥林匹克公园。积极举办承办冬奥主题庆典、影展、教育活动，倡导广大群众树立"东道主"意识，彰显冬奥城市人文魅力。

在城市基础设施与旅游配套设施建设方面，京张两地公共交通体系借助冬奥筹备契机得到进一步完善，增设和丰富交通集散中心到主要场馆、主要景区的交通组织形式；提升旅游服务体系的综合服务功能，完善体育旅游标识标牌导引系统，提升公共服务品质；推进无障碍设施改造和建设，在按计划对金融街、车公庄、西直门、长椿街、北京南站、崇外地区等八个地区进行无障碍系统化试点改造的基础上，逐渐扩展到全市公共建筑、轨道交通、立体过街、公园绿地、社区配套等方面，推进无障碍设施连接成网。

在盘活冬奥赛区的旅游资源方面，冬奥会延庆赛区依托小海坨山而建，因此，在赛区最初的规划设计上，就以"山林场馆、生态奥运"的理念为核心。可以预见的是，延庆赛区将成为"国际顶级的滑雪竞技中心，服务大众的冰雪休闲度假胜地"。在春夏秋三季，延庆赛区将充分利用延庆区人文历史和自然生态优势，改建户外拓展训练中心，大力支持发展健身跑、健步走、山地自行车、登山攀岩、徒步穿越、滑草、滑车、极限运动等户外项目，通过蓄力加速发展以山地体育、休闲旅游为特色的区域产业，从而实现冬奥场馆的四季运营，推动场馆的赛后可持续利用。另外，重点依托"双奥之城"的优势，借助北京冬季奥林匹克公园、延庆奥林匹克公园和张家口崇礼奥林匹克公园，打造奥运遗产旅游名片，放大奥运遗产的品牌价值。

（三）以体育旅游示范区促进产业发展

通过创建全国体育旅游示范区，打破体育与旅游产业之间的壁垒，有效发挥政府的宏观引领作用，主动适应市场变化，是京张体育文化旅游带体育

和旅游高质量融合发展的必由之路。目前，全国已有贵州和海南两省是国家体育总局批准的首批全国体育旅游示范区创建单位。全国体育旅游示范区的创建工作仍处于探索阶段，申报单位、申报范围、申报条件、创建标准仍没有明确规定。京张体育文化旅游带凭借无可比拟的世界级体育资源和旅游容量，以及延庆区等地区积淀的全域旅游示范区品牌基础，完全具备成为全国体育旅游示范区标杆的潜力，甚至可以首探跨区域联合申报之先河。

在打造体育旅游示范区的过程中，京张两地要充分挖掘体育旅游资源，引进国际顶尖赛事，强化"双奥"品牌的市场影响力，重点提升冰雪旅游产品，加强冰雪运动基础设施建设，改扩建现有滑雪场，在冬奥赛区周边以及其他有条件的地区探索新建滑雪场，扩大滑雪场规模，提升滑雪场的品质，推动"专业＋大众"互补联动发展，充分满足大众对于冰雪运动的多样化需求。此外，还应加强体育旅游交通系统、游客中心、旅游厕所、体育旅游标识标牌、体育旅游大数据平台、体育旅游惠民工作以及体育旅游绿道系统等方面的体育旅游配套服务设施建设，通过以创促建的方式，走出一条更快更好更可持续的发展道路。

（四）培育产业集群放大集聚效应红利

以北京、延庆、张家口三赛区为核心，以京张高铁、京礼高速等交通通道为发展轴线，打造以冰雪竞技、时尚运动、体育健身、科技创新、装备制造、文化创意、旅游休闲、健康产业、绿色能源、现代生态农业等为重点的产业园区和开发区，推动建设一批具有世界影响力的产业基地和产业集群，通过集聚效应带动区域整体发展。

重点建设首钢园产业集聚区、冬奥体育产业集聚区、中关村体育科技创新园。首钢园产业集聚区以"体育＋科幻"为主题，聚焦未来感十足的体育旅游新业态，利用品牌优势吸引国内外知名企业落户首钢园，筛选扶持潜力突出的本土企业，打造具有未来感的科幻之城，彰显世界影响力。依托延庆冬奥赛区，发挥延庆冬奥体育产业集聚区的优势，大力发展冰雪体育运动，突出冰雪体育的休闲功能，借力打造世界级高山滑雪精品休闲度假区；

充分利用松山至海陀山北部山地的冰雪资源，开发参与性强的冰雪体育和户外运动项目与产品。突出延庆重大赛事承办、拓展休闲、专项体育训练、山地户外运动、极限运动等核心功能；以青少年营地、森林和地质教育基地为拓展业态；建设国际水平的冰雪赛事举办地和训练营地。此外，在综合服务能力方面，延庆可通过引进国内外知名冰雪体育组织及专业媒体机构，凸显其世界级体育文化交往功能；打造全民健身中心、冰上项目训练基地，持续开展冰雪培训及体验活动，突出公共服务和资源共建共享。中关村体育科技创新园首批已经入驻 40 家体育类企业，成立了 4 个产研机构，未来应继续大力引进体育旅游企业，培育与体育旅游相关的瞪羚企业、展翼企业、雏鹰人才企业、金种子企业。

（五）实现体育场馆设施的可持续发展

北京冬奥会的所有场馆在建设之时就同步考虑了赛后可持续利用议题，在借鉴以往奥运会场馆可持续利用经验的基础上，充分结合我国人口众多、发展快速、聚集度高、业态灵活、需求广泛的具体特征，所有场馆均制订了场馆遗产计划，提前部署场馆赛后利用。

一方面，充分发挥冬奥场馆的本体功能，积极承接国内国际重大体育赛事，场馆场地设施日常作为冰雪专项训练基地永续利用，并最大限度地服务全民健身战略。探索赛后运营管理机制和模式，持续运营主要场馆设施，引入顶级冰雪场地运营商，组建专业化运营团队，打造国际一流高山滑雪和雪车雪橇运动的训练基地、赛事中心及冰雪运动体验场地。

另一方面，做好场馆附属配套建筑的功能拓展与转化，因地制宜地丰富场馆赛后利用的社会公益计划和文旅商业运营计划，多元谋划场馆赛后可持续发展。北京赛区和延庆赛区在功能延伸方面都进行了科学部署规划。

首钢园区前身是华北地区最早的近现代钢铁企业之一，自首钢搬迁之后，历经冬奥组委入驻、冬奥比赛项目滑雪大跳台落户并完成建设、国家体育总局与首钢共同建设国家体育产业示范区、"四块冰"等冬奥训练场馆建

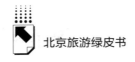

成，迎来了举世瞩目的从"火"到"冰"的转型升级。赛后，首钢园区可积极探索文创、会展、娱乐等多元功能，打造以运动为主题，集文化创意、传媒发布、特色会展、户外挑战、都市休闲、科技娱乐、媒体基地等多种业态于一体的城市复兴新地标，成为奥运场馆赛后利用的典范。

延庆赛区持续深入探索"体育 + 旅游"的创新发展之路。国家高山滑雪中心、国家雪车雪橇中心和延庆冬奥村这 3 个位于延庆的新建场馆中的大型永久性设施都将保留下来。在未来的利用方案中，国家高山滑雪中心将主要用于中国国家队和国内外专业队训练以及举办国际级重大赛事；国家雪车雪橇中心赛后将面向大众开放，规划大众体验区，使广大居民和旅游者都可以体验该项目；延庆冬奥村依托其完备的接待设施条件以及优越的环境，将华丽变身为温泉度假酒店，承接该区域的综合接待服务功能。此外，延庆赛区内还应增设初级、中级大众滑雪道，广泛吸引滑雪爱好者，为冰雪旅游发展注入新活力。

（六）聚焦专业人才培养提升服务质量

专业化的人才队伍是体育旅游产业高质量发展的关键因素，京张体育文化旅游带的建设急需大量精通体育产业与旅游产业的复合型人才。体育方面需要具备掌握户外运动、线路开发、体育文化、赛事运营、比赛规则、课程设计、场地标准、安全救援等专业技能；旅游方面需要深刻了解景区运营、规划策划、市场规律、接待服务等知识；同时，还应具备基本的企业战略管理、市场营销推广、人力资源管理等企业管理能力。这就需要通过机制完善、专业考核、教育培训、人才引进、合作交流等方式，提升从业人员专业素质，加强人才保障。一是完善人才引进培养机制，加大对国际体育旅游人才的引进力度，鼓励本地人才不断学习进修，鼓励高端专业人才落实就业落户、专业团队建设、重点项目申报等优惠政策。二是依托北京体育大学、首都体育大学等体育院校，北京联合大学旅游学院以及其他综合类院校开展体育旅游类专业或课程。三是对于危险系数较高的户外运动旅游项目要加强从业考核，严格实行执照上岗制度，严查无证上岗等问题。四是推行对现有从业人员的继续教育,定期开展交叉学科、交叉产业的学习课程,同时,加强上、中、下游之间管理人员和从业人员的合作交流、教育培训及管理。五是校企联合定向培养,建立产业实训基地,鼓励体育类高校、科研院所与景区、营地、旅行社、俱乐部、训练基地等体育旅游市场主体联合建立实训基地、实验基地,鼓励有条件的大型企业或组织开办专业培训课程。

（七）建立发展联盟互通京张两地市场

京张体育文化旅游带由于涉及多个行政区域和相关部门,产业发展不充分不均衡,跨区域协同发展难度较大,因此,应建立企业层面的交流合作机制,如通过产业联盟促进市场互通,可自发成立由各类市场主体组成的北京—张家口体育旅游产业发展联盟;整合两地体育旅游资源,成立京张体育文化旅游联盟。联盟要深化协同合作机制,加强两地学习交流,共同组建市场化、平台型企业或者其他形式的组织机构,主要任务包括:协调落实发展战略规划、推进企业互补互促,推动重大项目建设、优化重要资源配置、共推体育旅游产品开发、联合市场营销、共同举办活动、组织人员培训等,开发冰雪主题旅游产品和京张历史文化主题旅游线路,共同策划冰雪赛事活动、文艺演出,输出经验模式,开展联合执法,强化互动营销,互通市场有无。后期还可拓展至京津冀等地相关企业,扩大联盟影响力,以及组建京张体育文化旅游发展智库,定期探讨商议京张体育文化旅游带发展大计。

参考文献

蒋依依、洪鹏飞、谢婷、杨占东、陈希:《京张体育文化旅游带建设的使命与路径》,《北京体育大学学报》2021年第4期。

王灵恩、李浚硕、吴小露、倪笑雯:《京张体育文化旅游带资源空间分布特征与产品转化路径》,《北京体育大学学报》2021年第4期。

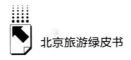
吴玲敏、任保国、和立新、冯海涛、林志刚：《北京冬奥会推动京津冀冰雪旅游发展效应及协同推进策略研究》，《北京体育大学学报》2019 年第 1 期。

北京冬奥组委：《北京 2022 年冬奥会和冬残奥会可持续性计划（2020）》。

伍斌：《2020 中国滑雪产业白皮书（暨 2020 ~ 2021 雪季财年报告）》，上海 ISPO，2020，http：//www. pinchain. com/article/250554。

G.5

冬奥会推动北京体育旅游
发展的策略研究

——基于北京冬奥会雪上场馆可持续利用视角

王敬先　刘　铮*

摘　要：　2022年北京冬奥会共有12个竞赛场馆，其中5座冰上场馆全部
　　　　　在北京市区。7座雪上场馆，分别是位于北京赛区的首钢滑雪
　　　　　大跳台，延庆赛区的国家高山滑雪中心和国家雪车雪橇中
　　　　　心，以及张家口赛区的云顶滑雪公园和古杨树场馆群的国家
　　　　　跳台滑雪中心、国家越野滑雪中心和国家冬季两项中心。本
　　　　　文依据冬奥会可持续发展理念的政策背景，借鉴了国外冬奥
　　　　　会场馆可持续利用的经验，针对我国冬奥会雪上场馆利用的
　　　　　难点，对北京体育旅游发展提出可行性建议。

关键词：　可持续利用　冰雪旅游　雪上场馆

2022年冬奥会是我国承办的第一届冬季奥林匹克运动会，冬奥会的举
办对主办城市将产生持续积极的影响，场馆资源的开发利用是关键因素。
冬奥会的比赛项目和场地条件具有很强的特殊性，对主办城市的赛前规划
建设和赛后功能价值挖掘工作提出了很高的要求。如何让冬奥场馆成为独

＊　王敬先，中国建筑设计研究所有限公司副总监，北京冬奥组委规划建设部场馆建设二处副处
　　长；刘铮，北京联合大学旅游学院讲师，研究方向为旅游企业管理。

特的奥运遗产，并推动北京及周边地区体育产业和旅游产业的发展，备受各界关注。可持续发展是我国筹备本届冬奥会的三大理念之一，本文聚焦北京冬奥会雪上场馆的可持续利用问题，对往届冬奥会场馆赛后开发利用经验进行分析，结合北京冬奥会雪上场馆的特点，提出对北京体育旅游发展的对策建议。

一　冬奥会可持续发展理念对举办地体育旅游的推动效应

（一）冬奥会可持续发展理念的提出与实践

1. 冬奥会进程中可持续发展理念的演进

从 1992 年开始，国际奥委会逐步将可持续发展理念融入奥运会的举办过程中（见表 1）。

表 1　国际奥委会可持续发展政策文件 *

年份	签署协议名称	主要举措
1992	《21 世纪议程》	签署了"地球的保证"，要求场馆以环境保护为主要内容，多项措施明确提出对主办国场馆环境保护的硬性要求
1996	《奥林匹克宪章》	首次出现可持续发展的条款
1999	《奥林匹克 21 世纪议程》	将全力推动全球可持续发展作为重要的社会责任
2014	《奥林匹克 2020 议程》	将"可持续性"列为奥林匹克运动发展的核心要素
2015	《奥林匹克遗产指南》《奥运会可持续发展指南》	确定了奥运会遗产保护、可持续理念的发展方向
2017	《国际奥委会可持续发展战略》	标志着国际奥委会将向更高的可持续发展目标迈进
2018	《遗产战略方针》《奥林匹克 2020 议程:奥运会新规范》	奥运遗产成为促进奥林匹克运动可持续改革的重要保障，突出强调减少风险和浪费，从而实现保护奥运遗产的目标

* 笔者根据有关资料整理。

2. 我国政府高度重视冬奥会可持续发展工作

北京冬奥组委将"以运动员为中心、可持续发展、节俭办赛"作为2022 年北京冬奥会筹办的三大理念,这一思想与国际奥委会的《奥林匹克2020 议程》是完全吻合的。

北京冬奥组委于 2018 年提出了全力构建以北京城区为核心的"一带(体育文化旅游产业带)、三轴(北、中、南三条交通轴线)、三核(北京赛区、延庆赛区、崇礼赛区)、多节点、多片区"的空间发展布局理念。体现在北京冬奥会雪上项目的建设思路上,就是要积极发挥京津冀城市群落的协同效应,促进北京及张家口周边地区的体育运动、旅游文化资源开发,有效带动整个区域协同发展。

北京冬奥会是《奥林匹克 2020 议程》颁布后第一届从筹办开始就全面规划管理奥运遗产的奥运会。为了顺利实现这个目标,北京冬奥组委于2019 年发布了《2022 年北京冬奥会和冬残奥会遗产战略计划》,确定了北京冬奥会遗产工作的目标与领域。2020 年 5 月北京冬奥组委发布《北京2022 年冬奥会和冬残奥会可持续性计划》,标志着 2022 年北京冬奥会的目标是努力建立奥林匹克运动与城市和区域发展良性互动、共赢发展的新典范。

(二)冬奥会对体育旅游发展的影响

旅游效应从第一届冬奥会开始就已经存在。冬奥会带动了文化旅游、宗教旅游、体育旅游、观光旅游等的发展。冬奥会对主办城市及主办国的冰雪旅游业具有重要影响。

历届冬奥会主办城市都非常注重冬奥会对当地旅游业的推动效应。如美国盐湖城冬奥会促进了酒店行业发展;加拿大卡尔加里冬奥会推动了旅游和商业发展;俄罗斯索契因举办冬奥会,建立了立体交通体系,极大改善了酒店等旅游设施的水平,提高了自身知名度,并进入国际化旅游城市行列;温哥华冬奥会让惠斯勒小镇一举成名,位列世界顶级"山地度假胜地"榜首,冬奥会结束后,惠斯勒度假区年产值高达 13 亿加元,旅游收入占全省总收

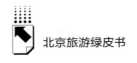

入的 22.5%，实现了可持续发展。

在冬奥会举办过程中，如果不能将环境可持续发展与城市发展规划进行有机结合，就会带来巨大的损失。比如 1992 年的法国阿尔贝维尔冬奥会，由于法国政府未能将环境可持续发展与社会发展有机结合纳入规划理念，不仅没有振兴旅游业，未能创造更多财富，还产生大笔债务。

二 国外冬奥会场馆可持续发展的经验

（一）冬奥会场馆的发展历程

英国学者埃塞克斯和南非学者格鲁特（2016），把冬奥会场馆的发展历程划分为五个历史阶段。

第一阶段：最小的基础设施投资（1924～1932 年）。

前三届冬奥会规模很小，每届运动员不超过 500 人，主办地平均人口大约 3000 人。尽管如此，主办国仍然希望通过举办冬奥会促进冬季旅游的发展。法国的夏蒙尼借助承办第一届冬奥会，建设世界级的设施来发展冬季体育运动。瑞士的圣莫里茨作为第二届奥运会的东道主，在当地政府的带领下，将该度假胜地建设成为一个国际化的冬季体育运动目的地。

这些早期冬奥会的主办者在举办冬奥会时，特别注意到场馆设施的长期可利用性，这主要是因为这些设施规模小，维持昂贵的高水准设施的能力有限。尽管冬奥会第一阶段的活动规模较小，但冬季奥运会早期提出的一些与奥运相关的发展计划引发了环境抗议，这意味着场馆可持续利用在后期成为突出的问题。

第二阶段：新兴的基础设施需求（1936～1960 年）。

这个阶段除了挪威奥斯陆之外，主办冬奥会的城市规模仍然比较小（通常人口少于 13000）。从 1936 年第四届冬奥会开始，参赛国家和运动员的数量大幅增长，意大利的科尔蒂纳丹佩佐（Cortinad'ampezzo）为举办 1956 年冬奥会计划建造奥运村，但这个计划由于受到当地酒店经营者的反对而未能实现（CONI，1956）。

第六届东道主挪威首都奥斯陆是截至当时规模最大的主办城市，有44.71 万常住人口。该届冬奥会首次建造奥运村，并规划了奥运会场馆以后的用途，如大学宿舍、医院和老人住宅（CyrasJon SkomiTee，1952），因此也增加了新的基础设施需求。其中新的道路、桥梁和滑雪电梯等设施的兴建，对冬奥会和随后的赛事运作起到至关重要的作用。

第三阶段：区域发展工具（1964～1980 年）。

这一阶段的特点是运动员人数增加，举办地规模更大，5 个主办城市中有 4 个城市的人口数量超过 10 万，1 个超过 100 万。东道国加大对重大基础设施的投资，将与冬奥会有关的交通基础设施投资作为区域发展目标的核心，通过举办冬奥会带动区域发展，如 1972 年札幌奥运会被日本政府视为振兴北海道北部岛屿的独特经济机会（Borja，1992）。

第四阶段：大规模转型（1984～1998 年）。

本阶段的特点是参与人数显著增加。1998 年长野冬奥会运动员超过2000 名（查普利，2002b）。运动员、媒体和观众的住宿本身就成为一个重大的基础设施挑战。1988 年以后，为了给离比赛场地更近的运动员提供食宿，需要两个或更多的奥运村。冬奥会作为确保主办城市重大基础设施及其现代化的作用已经加强。

随着活动规模的不断扩大，在规划和发展相关基础设施时也必须更加清醒地认识到环境问题（1995 年 5 月）。1994 年利勒哈默尔奥运会的筹备工作首次纳入了环境可持续发展的理念。比如，其一个主要室内场馆的最初选址定在一个鸟类保护区，由于制冷设备产生的多余热量带动了热量循环，因此重新进行了选址。

第五阶段：可持续发展和遗产规划（2002 年至今）。

从 2002 年开始，冬奥会大规模兴建基础设施的趋势仍在持续，但更加强调环境保护、可持续发展和设施规划。因此，奥运会开始由大城市及其周围地区联合举办，形成多个中心赛区（Chappelet，2008）。

2002 年盐湖城冬奥会第一次将可持续发展规划写入申办报告。盐湖城

的"环境保护计划"包含四个"积极的目标"，即"零废物""净零排放"、全面种植绿植、对环境和安全合规错误零容忍。继盐湖城冬奥会之后，环境保护和可持续发展议程已明确成为冬奥会组织工作的一部分。

都灵被称为"意大利的底特律"（Rosso，2004），为实现城市转型，挖掘其旅游潜力并促进第三产业发展。都灵通过升级滑雪设施，延长旅游季节，将奥运投资的收益从城市扩展到整个地区（Danselo，et al.，2003）。

2010年的加拿大温哥华冬奥会，也强调了其在可持续发展方面的资质（Holden，et al.，2008）。省政府成立了一个独立的非营利公司，命名为"2010遗产现在"，以确保不列颠哥伦比亚省的每个地区都从奥运会中受益。该机构在学校教育、体育和娱乐、艺术、志愿服务和扫盲等方面开展各种项目，以实现其目标（2010遗产现在，2008）。它创造了一种新的模式，以确保与人、技能和就业能力相关的"软"奥运遗产，而不是简单地与建筑环境相关的"硬"遗产得到利用。

（二）国外冬奥会场馆的赛后利用经验

通过研究往届冬奥会的雪上场馆规划建设，发掘对于北京冬奥会雪上场馆赛后可持续利用的借鉴意义。往届冬奥会的雪上场馆，可分为现有改造的场馆和为奥运新建的场馆两大类。现有改造的场馆，如欧洲阿尔卑斯山周边的冬奥会场馆，大多是建设在既有成熟的滑雪度假胜地之上。这些场地本身就有悠久的滑雪历史，丰富的天然雪资源和深厚的大众滑雪基础。这些场馆无论是开展旅游还是开展体育活动，都有得天独厚的优势和成熟的经验。往届冬季奥运会中也有很多为了举办奥运会新建的雪上场馆，在这些场馆规划建设之初，大多事先充分考虑场馆的赛后可持续利用，赛后能够充分利用场地自身特点，开展适宜大众参与的体育和旅游项目。

1. 全域开发

全域开发是指充分利用奥运场馆影响力，带动场馆周边区域发展。比如，加拿大的卡尔加里冬奥会的坎摩尔北欧滑雪中心和温哥华冬奥会的惠斯勒奥林匹克公园的越野滑雪场地，都是临近当地的现有滑雪场。他们利用越野滑雪线路距离长的特点，将周边山谷都纳入运动场地的范围，赛后将其成功地转型为大众体育旅游目的地，不仅冬季可以在这里进行越野滑雪和高山滑雪两项运动，还可以在夏季开展山地自行车、徒步越野、飞碟打靶等活动。

目前我国冬奥会的雪上项目大众参与度较高的是高山滑雪和越野滑雪，但奥运会的竞赛场地的难度级别都很高，普通大众很难驾驭奥运赛道，容易受伤。需要考虑选取部分奥运赛道和其他地形结合，设计和建设适合大众的滑雪雪道。同时将这些赛道或场地与周边地域连通，开展长距离的体育项目或旅游活动，将奥运场馆的无形资产价值辐射到邻近地区。

2. 全季活动

冬奥会场馆不仅组织冬季冰雪运动，还开展春夏秋季旅游项目，实现全季旅游。比如，日本札幌冬奥会和韩国平昌冬奥会等多个奥运会的跳台滑雪场馆，都利用跳台滑雪场地高台的建筑特点，在山顶的跳台出发区域设置有用于赛后大众旅游的观光厅，配有高倍的望远镜，可以在山顶欣赏周边山地和远处城市的美景。这些山顶观光厅还配有咖啡厅、冰激凌或零食吧、纪念品商店等，可以满足大众全季节参观旅游的需要。我们也可以利用奥运场馆的知名度和影响力，一年四季吸引游客来场馆参观，带动地方的旅游业发展。

3. 全产业链发展

全产业链发展是指围绕体育活动、训练和赛事，开发与其关联的产品。比如意大利都灵冬奥会和奥地利因斯布鲁克冬奥会的雪上竞赛场馆，这些场馆都位于阿尔卑斯山沿线，本身都有着悠久的滑雪传统，也有大量的滑雪受众。这些城市在开展好体育旅游的同时，还充分发挥了本地工业和制造业的优势，开展滑雪装备的生产制造，如雪板、雪服、头盔、雪杖等，造就了一批高端的滑雪装备品牌。我们也可以通过冬奥场馆赛后可持续利用，推动体育旅游等第三产业发展，带动农牧业等第一产业和生产制造等第二产业的协同发展，提升地方经济、带动地方就业。

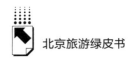

三 冬奥会雪上场馆的设计理念及可持续利用的难点

（一）北京冬奥会雪上场馆的基本情况

2022 年北京冬奥会共有 12 个竞赛场馆，分布于北京、延庆和张家口三个赛区。其中有 5 座冰上场馆，全部是在北京市区；除了国家速滑馆外，其余的是改造的场馆。雪上场馆共有 7 座，分别是位于北京赛区的首钢滑雪大跳台，延庆赛区的国家高山滑雪中心和国家雪车雪橇中心，以及张家口赛区的云顶滑雪公园和古杨树场馆群的国家跳台滑雪中心、国家越野滑雪中心和国家冬季两项中心。这些雪上场馆除了云顶滑雪公园是改造的场馆外，其余的雪上场馆都是新建的。

（二）北京冬奥会雪上场馆可持续发展的设计理念

环境和生态保护是冬奥会筹办中非常重要的议题，也是场馆未来可持续发展的重要前提。北京冬奥会所有建设工程都秉承绿色办奥、共享办奥、开放办奥、廉洁办奥的要求，将可持续发展的思想贯穿于场馆规划建设的全过程，分别从生态环境、水环境、大气环境、声环境、固体废弃物和环境风险等方面预测评价了环境影响，并针对场馆及设施设计、建设、运行、赛后利用等不同阶段，提出了避让、减缓、重建、补偿、管理等措施并落实到责任部门和人员。

在赛区规划建设过程中，按照国际奥委会提出的可持续设计要求，开展了赛区森林生态系统综合摸底调查，建立了生态系统和生物多样性固定监测大样本，制定了《动植物资源保护技术方案》和《监控生物入侵方案》，建设了赛区森林生态系统保护基地并开展了动植物资源保护，对工程建设用地进行了及时修复，对弃石和枯死树木等固废物实施资源化利用，并定期开展生态环保培训，确保全面实现绿色奥运、生态奥运的建设目标。

在可持续理念的落实方面，三个赛区做了很多实质性的努力。

1. 首钢滑雪大跳台

首钢滑雪大跳台是单板和自由式大跳台运动（Big Air）在全球的第一座永久跳台场馆，也是冬奥会历史上第一座与工业遗产再利用直接结合的竞赛场馆。场馆建筑的设计灵感来自敦煌壁画"飞天"飘带形象，由于大跳台滑雪场地剖面曲线与敦煌壁画"飞天"飘带形象类似，其顶部飘带为出发区，中部飘带为运动员滑行坡道，飘带造型兼有防风的作用，下部飘带引向观众看台，同时为将来底部改造预留了空间。

2. 延庆赛区

延庆赛区的总规划师秉承"山林场馆，生态冬奥"的总体规划设计理念，亦即"山林掩映中的场馆群" + "绿色生态可持续冬奥"，通过建筑设计、景观设计和赛道设计的联合创新，力图打造场馆历史上新的里程碑，最大限度地丰富运动员的参赛体验、加深观众的观赛印象。同时最大限度地减少对山林环境的扰动，使建筑景观与自然有机结合，在满足精彩奥运赛事要求的基础上，建设一个融于自然山林中的冬奥赛区，注重奥运遗产的长期良性利用和运营，并保持延庆独特的地质遗迹、历史人文和生态环境资源，践行可持续发展理念。

延庆赛区的国家高山滑雪中心采取装配式平台，实现可逆式建造——每个功能区都由预制装配式结构架设成为不同高度的错落平台，在其上建设各种功能设施，沿山体地形穿插于山谷之中，这种装配式结构不仅适合山地环境的运输、建造条件，提升施工效率和质量，而且顺应雨洪的流向，减少对自然山体的破坏，弱化对山体的影响，营造出与山地环境相得益彰的人工景观，并具有可逆性，必要时可以分解移除、恢复地形原貌。

3. 张家口赛区

张家口赛区水资源短缺问题一直是国际和国内社会关注的焦点之一，节约和保护水资源，强化水资源循环高效利用，不仅是推动张家口可持续发展的需要，更是落实北京 2022 年冬奥会绿色办奥理念、践行国际奥委会

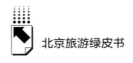

"2020议程"（《奥林匹克2020议程》）和"新规范"（《奥林匹克2020议程：奥运会新规范》）的需要。张家口赛区通过地表水收集储存与净化回用，建立场地水资源循环、高效的综合利用系统，最大化实现场地用水就地平衡，减少外部调水使用，打造海绵赛区。

（三）难点分析

1. 场馆维护费用高

奥运会场馆在赛后运营的首要难题是场馆日常维护费用很高，经营管理难度也很大，导致很多外国的奥运场馆在赛后长期亏损。例如，1998年的长野冬奥会，政府建造高铁和雪车雪橇等场馆和设施的费用高达190亿美元，高额的场馆设施维护费用直接导致了长野经济的大衰退。

2. 场馆利用率低

冬奥会的雪上场馆往往地处山区，远离城市，大众游客前往这些场馆的费用较大，因此场馆的利用率也比城市里的场馆低很多。虽然往届冬奥雪上场馆的业主和运营方尝试把大型活动甚至演唱会等演出引入场馆中举行，但是常规活动的租地费用对于奥运场馆的巨大维护成本来说，可谓杯水车薪。

3. 管理模式滞后

冬奥会的雪上场馆由于缺乏专业人才管理，场馆运营管理模式滞后，管理水平也不高。冬奥会的场馆建设大多是采取政府投资的方式，赛后的场馆管理往往也是政府主导型的，这样就很容易造成有人建设、无人运营的局面，使得很多场馆变成了城市吉祥物，没有充分发挥场馆赛后利用的功能。

4. 面向公众开放难度大

由于冬奥会雪上场馆竞赛场地的设计是针对奥运顶级运动员的，赛道的难度很大，普通大众很难驾驭全部奥运赛道。同时场馆建设初期，没有充分地考虑本地居民的体育喜好以及地处偏远交通难以抵达等因素，这些场馆常会出现比赛期间人满为患、赛后人去楼空的现象，多个雪上场馆变成各个主办城市的"鸡肋"。

四 冬奥会场馆可持续利用推动体育旅游发展的可行性分析

在冬奥会及"三亿人参与冰雪运动"目标推动下，北京及周边地区民众对于冰雪旅游及相关运动的关注度会日益提高，我们应整合区域内的自然和人文资源，充分利用自然环境及冬奥会的场地设施，探索体育旅游的发展途径。

（一）政策引领

2017年和2021年，习近平总书记考察北京冬奥会张家口赛区时提出，北京冬奥会、冬残奥会是我国"十四五"初期举办的重大标志性活动，以冬奥会为契机，除了让更多人参与到冰雪运动之外，将冰雪运动发展融入经济社会发展的大格局之中。在北京2022年冬奥会和冬残奥会筹办工作汇报会上，习近平总书记强调，推动京津冀协同发展，努力在交通、环境、产业、公共服务等领域取得更多成果。要积极谋划冬奥场馆赛后利用，将举办重大赛事同服务全民健身结合起来，加快建设京张体育文化旅游带。

我国政府高度重视发展体育运动与冰雪旅游，先后出台了多项政策（见表2）。

表2　我国有关冰雪旅游的政策

年份	颁布机构	文件名称	有关体育旅游的政策概要
2009	国家体育总局、国家旅游局联合	《促进中国体育旅游发展倡议书（2009年）》	提出发展冰雪旅游等项目的倡议
2013	国务院办公厅	《国民旅游休闲纲要（2013—2020年）》	积极发展体育健身旅游、冰雪旅游等旅游休闲产品

续表

年份	颁布机构	文件名称	有关体育旅游的政策概要
2016	国务院	《"十三五"旅游业发展规划》	建设一批融滑雪、登山、徒步、露营等多种旅游活动为一体的冰雪旅游度假区或度假地,推出一批复合型冰雪旅游基地,鼓励冰雪场馆开发大众化冰雪旅游项目的战略目标
2016	国家体育总局、国家旅游局	《关于推进体育旅游融合发展的合作协议》	加快冰雪旅游项目和基础设施建设
2016	国家发改委、国家体育总局、教育部、国家旅游局	《冰雪运动发展规划（2016—2025年)》	到2025年冰雪运动普及度大幅提高,直接参加冰雪运动的人数将超过5000万,带动3亿人参与冰雪运动
2016	国务院办公厅	《关于加快发展健身休闲产业指导意见》	加快冰雪休闲旅游产业与其他相关产业的深度融合,在跨区域冰雪健身旅游产业合作区建设上实现新突破

资料来源：笔者根据有关资料整理。

（二）对策建议

1. 场馆赛后可持续利用的管理方式

对于场馆的运营管理可以成立专业管理公司统一管理、综合利用。奥运会赛后所有的体育场馆将依靠自身的收入维持营运，政府不再有任何补贴。这就需要场馆运营人员积极采取措施，未雨绸缪。比如，在比赛期间增加临时性座位，根据地区特点有些场馆可建成临时场馆，赛后拆除的材料可回收再利用或转卖，甚至用于下一届奥运会。

2. 开展冰雪运动训练和打造各种赛事活动

依托高水平竞赛场馆，打造国际顶级雪上赛场和训练基地。比如国家高山滑雪中心和国家雪车雪橇中心，可以承担国际雪联（FIS）世界高山滑雪锦标赛、世界杯、国际雪车雪橇联合会（IBSF/FLI）世锦赛等高水平国际冰雪赛事。

国家跳台滑雪中心目前是世界上最新的，也是设备设施顶级的跳台滑雪场地之一，它的主体建筑设计灵感来自中国传统饰物"如意"，如意的"S"

曲线与跳台的剖面以及周边的山形地貌完美契合，因此这个建筑昵称"雪如意"。国家跳台滑雪中心安装有最先进的助滑道系统以及完善的测距、测速、测风等装置。全国甚至周边国家的运动员都可以全年在这里训练，并可以满足各类世界杯、洲际杯和国内各个级别的跳台滑雪的比赛。跳台场馆的中段结合山体，是跳台竞赛场地"着陆坡"部分，赛后在这里可以举办"红牛 400 米超级爬坡比赛"等大众参与的极限爬山运动。

国家越野滑雪中心场地非常适合开展马术项目的活动，目前全部马术运动项目均适合在国家越野滑雪中心开展。一是奥运会的马术项目，如盛装舞步、场地障碍。越野滑雪中心的场地有条件成为中国未来可以举办五星级国际化马术大赛的场地。二是马术项目的三日赛，可结合越野滑雪 8.3 公里的越野滑雪赛道进行。马术赛的地面通常为"泥草道"，可以和山地自行车赛道通用。三是非奥运项目的马术耐力骑行赛。这个项目门槛低，参与度很广，可与当地旅游结合，以国家越野滑雪中心为起点，顺着周边的山谷连接到周边的乡镇，在适当位置设置马匹驿站、户外露营等。

在张家口古杨树场馆群的三个竞赛场馆中心的小山丘上，可以规划建设一个环形的滑雪隧道。其中东侧为直线的穿山隧道，连接国家冬季两项中心和国家越野滑雪中心。隧道全长可以达到 2.5 公里，这个长度可以满足70% 的越野滑雪比赛和全部冬季两项比赛的赛道距离要求，因此不仅可以训练，还能全季节举办正规的越野滑雪和冬季两项的比赛。

3. 开展大众体验旅游项目

结合场地特点，建设大众冰雪设施，发展全民冰雪运动，建设大众雪场、滑雪酒店，开办滑雪学校、溜冰场、大众雪橇、山顶餐厅、雪地温泉等。在非滑雪季，依托自然资源，建设以山地徒步活动为核心的户外运动集群，发展徒步登山、滑道车、单轨过山车、滑槽、滑索、攀岩、探险、水上乐园、拓展训练基地、山地自行车营地、缆车观光等旅游项目。

跳台滑雪场地的赛后可持续性利用是一个难题，在北京 2022 年冬奥会之后，国家跳台滑雪中心除了用于训练和比赛之外，还可以从跳台顶部到山脚安装钢索，举办溜索项目。跳台场地的着陆坡安装有可以进行夏季跳台滑雪运动的塑料草，在赛后面向大众开放时，游客可以坐在橡胶轮胎里，顺着塑料草从着陆坡顶一直滑到山脚下，感受老少皆宜的滑草游乐设施的乐趣。

国家越野滑雪中心赛后场地将重新开发利用，可打造成"山地公园"和"户外冰上娱乐中心"，承办骑马、户外野营等体育休闲活动。国家越野滑雪中心西侧区域的场地条件和面积，可满足山地高尔夫的各项技术要求。

冬季两项中心可以提供4公里的细颗粒沥青路面，适用于轮滑项目，6公里的压实路面可用于山地自行车的骑行项目，无论是轮滑线路还是山地自行车线路都可以面向大众开放，还可以利用这些线路进行山地卡丁车、全地形车驾驶等体验。

冬季两项中心所在山谷地势相对平缓，因此非常适合开展青少年和儿童滑雪培训。冬季两项滑雪的部分赛道还穿越了大片的次生白桦林，赛后可以把这里打造成山地公园，开展户外野营休闲、真人 CS 等射击类活动。在北侧山谷的平缓地带，也可以设置房车营地、汽车旅店、烧烤酒吧，开展露天小剧场等活动。

北京冬奥会竞赛场馆的分布情况及赛后用途规划如表3所示。

表3　2022 年北京冬奥会竞赛场馆分布及赛后用途规划

赛区	场馆名称	比赛项目	建设类型	赛后用途规划
北京赛区	首钢滑雪大跳台	单板和自由式滑雪大跳台	新建	演唱会、发布会
延庆赛区	国家高山滑雪中心	男子滑降、女子滑降、超级大回转、超级全能、大回转和回转	新建	滑雪训练基地、国际赛事、大众休闲娱乐
	国家雪车雪橇中心	雪车、雪橇、钢架雪车	新建	专业训练基地、大众娱乐体验活动
张家口赛区	云顶滑雪公园	U 形产地技巧、坡面障碍技巧、雪上技巧、空中技巧、障碍追逐、平行大回转	改建	自由式滑雪及单板滑雪训练基地、大众冰雪运动基地
	国家跳台滑雪中心	跳台滑雪、北欧两项	新建	训练比赛、会议论坛、音乐节、演唱会、极限爬山、溜索、滑草、餐饮观光

续表

赛区	场馆名称	比赛项目	建设类型	赛后用途规划
张家口赛区	国家越野滑雪中心	越野滑雪、北欧两项	新建	马术、山地高尔夫
	国家冬季两项中心	冬季两项	新建	山地公园、青少年滑雪培训、轮滑、山地自行车、卡丁车、全季滑雪

资料来源：笔者根据有关资料整理。

4. 形成具有综合功能的旅游地标性建筑

国家跳台滑雪中心，以它独特的造型将成为地标性建筑，赛后，会吸引大量的游客前来参观旅游。

国家跳台滑雪中心的顶部是一个外径78米、内径40米的环形建筑，圆环的内外两个圆形并非同心，靠近东侧方向悬挑的圆环进深宽度较小，可以成为360°瞰景餐厅，作为旅游聚会、休闲场所。而西侧方向的圆环进深宽度较大，赛后可以用来举办高端论坛、会议、宴会和展览等活动，打造中国的"达沃斯"论坛。在跳台滑雪中心山下的看台区，有一个135米长的体育场，可以举办室外的音乐节、演唱会等文化活动。

崇礼古杨树场馆群中部的NTO酒店，赛时为国内体育技术官员的住所，该酒店与越野滑雪隧道的西南角直接连接，住在酒店的客人可直接穿着滑板滑雪前往国家越野滑雪中心和国家冬季两项中心。赛后面向公众开放时，更可将雪具大厅布置于滑雪隧道和NTO酒店的结合处，带动酒店特色经营，增加酒店的营业利润，达到1+1＞2的投资效益。其或将成为全球第一家全季越野滑雪特色酒店，具有世界水平的全天候标准化滑雪专业训练场地，配有四星级酒店的住宿设施，对推动我国越野滑雪、冬季两项等雪上项目跨越式发展，带动当地的旅游业、"三亿人参与冰雪运动"具有重要意义。

参考文献

Essex, S. & De Groot, J. (2017) The Winter Olympics: driving urban change, 1924 – 2022, in

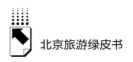
Gold, J. R. & M. M. (Eds.) Olympic Cities, Third Edition, Routledge, London, pp. 64 – 89.

Heike Alberts. The Reuse of Sports Facilities after the Winter OlympicGames [J]. 2011 – 01.

Jung-Heui oh, Jai-Woo oh, Kwang-Min Cho. Plans for Stadium Usage after the International Mega Sporting Event The 2018 Pyeongchang Winter Olympics [J]. 2018, 09. 409 – 415.

Marta Bottero, Sara Levi Sacerdotti, Stefania Mauro. Turin 2006 Olympic Winter Games; impacts and legacies from a tourism perspective [J]. Journal of Tourism and Cultural Change, 2012, Vol. 10, No. 2, 202 – 217.

Jean-Loup Chappelet. The Legacy of the Olympic Winter Games: An Overview [J]. 2002.

Jinsu Byun, Becca Leopkey. Exploring Issues within Post-Olympic Games Legacy Governance: The Case of the 2018 PyeongChang Winter Olympic Games [J]. Sustainability. 2020, Vol. 12, Iss. 9, (2020): 3585.

Becca Leopkey, Milena M. Parent. Olympic Games Legacy: From General Benefits to Sustainable Long-Term Legacy [J]. The International Journal of the History of Sport. Vol. 29, No. 6, April 2012, 924 – 943.

Nikolaos Boukas, Vassilios Ziakas, Georgios Boustras. Olympic legacy and cultural tourism; exploring the facets of Athens' Olympic heritage [J]. International Journal of Heritage Studies. 2012, Vol. 19, No. 2, 203 – 228.

Jon Coaffee. Policy transfer, regeneration legacy and the summer Olympic Games lessons for London 2012 and beyond [J]. International Journal of Sport Policy and Politics. 2012, Vol. 5, No. 2, 295 – 311.

Stephen Essex. Mega sporting events in urban and regional policy a history of the Winter Olympics [J]. Planning Perspectives. 2004, 4.

Juliet Davis. A promised future and the open city: issues of anticipation in Olympic legacy designs [J]. Architectural Research Quarterly. 2014, 12. 324 – 341.

Keiko Homma, Naofumi Masumoto. A Theoretical Approach for the Olympic Legacy Study Focusing on Sustainable Sport Legacy [J]. The International Journal of the History of Sport. 2013. Vol. 30, No. 12, 1455 – 1471.

Mike Weed. Is tourism a legitimate legacy from the Olympic and Paralympic Games? An analysis of London 2012 legacy strategy using programme theory [J]. Journal of Sport & Tourism. 2015. Vol. 19, No. 2, 101 – 126.

Juliet Davisa, Christopher Groves. City future in the making Masterplanning London's Olympic legacy as anticipatory assemblage [J]. Futures. 2019. 109 (2019) 13 – 23.

冷腾:《盐湖城冬奥会场馆赛后利用研究》,北京体育大学,2017。

杨培培:《"后奥运时代"场馆可持续利用研究》,《运动》2017 年第 165 期。

孙葆丽:《奥林匹克运动可持续发展深化改革研究》,《天津体育学院学报》2020 年第 1 期。

郭振、乔凤杰：《北京绿色奥运遗产及其困境与继承》，《武汉体育学院学报》2016年第 8 期。

张旭东：《北京 2022 冬奥会雪上场馆赛后开发利用研究》，北京体育大学，2017。

陆诗亮、李磊、解文龙、骆肇阳：《国际奥委会可持续发展理念下的冬奥会冰雪体育场馆设计研究》，《建筑学报》2019 年第 1 期。

姚芳虹：《TOT-BOT 模式应用于体育场馆建设的可行性分析——以冰雪场馆为例》，《经贸实践》2017 年第 1 期。

赵艺雯：《论重大体育赛事对地区经济的发展影响及对策——展望北京 – 张家口冬奥会》，《现代商业》2019 年第 1 期。

孙科：《2022 北京冬奥会：改革·转型·引领——易剑东、张斌对话录》，《体育与科学》2015 年第 5 期。

易剑东、王道杰：《论北京 2022 年冬奥会的价值和意义》，《体育与科学》2016 年第 5 期。

易剑东：《冬奥会背景下中国奥林匹克认知偏误及其辨析》，《成都体育学院学报》2016 年第 5 期。

易剑东：《热点·视点·观点——北京 2022 冬奥会研究的回顾与前瞻》，《体育学研究》2018 年第 1 期。

顾久贤：《2022 年冬奥会的举办对区域消费需求与行为影响的研究——以河北冰雪体育旅游为分析个案》，《体育与科学》2016 年第 3 期。

董红刚：《北京冬奥会场馆治理的现实问题、理论难题及解题之道》，《上海体育学院学报》2019 年第 1 期。

徐宇华、林显鹏：《冬季奥运会可持续发展管理研究 国际经验及对我国筹备 2022 年冬奥会的启示》，《北京体育大学学报》2016 年第 1 期。

刘书勇：《近 3 届世界大冬会体育场馆建设与赛后利用比较研究》，《上海体育学院学报》2011 年第 4 期。

金睿：《伦敦奥运会场馆的赛后利用及启示》，《体育成人教育学刊》2018 年第 5 期。

孙成林：《美国体育场馆发展的新趋势及启示》，《成都体育学院学报》2013 年第 2 期。

任慧涛、易剑东：《国外冬季奥运会筹办研究综述》，《沈阳体育学院学报》2017 年第 5 期。

张峰、张晓莉：《后奥运时代张家口奥运场馆可持续利用策略》，《科技风》2020 年第 4 期。

易剑东：《北京 2022 年冬奥会的营销机遇——〈奥林匹克 2020 议程〉解读》，《体育学刊》2016 年第 5 期。

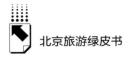

谢知睿、谢中、刘心怡：《亚运场馆赛后的利用对经济发展的作用——以广州亚运会为例》，《现代营销》2018 年第 10 期。

赵方忠：《建设冬奥场馆 PPP 大有可为》，《投资北京》2016 年第 6 期。

马向前：《论北京奥运场馆的可持续利用》，《中国市场》2008 年第 5 期。

邹新娴：《法国冬奥会场馆的赛后利用模式研究》，《体育学研究》2019 年第 1 期。

郭敏刚：《大型体育赛事场馆无形资产开发特征、存在问题及对策》，《上海体育学院学报》2008 年第 1 期。

侯丛思：《德国高校体育馆的复合利用与设计研究》，西安建筑科技大学，2013。

王兴山、王芳：《我国大型综合体育赛事研究述评及冬奥会相关研究展望》，《体育世界》（学术版）2016 年第 2 期。

叶小瑜：《现代奥运会场馆发展回顾与展望》，《体育文化导刊》2014 年第 4 期。

林显鹏：《现代奥运会体育场馆建设及赛后利用研究》，《北京体育大学学报》2005 年第 11 期。

罗曙辉：《办冬奥会要重视可持续活动标准》，《WTO 经济导刊》2015 年第 4 期。

马亚漩：《1972 年以来夏季奥运会场馆赛后开发与利用研究》，北京体育大学，2010。

魏取洋：《2008 年北京奥运会负面影响及其预防措施》，《菏泽学院学报》2007 年第 12 期。

武国栋：《奥运体育场馆赛后运营模式分析与启示》，《西安体育学院学报》2011 年第 7 期。

南保行、周燕：《北京奥运会场馆赛后利用分析》，《体育与科学》2010 年第 9 期。

马玉芳、杨晓燕：《北京奥运会后体育场馆的后继开发使用探讨》，《体育与科学》2009 年第 7 期。

康盈：《基于"可持续发展"的伦敦奥运规划与实施探讨》，《多元与包容——2012 中国城市规划年会论文集》，2012。

马岚、璎珊：《伦敦奥运会的工程建设》，《上海质量》2012 年第 8 期。

汪蓉蓉：《文化兴体：我国公共体育场馆运营新思路》，《体育成人教育学刊》2013 年第 2 期。

〔英〕Heather Hilburn：《再生之地与可持续发展的标杆》，李华东译，《建筑学报》2011 年第 9 期。

G.6
攀岩旅游研究及北京攀岩旅游发展建议

高辉娜　邱安琪*

摘　要： 攀岩旅游作为新兴体育旅游项目，探究其起源和演变过程可为北京攀岩旅游的发展提供借鉴与指导。本文采用文献资料研究和逻辑分析方法，探讨攀岩旅游概念及发展脉络，分析攀岩旅游当代价值、现状和提升措施。研究表明，攀岩旅游具有个体、社会、经济和旅游价值。北京作为现代化超级大都市和国内热门旅游目的地，即将举办冬奥会，其具有较高的经济发展水平和巨大的运动休闲需求，契合攀岩旅游项目发展。本文立足于优化攀岩旅游产品开发与设计、完善攀岩旅游运营体系和加强攀岩旅游合作与交流三个方面，提出优化措施与建议，以期提升当前北京攀岩旅游运营能力，助力北京攀岩旅游高质量发展。

关键词： 攀岩旅游　体育旅游　北京市

一　攀岩旅游概念及攀岩运动分类

（一）攀岩旅游概念

攀岩运动是一项从登山运动中衍生出来的新兴竞技类运动项目，自

---

* 高辉娜，北京第二外国语学院旅游科学学院博士，硕士生导师，旅游管理系主任，研究方向为旅游与休闲经济发展；邱安琪，北京第二外国语学院旅游科学学院2017级旅游管理专业学生。

1987 年引入中国后，这项集极限性、挑战性、刺激性和激励性于一体的极限运动以其独特的魅力吸引着青年群体，并以前所未有的态势快速发展。攀岩运动是攀爬者基于人类原始攀爬本能，依靠诸多专业性装备辅以安全保护，利用身体力量控制身体平衡的心智型体育项目，素有"岩壁芭蕾""峭壁上的艺术体操"之称，其攀登的岩石以峭壁、裂缝、大圆石和人工岩壁为主要构成。攀岩旅游是在攀岩运动的基础上发展而来的，属于体育旅游范畴的项目，以攀爬岩壁、挑战身体极限为主题来吸引旅游者。随着经济发展、生活质量提高，人们对于健身、养生、旅游、休闲等消费不断增加，体育户外运动与人们的生活联系更加紧密。在冬奥会背景下，体育和旅游产业融合发展面临新的机遇与挑战，攀岩旅游也日益受到关注。

（二）攀岩运动分类

攀岩运动从不同的角度可进行不同分类。按组织形式可分为竞技攀岩和自由攀岩，其中竞技攀岩有难度赛、速度赛及磐石赛三种比赛形式，这也是奥运会中诸多攀岩赛事最常设置的比赛项目；按目的可分为竞技攀岩、健身攀岩和休闲攀岩；按保护方式可分为先锋（难度）攀岩和顶绳攀岩；按运动场所可分为人工场地攀岩和自然场地攀岩；按使用工具不同可分为器械攀岩、绳索攀岩和磐石攀岩；按速度又可分为非速度攀岩和速度攀岩。

二　攀岩起源与发展

（一）攀岩的起源

从起源的角度看，攀岩运动可追溯到远古的人类，人们不可避免地需要攀爬山峰、岩石来躲避野兽及寻找庇护场所和获取生活资料。12 世纪，美国西南部的阿那萨齐人长期居住在崎岖高原台地，被认为是出色的攀登者。随着体育运动的不断发展，攀岩逐渐演变成一种专项类的体育运动。攀岩运动孕育于 18 世纪后期诞生的现代登山运动。在 19 世纪 60 年代的英国，由于季节原因，攀岩作为登山运动的主要冬训内容开始出现。到 19 世纪 80 年代，早已成为登山运动重要组成的攀岩项目逐渐受到欧洲人的独特追求，从登山运动中剥离出来，形成一项新的体育运动项目，并快速在英国湖区、法国枫丹白露、德国撒克逊等传统攀岩地区兴盛。1886 年 6 月 27 日，Walter Parry Haskett Smith 成功攀岩英国湖区著名的 Napes Needle，这是人类有记录的第 1 次攀岩体育运动项目，标志着攀岩这一项新的体育运动项目诞生，Smith 也因此被称为 "攀岩之父"。19 世纪末攀岩运动发展成一项多人参与的休闲体育项目。

如今，历经一个多世纪的发展，攀岩运动已在全球范围内广泛开展，为更多人所熟知，参与人群急剧增长。据统计，早在 2017 年英国就有近 100 万人参与攀岩运动，苏格兰地区至少拥有 140 个攀岩俱乐部和 1.3 万名会员；2018 年美国室内攀岩参与者接近总人口的 4.4%；2015 年日本攀岩人口已达到 50.2 万。截止到 2020 年，全球攀岩参与者达到 4500 万。目前日本已有至少 540 家商业攀岩场馆，仅东京就有近 100 家，据预测，攀岩在 2020 年东京奥运会后将成为日本更加主流的体育项目。

我国攀岩运动起源于因古代 "丝绸之路" 等在对外政治、经济和文化交流中产生的交通性登山实践，发展于我国 20 世纪 50 年代开始的现代登山运动。在 1987 年我国登山运动员赴日本系统学习攀岩技术的推动下，攀岩运动正式从登山运动中分离出来，成为一项独立的体育运动项目。经过 30 年的不断发展，我国攀岩参与者已从 2013 年的 1 万人左右发展到 2016 年底的 10 万人。在这种大背景之下，以攀岩运动为主要构成要素的专项旅游逐渐兴起，并受到青年群体的青睐。

（二）国际竞技攀岩的起源与发展

竞技攀岩的崛起是攀岩运动发展的重要特征。竞技攀岩发源于 20 世纪 40 年代的苏联，在实际发展过程中，逐渐成为世界比赛项目中的一种。竞技攀岩最初作为一项军事训练科目而存在，1948 年，苏联第一届全国攀岩锦标赛的成功举办，标志着竞技攀岩开始登上历史舞台。随后 1980

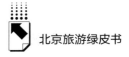

年，以法国、意大利为首的欧洲国家开始举办各项攀岩比赛，这极大地推动了早期竞技攀岩的传播与发展。直到 1985 年，法国西斯·沙威格尼发明可以自由装卸的仿自然人工岩壁，标志着攀岩运动进入了"竞技体育化"。随着国际攀岩联合会（IFSC）组织成立，攀岩运动逐渐形成了更加标准、规范的赛事体系，这也使竞技攀岩进入了更加成熟的发展阶段。2016 年 8 月 4 日，竞技攀岩正式成为 2020 年东京奥运会比赛项目，之后相继进入 2018 年青奥会、亚运会和 2024 年巴黎奥运会比赛项目中，使这项集竞技、探险、娱乐、健身于一体的运动项目具有了更加广泛的全球影响力。

三 攀岩旅游的当代价值

（一）个体价值

1. 超越自我

超越自我是体育文化最基本的功能，攀岩和其他体育旅游项目一样，都在于检验自己超越障碍的能力，是一种寻求和渴望超越的能力体现。攀岩运动作为极限运动的一种，受到各种因素的限制，风险较高，正因为如此，许多人仍愿意在短暂的生命旅程中体验更多的刺激和挑战，去超越自我。

2. 回归自然，天人合一

室外攀岩运动是借助特殊的自然资源和气候环境在大自然中展开的运动。在陡峭的悬崖岩壁上发挥自己身体能力的同时，感受自然、回归自然、融入自然，达到天人合一的状态。攀岩运动作为一种生态体育的表现形式，使人类和大自然融为一体。

3. 获得自我认同

参与攀岩运动，参与者能获得归属感，个体能够与具有相同兴趣、爱好的人处于同一社会团体或集体中。群内独特的积极态度和价值观念使他们区别于群体外的人，从而获得一种自我认同和社会认同。

（二）社会价值

1. 应对危险的教育功能

攀岩运动具有一定危险性，通过参加一定极限程度的攀岩运动有助于磨炼参与者意志，培养处事不惊的能力。这种教育价值能为许多岗位培养一批环境保护意识强、具有专业知识的专业人员，能够使他们胜任体育旅游、户外运动中的多种职业岗位。

2. 促进攀岩文化形成

攀岩运动是一种既利于身心发展，又强健体魄的活动，部分学校将室内攀岩作为体育课项目之一，开展培训活动。攀岩运动的普及、大众的广泛参与以及媒体、网络的宣传报道，使攀岩运动逐渐走进人们的日常生活，攀岩文化逐渐被普通民众了解。攀岩旅游已经成为人们追求健康生活的方式和途径之一。

（三）经济价值

1. 促进地区经济增长和产出

攀岩作为一种与自然地貌环境紧密联系的体育运动项目，是推动体育旅游这一新兴领域前沿发展的重要研究方向。攀岩旅游已成为相关区域经济发展的重要支持力量。早在 20 世纪末，攀岩旅游在法国就被视为经济增长的一个要素。作为攀岩爱好者的热门攀岩目的地，2019 年美国新河峡谷研究数据显示，外地攀岩者每年到访量 12 万人次，为当地创造了 1210 万美元的经济产出。

2. 创造就业岗位，优化转型升级

仍然以 2019 年美国新河峡谷为例，该项目为当地提供了 168 个工作岗位，其中影响最大的行业岗位为餐厅和零售业。因此，作为旅游业态的新增长点，应重视攀岩旅游带来的经济价值，不断满足社会日益增长的健身休闲需求，刺激攀岩旅游产品消费，有效增加当地就业机会，提高相关

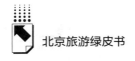

从业者人均收入水平。同时，以攀岩旅游为抓手，优化传统旅游项目转型升级。

（四）旅游价值

1. 满足攀岩运动爱好者旅游需求

攀岩运动作为一项户外健身运动在欧美地区发展已久，相应运营模式以及旅游产品日趋成熟，已形成较为完整的攀岩旅游业态，满足户外运动爱好者的各种需求。相反，国内在攀岩运动方面刚刚起步，目前仍处于兴建攀岩场地、开拓客源市场、开发攀岩产品阶段。应真正将攀岩运动转化为攀岩旅游，逐步致力于开发攀岩旅游产品、建设相关服务设施等来满足攀岩者的食、住、行、游、购、娱一系列旅游需求。

2. 丰富旅游产品内容和吸引物

随着人们对攀岩旅游认识的不断加深与了解，不断参与体验，攀岩旅游作为一种专项旅游产品，会成为吸引特定群体前来旅游目的地的核心吸引物和关键环节。攀岩旅游是体育旅游的分支，其发展将丰富体育旅游产品内容，拓展体育旅游知识面，促进体育旅游高质量发展。

3. 提升山岳型旅游目的地竞争力

攀岩旅游，近年来已经成为山岳型旅游城市塑造新形象的重要手段。通过体验攀岩形式，各地区向游客展示当地独特的高山文化资源，打造出吸引游客的特色旅游名片，以攀岩旅游作为提升其核心竞争力、知名度的载体，助力其旅游业高质量发展。

4. 打造体育旅游发展新业态

伴随人们对健康的逐渐重视和运动文化的普及，体育旅游外延不断扩展，新业态层出不穷。马拉松、自行车、徒步、网球、背包客等业态逐渐受到市场青睐和广大人民群众的喜爱。攀岩旅游是体育旅游蓬勃发展中的一个亮点，已经成为一项新兴体育旅游业态。

四 攀岩旅游发展现状

（一）我国攀岩旅游发展现状

1. 游客旅游动机呈现个性化

有学者利用推拉理论，将攀岩旅游动机分为冒险、挑战、发泄、认知、新奇、个体因素等"推"力，及慕名前来、专门寻找攀岩场地、旅游服务设施和非攀岩户外运动休闲活动等"拉"力。也有学者从社会学因素、个体生物属性因素和心理学因素出发，将攀岩旅游动机归纳为多元价值下的休闲运动需求、对自然的渴望及人类冒险的天性、体验成功及突破自我三种。总之，攀岩旅游活动旅游者动机呈现极强的个性化特征。

2. 游客主体呈现年轻化特征

目前，攀岩旅游市场客源以青年群体、男性为主，游客主体特征鲜明，攀岩旅游正逐渐成为青年人追求时尚与刺激的旅游体验项目。经济的高速发展和生活质量的快速提升赋予青年更多时间去追求新奇、刺激的攀岩旅游项目。同时随着攀岩运动教育的逐步开展，越来越多的家长意识到户外运动的重要性，从小培养孩子的体育运动能力。因此，攀岩旅游的游客主体呈年轻化特点。

3. 游客个体主观体验性较强

与传统观光旅游相比，攀岩旅游的游客主观体验性较强。攀岩旅游质量和满意度的重要评判标准，很大程度上在于其主观体验性，只有游客在旅游目的地真正体验了攀岩运动，才能称得上"攀岩旅游"，这也是与其他传统观光型旅游重要的区别之一。

4. 旅游产品开发模式多样化

我国攀岩旅游市场处于起步阶段，产品种类和数量不能完全满足游客需求。因此，多角度开发攀岩旅游产品，创新攀岩旅游产品开发模式就显得十分重要。目前，攀岩旅游产品开发模式有以下几种。

（1）依托自然人文资源开发攀岩旅游产品

中国丰富的山地资源、多样的气候条件和深厚的人文景观为开发攀岩旅

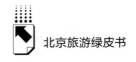

游提供了先天优势。广西桂林、贵州桐梓、江西赣州等地依托当地地形地貌，因地制宜开发攀岩旅游项目，充分满足游客健身、休闲、交际等多样化需求。

（2）依托大型体育赛事开发攀岩旅游产品

体育赛事旅游是一项以体育赛事为引导，通过多种体育形式开展的旅游活动。大型攀岩赛事，如全国攀岩精英挑战赛、山地运动会等是提高攀岩旅游知名度的重要展现手段。由于其影响范围大、经济效益好、参与人数多等特点，攀岩赛事在吸引各地参赛选手加入的同时，也提高了民众对此户外运动的了解，起到宣传推广的积极作用。

（3）依托当地建筑风格开发攀岩旅游产品

独具民族特色的体育旅游产品为当地攀岩旅游发展赋予了新动能。攀岩旅游相较于其他体育旅游产品，综合多种元素，具有民族性、文化性、地域性。如贵州、江西等少数民族聚集区多数依山而建，不少居住场所需经过攀爬才能到达，因此，依据当地建筑风格等文化开发的攀岩旅游产品，特色鲜明，融自然与人文、观赏与体验为一体。

（4）根据不同群体开发差异化的攀岩旅游产品

国际攀岩联合会主席马尔科·斯科拉里斯称，攀岩不仅只适合年轻人，还是全年龄段都能参加的一项终身运动，是一种生活方式。通过设计不同难度、不同类型的攀岩项目，攀岩旅游对象可以得到不断扩充。根据不同群体攀岩旅游需求、动机，攀岩旅游产品可进行多样化开发。

（5）依托军事化活动开发攀岩旅游产品

军事攀岩项目在攀岩运动发展早期就已存在于苏联。以往的军事旅游以参观为主，目前，类似于军事化夏令营的体验项目已部分引入了攀岩项目。若进一步将攀岩旅游作为体验旅游项目进行适当开发，其巨大市场潜力必将被挖掘。

5. 市场潜力巨大，开发程度不高

攀岩旅游虽然属于小众旅游或特殊旅游，但中国人口基数大，年轻人群体庞大，市场广阔。而中年人和老年人随着健康意识的增强，其市场也蕴藏着巨大潜力，未来需求会增加。就目前攀岩旅游市场规模而言，虽然未来潜力巨大，但明显落后于其他国家。这与我国当前攀岩旅游正处于起步阶段、开发程度不高、宣传力度不足、知名度较低等原因密切相关。当前，对攀岩旅游产品的开发集中在规划攀岩线路、筹建攀岩场地、开拓客源市场等较初级开发阶段。总之，我国攀岩旅游产品有待进一步开发。

6. 运营体系初步形成，有待完善提升

当前，随着攀岩旅游产品多样化开发模式的提出，攀岩场所、设备引进等基础设施的逐步完备，国内攀岩旅游市场运行体系已初步形成。然而，具体的旅游产品升级、保险法规制度完善都有待进一步提升。

（二）北京攀岩旅游发展现状

1. 开发模式有限，有待完善

目前，北京攀岩旅游开发的形式仅有以下三种，一是企业和团体组织的特定项目，二是通过专门经营攀岩项目的机构实现活动计划，三是景区内部实施攀岩体验项目。从中可看出，当前北京攀岩旅游开发形式有待完善。

2. 产品内容单一，吸引力不够

现今，北京周边地区攀岩旅游项目基本集中在室内俱乐部攀岩和室外旅游景区内的人工攀岩项目两大类，但内容仅限于简单攀爬，并未涉及速度攀登、绳索攀登、难度攀登等多样化产品，也未针对不同群体设计不同攀登项目。因此，单一化的产品对攀岩爱好者来说并未起到足够的吸引作用，而对普通游客来说，受到自身安全、心理等因素的影响，此类攀岩旅游产品吸引力也并不强，更不会有专门的游客慕名前来。

3. 个体自发性行为居多，缺乏系统性规划

针对目前北京攀岩旅游产品，整体开发规划尚未形成体系。当前，攀岩运动项目个体自发行为居多，利用周末、节假日，不少攀岩爱好者自发组织团体性攀登活动，攀岩俱乐部也会开展此类项目。而景区内部的某些攀岩活动仅是景区经营者自发设立的体验项目。由此可见，在北京各区县内，攀岩旅游尚未形成系统化、标准化的开发规划，也并未发布相应专业指导方针。

4. 室内攀岩居多，户外开发力度不够

在充分了解北京攀岩旅游的情况下，不难发现以俱乐部为首的室内攀岩居多，户外攀岩项目较少。因为受到天气、地形等多种因素的影响，户外攀岩项目需投入大量资金维护，且山体攀爬相较于室内人工岩体设施，其不确定性、风险性较大，不利于开发经营。同时，寻找适合于攀岩运动开发的地点工作量较大，此外，还涉及开采、保护、运营等相关工作。

5. 市场宣传不到位，营销力度有待加强

攀岩旅游在整个国内市场的宣传营销力度都较弱，特别是对北京攀岩旅游来说，无论从知名度上，还是在宣传营销上都存在较大不足。北京作为首都，是我国政治、经济、文化中心，自然和人文资源丰富，5A级景点众多，其中，攀岩旅游作为体育旅游的新业态，受到的关注较少，且由于相应宣传营销工作不到位，极大地影响了北京攀岩旅游发展。

6. 专业化人才和运营团队匮乏

北京各高校专门针对攀岩旅游的研究人才较少，专业化运营团队也呈现短缺态势。专业化、复合型人才的培养和运营团队的增设都是当前国内攀岩旅游面临的一大问题。北京作为经济较发达地区，投资环境、人才教育和团队经营实力雄厚，然而，从目前北京的短缺情况可以看出，攀岩旅游管理类人才和团队的缺乏是当前亟待解决的重要问题。

7. 相关法律法规不健全

当前，北京相关部门还未出台专门针对攀岩旅游开展的政策和法规，包括安全风险、保险、运营许可在内的多项管理条例。然而，攀岩旅游的危险性极高，北京如果开发攀岩旅游项目，相应政策法规必不可少。

五 推动北京攀岩旅游高质量发展的对策

（一）优化攀岩旅游产品开发与设计

1. 开展全面攀岩旅游规划

北京四面环山，气候温和，攀岩旅游资源丰富，但相关部门并未对其进行统一合理的规划，很多攀岩项目尚未在北京周边得到开发，难以发挥北京市中心和周边地区间的协同和联动效应。应从现有自然、人文资源、市场状况等方面进行分析和开发，利用北京西部多山特点，对周边地区，如门头沟区、通州区等，建立完整合理的攀岩旅游规划，做到规划先行，政策指引。另外，在北京市政府的大力引导下，北京攀岩旅游的发展规划应建立相关行业协会、俱乐部的积极参与以及社会各界人士的鼎力支持上。只有社会各界的不断参与，才能建立全方位、多层次、立体式的攀岩旅游规划。

2. 合理开发攀岩旅游产品

攀岩旅游具有较为明显的地域性特征。充分了解北京开发攀岩旅游产品的自然条件、经济水平、历史背景和风俗习惯等，使产品开发具有较强的针对性，避免盲目开发。同时，攀岩旅游产品的开发，在一定程度上，会破坏北京生态环境。因此，北京攀岩旅游产品的开发应建立在对其山地、生态、环境的保护上。丰富北京攀岩旅游种类，增强攀岩旅游产品质量，合理开发利用资源。北京周边旅游景区以自然景观参观游览为主，多数为乡村旅游产品，客源市场主要围绕周边开展，可结合这一资源状况、特点及游客需求，开发相应攀岩活动。利用各郊区县资源禀赋，合理开发相关项目。利用北京周边郊区山地资源多这一优势，加大户外开发力度，促进类似北京传统观赏型景区向体验型景区转型，为北京乡村旅游注入新活力。在吸引游客、为景区带来经济效益的同时，注重攀岩旅游的开发利用，在实际开发中，结合现代化体育比赛形式，吸引攀岩爱好者，做好北京攀岩运动宣传工作。

3. 助力乡村旅游转型升级

打破北京常规项目经营模式，突出特色攀岩旅游线路。目前，以农家乐为首的传统旅游项目已达到瓶颈期，为促进其转型升级，可与相关攀岩旅游项目相结合，推出多样化、特色化攀岩旅游精品线路，增强攀岩旅游产品吸引力。结合攀岩旅游场地的山地特点，在提高攀岩安全系数的同时，走生态学市场化路线。在攀岩运动项目的开发过程中，建议利用自然环境的便利性，通过绳索等设备来开发适合各年龄段的趣味攀岩项目。例如，可以依托山体的不同高度、不同位置、不同坡度等情况，构建出难度不同的攀岩项

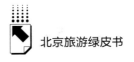

目，细分目标群体，为青少年、女性群体，业余爱好者，职业选手等设置出多样的攀岩赛道。

4. 完善公共服务设施

加强北京攀岩类景区公共服务设施建设，保证硬件设施完善。现今北京城内旅游景区公共服务设施较为健全，但针对体育户外运动的相关设备并未得到全面应用。包括攀岩旅游在内的体育旅游与其他专项旅游的不同之处在于其危险性，因此在北京攀岩旅游设施建设中涉及的安全配套设施尤为重要。在发生意外时，完备的急救设备能把损失降到最低。同时，完善相关保险制度，分散事故风险。

（二）加强攀岩旅游对外合作交流

推进北京攀岩旅游与国际化、标准化接轨，不断提高我国户外运动水平。在国际上，每年都举办一系列攀岩运动赛事，这对于推动户外运动发展起着重要的作用。众多攀岩锦标赛等大型赛事在中国各地举办成功，体现了中国积极参与国际攀岩事业。北京应发挥自身资源丰富、服务设施便利、客源充足、消费水平高等优势进一步通过筹资举办世界大型户外运动比赛，学习相关理论与技术，提高对外交流合作水平。

（三）完善攀岩旅游运营体系

1. 构建全面的运营管理体系

首先是采用科学管理的方法去发展北京攀岩旅游项目。攀岩旅游项目在国内处于起步阶段，在管理规划、管理秩序上并不成熟，产品建设乏力，尚未建立起有效的攀岩旅游产业运作体系，攀岩旅游的整体发展、管理以及规划上有待厘清与完善。因此，北京作为首都，应起到带头示范作用，率先实行规范化、程序化、标准化管理，发展创新体系，促进国际化交流，带领我国攀岩旅游逐步走向现代化阶段。

其次是培育攀岩方面的专业人才，将攀岩运动引入教学。在逐步减少人为因素和随机因素的干扰下，扩招人才，重视攀岩专业人员的培训，全方位培养其工作技能、服务意识、职业素质等。北京景区可以从京内体育院校引进高质量体育人才，对高职院校、体育院校设置户外运动、体育旅游等专业，培养人才，并进行定期攀岩培训和学习，保证攀岩运动项目安全。此外，也应加快培养高质量体育旅游管理的复合型人才，全面提升北京攀岩旅游管理机制。同时，将攀岩体育项目作为试点在北京高校教学中率先引入，一方面，在课堂上传授攀岩体育文化，将攀岩过程中的一些典型动作以及独特的风景加以展现，不断吸引学生兴趣，并结合历史和体育课程，逐渐做好攀岩文化的传播；另一方面，对其运动形式和运动技巧进行点播传授，使学生掌握基本动作要领，更好地参与到攀岩活动中。教育和体育相结合，不仅为我国的攀岩事业提供了高质量的后备军，还提升了运动体系建设的可持续发展能力。

2. 构建完善的市场支持体系

我国攀岩旅游的开展，离不开市场的支持，需要市场化的运作模式和多样化的营销宣传手段。目前，攀岩旅游市场发展的社会氛围尚未形成。从需求来看，人们对攀岩旅游消费意识和观念有待转变，市场规模较小。从供给来看，北京经营攀岩项目的景区数量及规模有限，北京攀岩旅游的资源优势尚未转化为产业优势。同时，北京攀岩旅游还受季节、气候和参与者身体、年龄状况的影响，推出产品仅针对个体人群。因此，应不断完善北京攀岩旅游市场支撑体系，加大攀岩运动知识的普及和宣传力度。与欧美和日本等国家相比，我国攀岩旅游还未深入人心，即使在较为发达的北京，人们对这一产品仍比较陌生。因此，宣传工作必不可少，通过舆论导向提高游客对这类新型旅游产品的认识，加深印象，将人们对攀岩旅游的消费习惯从当前的自发性行为转变成带有意识的自觉行动。随着信息化时代的到来，提高旅游景区知名度已成为景区发展的关键要素，应不断加大攀岩旅游营销力度，创新营销方式，利用自媒体营销、视频营销、传统媒体等多种宣传手段加强游客对攀岩旅游的认识，不断壮大攀岩旅游客群。

3. 构建完备的制度保障体系

攀岩旅游的发展离不开法律制度的保障，而完善的法律制度可以推动攀岩运动健康可持续发展。我国可借鉴国际上攀岩水平较高国家的法律法规，借用相关领域内如足协、篮协等管理办法，结合我国攀岩具体情况制定出台适合我国攀岩旅游发展的规章制度，使攀岩旅游运营规范化、系统化。北京应起到带头作用，率先应用相关攀岩法律规则，并为法规在全国的实施奠定坚实基础。攀岩旅游是一项专业性强的特殊项目，具有一定刺激性和危险性，因此，要加强规范管理，保障相关法规落实到位，保证游客安全。此外，北京物质条件优越，景区应致力于加大投资，购置专业攀岩设备，聘请专业管理人员经营，吸纳专业技术人员，制订适合不同人群的训练指导计划，并在周边景区、俱乐部发布，促进其学习与训练，注重各种攀岩比赛活动的开展，做好宣传工作，吸引更多人投入攀岩旅游及运动中来。

参考文献

Timothy W. K., Jennifer H. Rock climbing［M］. Leeds：Human Kinetics. Publishers（Europe），2009：4.

Rachel H. Historical geography, climbing and mountaineering：route setting for an inclusive future［J］. Geography Compass，2019（13）：e12423.

Simon T. Unjustifiable risk：the story of british climbing［M］. Milnthorpe：Cicerone Press，2011：25.

Mcdonald P. The story of white hall centre：outdoor education across the decades［M］. NZ：Pete McDonald，2018：856.

Westawy J. The german community in Manchester, middle-class culture and the development of mountaineering in Britain, c. 1850 – 1914［J］. English Historical Review，2009，124（508）：571 – 604.

IFSC. KeyFigures［EB/OL］. ［2020 – 03 – 02］. https：//www. ifsc – climbing. org/index. php/about – us/key – figures.

The association of British climbing walls. About the ABC［EB/OL］. ［2020 – 05 – 12］. https：//www. abcwalls. co. uk. about.

The American Alpine Club. State of Climbing Report［EB/OL］. ［2020 – 05 – 12］. https：//www. acc – publications. s3. amazonaws. com/articles/State_ of_ Climbing_ Report_ 2019.

The Outdoor Foundation. Outdoor Participation Report2018［EB/OL］. （2018 – 07 – 17）［2019 –

04 – 19］. https：//outdoor industry. org/resource/2018 – outdoor – participation – re – port/.

Ferrero Camoletto R，Marcelli D. Keeping it natural challenging in doorization in Italian rock climbing ［J］. Annals of Leisure Research，2018，21（5）：1 – 18.

Meltem Caber，Tahir Albayrak. Push orpull? Indentifying rock climbing tourists' motivations. ［J］Tourism ManagementVolume 55，2016，pp. 74 – 84.

郝光安：《攀岩》，高等教育出版社，2007。

朱江华：《攀岩运动教程》，东华大学出版社，2011。

李元、朱倍锋：《竞技攀岩溯源与演变研究》，《武汉体育学院学报》2020 年第 11 期。

文斌、宁燕：《桂林攀岩旅游的发展现状分析》，《边疆经济与文化》2006 年第 10 期。

〔美〕戴尔·布朗：《筑丘人和崖居者》，张黎新译，广西人民出版社，2004。

李元、田兵兵：《东京奥运会背景下国际攀岩竞技格局与中国攀岩竞技实力提升策略》，《成都体育学院学报》2020 年第 2 期。

水村信二、羽鎌田直人、西谷善子：《スポーックライミング競技における公共施設の重要性》，《明治大学教養論集·通 巻 509 号》，《明治大学教養論集刊行会》，2015。

袁宏：《登山文化源流探析》，《山东体育学院学报》2013 年第 5 期。

柯公高：《登山运动的历史和现状》，人民体育出版社，1976。

苏树斌：《极限运动的魅力与当代价值》，《体育学刊》2015 年第 3 期。

林南枝：《旅游市场学》，南开大学出版社，2000。

G.7
霞慕尼与环勃朗峰地区文化旅游业协同发展对京张体育文化旅游带的启示

金豆豆*

摘　要：　本文首先对京张体育文化旅游带现状，特别是融合发展方面的主要问题、面临的机遇与挑战进行了分析。其次介绍了以法国霞慕尼－勃朗峰为核心的法瑞意三国环勃朗峰区域在体育文化旅游融合发展和区域协同方面的实践，并总结出了该区域文体旅产业融合的金字塔模型。最后，借鉴这一国际先进案例，结合京张地区实际情况，提出京张体育文化旅游带在区域融合、产业融合等方面的发展策略。

关键词：　京张体育文化旅游带　区域协同　环勃朗峰地区

一　京张体育文化旅游带现状分析

京张体育文化旅游产业带是北京和张家口两地响应京津冀协同发展这一国家战略做出的重大部署，也是北京冬奥组委在产业空间布局中下的一招先手棋。其范围包括从北京城区南部门头沟区到北部延庆区全面对接张家口市各县区，并向西北延伸形成的带状产业发展区域。

---

* 金豆豆，行知探索文化发展集团副总裁、行知探索体验研究院院长，研究方向为体育旅游、体育文化。

（一）发展条件

京张地区，特别是山地区域，在京津冀区域一直起着生态屏障作用。在冰雪体育资源方面，与传统的东北冰雪体育城市相比，京张地区在气温、山体资源、地理位置等方面具有一定优势。

在举办冬奥会机遇下，张家口特别是崇礼区引进了许多国际知名酒店集团，旅游基础接待硬件条件快速提升。2020 年张家口市冰雪产业投资同比增长 110.8％。而京郊，特别是京西、京北山区的网红民宿也迅速发展。

同时，这一区域也形成了良好的体育产业基础。张家口每年承办国际级和国家级冰雪体育赛事 30 余项，各类赛事上百场。2020 年已建成冰雪运动培训基地 59 家，冰雪运动特色学校 90 所。

（二）融合发展的主要问题

王兆红等学者对京张区域体育产业发展的挑战进行过相应分析，结论包括目标市场与客群尚未明确、管理体制尚需改善、产业融合有待加强、体育场地设施有待进一步下沉和扩充、体育科技化数字化与绿色发展尚不突出、高质量体育产业人才匮乏等。从区域融合和产业融合的角度来讲，笔者认为，主要有以下问题。

一是淡旺季客群分布不均衡。近年来，张家口依托冬奥会，大力发展冰雪运动，其他季节的体育旅游发展相对较慢。但从 2019 年开始，太舞小镇夏季接待人次已经超过了冬天，但主要是通过艺术、音乐、美术、酒吧等业态的综合发展，而在体育旅游方面，虽然有崇礼 168 越野赛、张北草原天路自驾路线等作为基础，但近年来没有太多新业态的出现，夏季的旺季仍然短暂。

二是区域联动不紧密。目前这一旅游带仍以北京城区为核心客源地，以崇礼为核心目的地，主要通过自驾、高铁形成"点对点"连通，对昌平、延庆、门头沟、怀来、宣化等地的带动作用不明显。

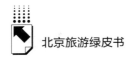
三是产业融合度相对较低。目前北京、张家口两地体育系统、文旅系统分别通过举办会议、成立行业机构、策划赛事活动、精品路线/精品项目评选等方式进行区域协同，但在产业方面融合度低。整体来看，还是以赛事为龙头，除了滑雪场单一经济外，休闲旅游等富民产业未得到有效发展，更缺乏以"体育为主题，文化为内容"的体育文化宣传作为灵魂引领。本地文化元素也只是作为标签在赛事中体现，未与体育体验有机融合。

（三）面临的挑战和机遇

冬奥组委会将"京张体育文化旅游带建设"列为冬奥会和冬残奥会遗产中创造区域发展遗产的重点任务，要求"依托北京冬奥会场馆设施，充分发挥地方特色文化旅游资源优势，发展壮大体育文化、旅游休闲、会议展览等业态，促进体育、文化、旅游深度融合发展"。

受新冠肺炎疫情影响，2020年张家口仅实现旅游综合收入213.1亿元，比上年下降79.4%。但从体育旅游发展来看，2020~2021年雪季，崇礼区接待游客235.02万人次，旅游收入19.4亿元，分别同比增长78%和83%，成为张家口旅游的新增长点。疫情防控常态化形势下，跨省、远途旅游发展仍具有不确定性。但在京津冀区域协同发展的框架内，北京西北近郊和首都一小时经济圈内的张家口各地，无疑会成为满足北京市民休闲旅游需求的首选目的地之一，有条件培育更高频的消费市场。

在京津冀区域空间格局中，张家口、承德及北京西部北部山区被划分为西北部生态涵养区，京张体育文化旅游带本身也是京津冀的绿色生态产业带，自然生态条件将得到进一步保护和恢复，有利于发展以户外运动为代表的体育旅游。同时，"体育、文化、旅游休闲、会展"作为生态友好型产业，也将成为区域的发展支持重点。此外，张家口是全国新能源示范城市，崇礼也是全国首批"碳汇城市"，在"碳达峰、碳中和"的国际趋势下，京张体育文化旅游带大力培育以体育文化、休闲旅游为代表的可持续消费业态，转变经济发展方式，既是机遇也是挑战。

二 国际案例对标——法瑞意环勃朗峰区域

勃朗峰是欧洲的最高峰，也是世界户外运动和体育旅游的胜地。环勃朗峰山地区域（Autour du Mont-Blanc）分属法国、瑞士、意大利三国。而法国的霞慕尼 - 勃朗峰镇（Chamonix-Mont-Blanc）距瑞士、意大利边境各 15 千米，更是该区域的核心地带。

这一区域最早闻名于冰川探险和登山等极限、小众运动。1924 年，霞慕尼成为首届冬奥会的举办地后，大众冰雪运动也得到快速发展。20 世纪 60 年代以来，当地多样的户外服务和配套服务体系保证了其他季节，特别是夏季游客的体验，使其成为真正的四季度假区，对京张地区发展四季旅游和体育文化旅游融合产业非常具有借鉴意义。同时，这一地带也为区域协同发展提供了不同方面的参考案例，包括霞慕尼山谷的市镇共同体和依托环勃朗峰步道形成的跨国联动机制。

（一）区域相似性及差异性分析

表 1 京张地区和环勃朗峰地区体育文化旅游产业发展条件对比

类别	京张体育文化旅游带	霞慕尼与环勃朗峰地区
纬度	北纬 39°～42°	北纬 42°
交通区位	飞机:北京首都国际机场、大兴机场、张家口机场 火车:京张、张呼、张大高铁 汽车:高速(延崇、太行山)	飞机:瑞士日内瓦机场(88 公里)、法国里昂机场(220 公里)、法国上萨瓦勃朗峰机场(90 公里) 火车:法国国营铁路 SNCF 汽车:高速公路、勃朗峰隧道
主要体育项目	冬季运动:滑雪 山地运动:山地徒步/露营/越野跑	冬季运动:滑雪 山地运动:登山、山地徒步、越野跑 低空飞行:滑翔伞、飞机跳伞 水上运动:漂流
户外产业配套	仅有简单配套	国际户外运动服饰装备运用和展示地 顶级户外向导(国际山地向导联盟) 顶级滑雪教练(ESF 滑雪学校)

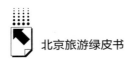

类别	京张体育文化旅游带	霞慕尼与环勃朗峰地区
旅游综合配套	依托已有滑雪场的度假酒店 缆车站（冬季滑雪，部分可用于夏季观光）	度假酒店＋酒店式公寓＋民宿体系 常态化运营的旅游包车、拼车接送服务 旅游办公室 缆车站（除滑雪、观光外，还成为登山、徒步运动的配套）

经过上述对比，我们可以发现，两者有着比较相似的自然条件，京张体育文化旅游带的交通条件在某种意义上优于霞慕尼和环勃朗峰地区，但体育项目相对较少，户外产业配套和旅游综合配套与其相比还有比较大的差距。

（二）霞慕尼与环勃朗峰区域发展协同模式

环勃朗峰步道是法瑞意三国区域联动的核心载体。作为一条 178 公里、跨越法国、瑞士、意大利三国的徒步环线，可以从任意节点出发，沿着任意方向完成项目，沿途经过法国霞慕尼、意大利库尔马约等多个市镇，沿途有缆车可以节约体力，提供旅馆、山屋、房车营地、帐篷营地等特色住宿，市镇中宾馆、民宿、餐饮也非常发达。其中，山屋分属于三个国家的山地接待系统，由当地登山协会管理，既可为徒步者提供住宿，也是登山者的庇护所。支撑该步道运营和宣传的是环勃朗峰这一区域协同发展项目，成员包括沿途各行政区政府或相关部门、公益基金会等，通过制定标准、维护步道和标识系统、建立信息平台、支持赛会活动等方式，共同推动环勃朗峰地区协作和可持续发展。

"霞慕尼 - 勃朗峰山谷市镇共同体"（La Communauté de Communes de la Vallée de Chamonix Mont-Blanc）包括霞慕尼和霞慕尼山谷中的另外三个小镇（Vallorcine，Servoz 和 Les Houches），于 2009 年建立。

该项区域协同发展规划的核心是发展经济，尤其是旅游经济（包括旅游接待、旅游咨询、旅游推广、旅游产业商业化等），希望在与合作方共同促进经济发展的同时，完善市政管理体系，并带动该地区农业（提高畜牧业附加值、支持现代化种植）和林业（森林整治）的发展。此外，还注重环境保护、文化保护、体育发展。

（三）霞慕尼与环勃朗峰区域文体旅产业融合模式分析

该区域依托得天独厚的山地资源，发展出了一套独特的文体旅产业融合模式——以体育承载文化，然后以文化为引领，再带动专业化休闲、大众休闲乃至四季旅游的发展。

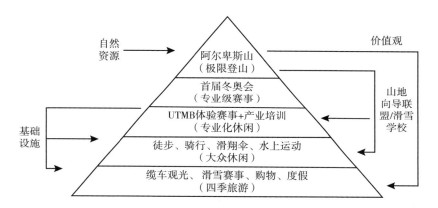

图1　霞慕尼与环勃朗峰区域文体旅产业融合金字塔模型

首先，在文化方面，霞慕尼与环勃朗峰区域依托世界登山运动（阿尔卑斯学，阿式攀登）发源地和首届冬奥会的历史底蕴，贴上了"巅峰之约"的标签，让业余爱好者追随传奇和精英选手的脚步不断追求更高挑战，也让游客感受到体育文化的独特魅力，从而将霞慕尼与环勃朗峰区域这个目的地，与4810米高的雪山、"即将实现的梦想"深度绑定。该区域全年有数十场高规格业余赛事，包括环勃朗峰超级山径赛（Ultra-Trail du Mont-Blanc，UTMB），则满足了半业余选手专业化休闲的需求，兼具专业赛事的观赏性和业余赛事的参与感。UTMB每年参赛选手约1万人，观赛人群10万人，将夏季旺季延长了一周，成为赛事带动当地经济发展的典型案例。

贯穿这个金字塔的是体育和旅游在硬件和软件方面的基础设施共享。硬件基础设施，可以被运动员和游客共享，如缆车，可以是登山运动员的中转站，也可以让徒步者避开垂直爬升路段，用比较少的体力去体验环线的精华

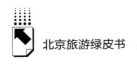

路段，同时还可以作为普通游客的观光缆车对外开放；而在软件方面，霞慕尼山地向导联盟和法国国立登山滑雪学校（ENSA）则一方面筛选出登山大师、滑雪运动员，又不断培养优秀的山地徒步向导和滑雪教练，可以为大众休闲游客服务，为国内最为困扰的人才问题提供了一种解决思路。

三　区域协同与产业融合策略建议

借鉴霞慕尼和环勃朗峰区域的先进经验，结合京张地区的实际和国内产业的发展现状，本文对京张体育文化旅游带区域协同和产业融合提出以下策略建议。

（一）促进区域融合策略

一是需要深挖京张地区历史上的文化内涵，重振"文化带"。在幽州古道、京张铁路等历史文化遗址的基础上，挖掘产业带上各地文化的共性和互补性，确保串联体验具备内在的文化意义，达到真正的"串珠成链"目的，满足游客对于文化的更高层面的追求。

二是依托河流资源打造"山水带"，打通"慢游"的任督二脉，将"点对点"的连通变为真正的"慢游带"。在山地资源串联基础上，可以将永定河和幽州大峡谷也作为一个主轴，配套徒步、骑行、漂流等长距离户外体验功能，充分发挥永定河绿色生态河流廊道的生态体验功能，同时对沿途各区域起到串联带动作用，助力乡村振兴。

此外，还需要进一步完善京张两地交通的软件功能，改善与体育旅游需求相匹配的配套服务。如京张高铁太子城支线游客不能随身携带长宽高之和超过130厘米的雪具，只能使用快运服务，增加了滑雪爱好者的运输成本和时间成本，致使该支线的便利作用未得到充分发挥，需要旅游、体育部门会同铁路总局妥善解决。此外，在现有的高速公路上，鼓励体育旅游专用班车、包车、拼车业态的有序发展，助力京张两地体育旅游市场发展。

（二）促进文体旅产业融合策略

可借鉴霞慕尼与环勃朗峰区域的经验，顶层策划京张体育文化旅游带的产业融合金字塔模型。

以文化发掘核心价值，提炼品牌。在冬奥会之后，充分打造具备该文化内涵的高规格业余赛事。然后借助赛事 IP，传播区域品牌。同时进行基础设施改造和人才共享，逐步降维到大众休闲和四季旅游，打造体育旅游产业生态。

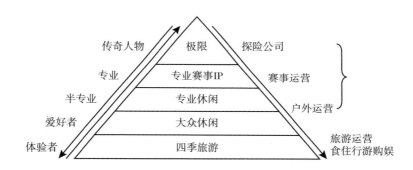

图 2 京张两地体文旅产业融合金字塔模型

参考文献

姚小林：《京张地区冰雪体育资源的 SWOT 分析与开发对策》，《哈尔滨体育学院学报》2018 年第 3 期。

王兆红、罗乐：《促进京张体育文化旅游带体育产业高质量发展的战略思考》，《北京体育大学学报》2021 年第 4 期。

北京冬奥组委整体策划部：《北京 2022 年冬奥会和冬残奥会遗产战略计划》，2019 年。

工业和信息化部、京津冀各政府：《京津冀产业转移指南》，2016 年。

张家口市统计局：《张家口市 2020 年国民经济和社会发展统计公报》，2021 年 1 月。

G.8
新发展格局下京津冀体育旅游产业协同发展的韧性构建

梁　强*

摘　要：　在新发展格局下，京津冀体育旅游产业协同发展是推动京津冀协同发展和中国经济高质量发展的重要力量。本文在厘清京津冀体育旅游产业协同发展的理论和现实依据的基础上，从京津冀体育旅游协同进程、网络关注度、发展理念和活动形式四个方面分析京津冀体育旅游产业协同发展所取得的成效。基于韧性理论的急性冲击和慢性挑战框架提出京津冀体育旅游产业协同发展面临的机遇与挑战。笔者认为，在新发展格局下，应将韧性构建融入京津冀体育旅游产业协同发展全过程，提升"化危为机""革故鼎新"能力，进而实现京津冀体育旅游产业协同发展新局面。

关键词：　体育旅游　协同发展　京津冀

一　京津冀体育旅游产业协同发展的理论基础和现实依据

（一）京津冀体育旅游产业协同发展的理论基础

1. 体育旅游产业的内涵

"体育强则中国强，国运兴则体育兴。"在全面融合的发展大背景下，

---

* 梁强，管理学博士，天津财经大学商学院教授，研究方向为体育旅游和户外休闲。

体育旅游产业的协同发展进入了一个全新的阶段。李燕等从空间链、供需链和产业链三个维度来研究京津冀体育旅游协同发展。① 钟玉姣等针对体育旅游业政策方面的不足之处提出建议。② 体育旅游业是由体育产业和旅游产业相互交叉渗透融合而新兴发展起来的一个经济领域，以体育元素为中心、旅游资源为载体，以现场观看和游览为主要的体验形式，涉及场域、场景和场地设施，体育、旅游和相关要素及辅助行业等业态。③

体育旅游是体育产业和旅游产业的新融合，也是体育产业和旅游产业转型升级的风向标，作为一种典型的休闲业态，恰好能实现人们追求美好生活的愿望。体育和旅游的深度融合，不仅为它们各自的产业链提供了更多的发展路径，也为新业态的发展创造了机会，最终将产生"1 + 1 > 2"的效应。"十四五"期间，体育旅游的全面发展将是小康社会建设成果的重要体现。行业数据显示，目前中国体育旅游市场的平均增速（30% ~ 40%）远超全球体育旅游市场，备受世界关注，体育旅游业的发展也将成为我国提升经济实力、提高国际地位的着力点。

2. 韧性理论及框架

韧性一词由英语单词"Resilience"翻译而来，主要用于表示物理学中金属在一定外力的作用下发生形变，在一段时间后又恢复到原状的能力。后来，韧性的概念被引入了生态领域、社会领域、经济领域等。越来越多的学者在社会经济领域运用演化韧性的概念。演化韧性（Revolutionary Resilience）也称适应韧性（Adaptive Resilience），在行为心理学中是指个人在受到压力或者创伤等影响后，能够恢复到自身原有心理健康状态或使自身心理适应能力提高，而在此韧性被认为是一个不断适应的过程而不是恢复过程。演化韧性是系统的一个动态力量，认为冲击破坏现有状态可以产生

① 李燕、骆秉全：《京津冀体育旅游全产业链协同发展的路径及措施》，《首都体育学院学报》2019 年第 4 期，第 305 ~ 310 页。
② 钟玉姣、许焰妮：《体育与旅游融合发展的产业政策特征分析》，《成都体育学院学报》2021 年第 1 期，第 106 ~ 111 页。
③ 罗胡阳：《新时代背景下体育产业和文化旅游产业的深度融合发展》，《当代体育科技》2018 年第 32 期，第 241 ~ 243、245 页。

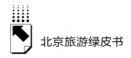

新的发展可能，由冲击破坏导致的萎靡衰退可能会淘汰效率低下的活动，这为新动能的产生提供了机会。同时，演化韧性也具有路径依赖的特征，受到系统原有发展水平的影响。

综上，演化韧性的概念可以应用于京津冀体育旅游产业协调发展的研究中，受历史形成的产业结构、资源禀赋和新兴技术等影响，在受新冠肺炎疫情冲击的背景下，后疫情时代京津冀体育旅游产业的发展路径、发展策略等问题有待厘清。在京津冀体育旅游产业的发展过程中，会遇到各种各样的干扰因素，相关人员可凭借已有的产业发展基础，运用韧性理论探讨产业发展中遇到的困难，打破脆弱性问题难以解决的僵局，使得京津冀体育旅游产业实现可持续发展（见图1）。

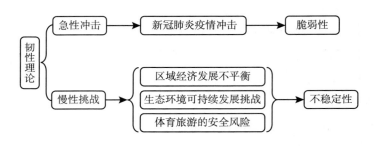

图1 韧性理论分析框架

资料来源：笔者根据韧性理论概念绘制。

（二）京津冀体育旅游产业协同发展的现实依据

1. 京津冀协同发展取得新成效

近年来，京津冀地区的 GDP 在稳步提升，2020 年虽受到疫情的冲击，仍达到了 8.6 亿元，京津冀地区在不断的发展中逐渐成为中国经济发展的引擎，并以惊人的速度成为世界瞩目的新型城市群。但由于北京和天津两城市的历史底蕴比较丰厚，河北省发展较为困难，三省市的发展出现了不平衡的现象，虹吸效应逐渐明显，为改善这种发展失衡的问题，中央政治局审议通过了《京津冀协同发展规划纲要》，明确了京津冀区域整体定位和三省市各自的功能定位，体现了三省市协同发展"一盘棋"思想。① 党的十九大报告明确提出："疏解北京非首都功能，推动京津冀协同发展。同时，为大力推动京津冀体育旅游产业协同发展，深入实施京津冀协同发展战略和全民健身战略，需抓紧 2022 年北京携手张家口举办第 24 届冬奥会历史机遇。"

北京市以"四个中心"为基础积极地开展城市建设，为京津冀协同发展提供保障。以政治中心建设为首要任务，保障国家政务安全、高效、有序地进行，加强制度管理，治理安全隐患，为各地的政策执行提供安全可靠的环境。加强文化中心建设，对文化遗址进行保护和开发，支持实体书店的转型经营，加快博物馆、图书馆等文化设施建设，以文化来指引行动。推动国际交往中心建设，坚持"走出去"和"引进来"并重，在双循环的背景下，吸收国外的优良经验，引进优秀技术，为我国经济技术发展奠定基础，并将我国的优良成果推向国外，提升国际知名度。着力推动科技创新中心建设，2020 年全市技术合同成交额达 6316.2 亿元，增长 10.9%，每万人发明专利拥有量是全国平均水平的近 10 倍，带动了经济发展。②

天津市以建设全国先进制造研发基地为重点，推动制造业高质量发展。2020 年制造业增加值占全市工业增加值的 72.9%，制造业增加值与上年相比增长 1.5%。天津市不断学习先进技术，为制造业的转型升级创造条件；持续提高创新能力，不仅巩固了制造业支柱产业地位，也使自身成为各城市发展制造业的学习典范。天津制造业的发展为全行业的发展提供了坚实的物质基础，使智能化遍布生产的各个环节。③

河北省产业转型升级实现新的跨越，由工业主导转变为服务业主导，产业结构呈现出"三二一"的布局。河北省不断地提升服务业的质量，

① 《京津冀协同发展规划纲要》，中国政府网，http://www.bjchp.gov.cn/cpqzf/315734/tzgg27/1277896/。

② 北京市统计局：《京津冀经济持续恢复 高质量发展动能增强——2020 年京津冀地区经济运行情况分析》，http://tjj.beijing.gov.cn/zt/jjjjdzl/sdjd 4304/202107/t20210713_2435668.html。

③ 《天津制造业高质量发展"十四五"规划明确打造全国先进制造研发基地》，新浪网，http://tj.sina.com.cn/news/m/2021-08-20/detail-ikqciyzm2508831.shtml。

提高服务业运转效率，加大对服务业的人才培养力度。2020 年，河北省第三产业增加值占 GDP 比重比上年提高 0.4 个百分点，超过第二产业 14.1 个百分点。①河北省的经济发展水平与北京和天津仍有较大的差距，但河北省已找到了突破点，利用产业升级促使第三产业成为带动河北省经济发展的中坚力量，通过物流业、通信业的提升为商品的流通和销售拓宽了渠道，推动了商品的运转和资金的流动，助力经济追赶北京、天津。

2. 京津冀体育旅游资源禀赋丰富

从相关资料可以看出，京津冀地区旅游资源丰富，为体育旅游业的发展提供了优越条件。北京市作为首都和全国主要旅游城市，自然、人文旅游资源丰富。因有 2008 年夏季奥运会的承办经验和 2022 年冬季奥运会的承办契机，北京市体育旅游场地更为集中和高质，北京市在相关各方的共同努力下打造了特色体育旅游、红色体育旅游、京味体育旅游等风格独特的体育旅游产品。天津旅游资源具有融合化、多元化的特征，形成了兼具东西方文化特征的历史人文景观，体育发展也是如此。天津是中国近代体育的摇篮，是我国足球、击剑、拳击等项目的发祥地；民族体育在天津的发展也极为突出，如国际海河龙舟赛吸引了国内外龙舟爱好者的关注。河北省山地旅游资源丰富，历史、人文景观同样富足，拥有承德避暑山庄、野三坡等知名旅游景点，在景区数量上，河北省在京津冀地区位列第一（见表 1）。

表 1　京津冀旅游资源汇总

单位：个

地区	5A 级景区	4A 级景区	世界级风景名胜区	国家级自然保护区	世界文化遗产
北京	9	74	2	2	7
天津	2	31	1	1	0
河北	10	121	10	13	5

资料来源：根据国家旅游局数据整理。

---

① 《京津冀经济持续恢复 高质量发展动能增强——2020 年京津冀地区经济运行情况分析》，http：//stats. tj. cn/sy_ 51953/jjxx/202103/t20210325_ 5393916. html。

3. 京津冀体育旅游政策支持力度加大

通过对京津冀体育旅游政策进行分析，可以看出，京津冀三地体育旅游合作不断向纵深发展，体育项目、体育场馆利用与旅游的结合日益紧密。京津冀体育旅游协同发展已具有一定的基础，近年来支撑京津冀体育旅游产业不断协同发展的相关政策如表2所示。

表2　近年来支撑京津冀体育旅游产业协同发展的相关政策汇总

时间	文件	内容
2007年4月	《京、津、冀旅游合作协议》	促进京津冀旅游协作向实质化迈进
2014年8月	《国务院关于促进旅游业改革发展的若干意见》	积极推动体育旅游，加强竞赛表演、健身休闲与旅游活动的融合发展，支持和引导有条件的体育运动场所面向游客开展体育旅游服务
2015年3月	《京津冀协同发展规划纲要》	明确三区定位，促进协同发展
2015年8月	《国务院办公厅关于进一步促进旅游投资和消费的若干意见》	鼓励社会资本大力开发温泉、滑雪、滨海、海岛、山地、养生等休闲度假旅游产品
2015年12月	《京津冀旅游一体化协同发展规划》	加强三地旅游规划衔接，加大三地旅游市场营销，加快三地旅游信息化建设，规划三地旅游服务标准
2016年1月	《京东休闲旅游区建设行动计划（2016－2018年）》	北京市平谷区、天津市蓟州区、河北省遵化市、河北省三河市、河北省兴隆县将联合发力，着手打造京东休闲旅游区
2016年7月	《京津冀旅游协同发展行动计划（2016－2018年）》	共建京东休闲旅游示范区；共建京北生态（冰雪）旅游圈；共建京张体育文化旅游带；共建京西南生态旅游带；共建滨海休闲旅游带
2017年2月	《京津冀体育产业协同发展规划》	到2025年，京津冀将联手打造体育旅游休闲项目50项以上，基本形成具有一定影响力的奥运资源功能区域、较强的体育产业协同创新发展引领区域和最具经济活力的体育服务业集聚区域
2017年9月	《京津冀健身休闲运动协同发展规划（2016－2025年）》	推动健身休闲运动与文化、旅游、养老、健康等产业实现融合发展
2018年7月	《京津冀旅游协同发展工作要点（2018－2020年）》	以建设京津冀世界级文化旅游目的地为目标，奋力推进京津冀文化和旅游协同发展

资料来源：中国政府网（https://www.gov.cn/index.htm）、国家体育总局网站（http://www.sport.gov.cn/）、北京市体育局网站（http://tyj.beijing.gov.cn/）、天津市体育局网站（http://ty.tj.gov.cn/）、石家庄市体育局网站（http://tyj.sjz.gov.cn/）。

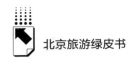
二　京津冀体育旅游产业协同发展所取得的成效

（一）京津冀体育旅游协同进程持续推进

促进京津冀体育旅游协同发展，是国家在2022年冬奥会举办契机下实施的主要举措。牵一发而动全身，体育旅游的协同发展，将由点到面加速京津冀协同发展进程。京津冀三地具有地缘相近、文脉相通、人缘相亲的独特优势，在地区体育项目推广、体育旅游特色产品设计和体育人才流动等方面取得了显著成效。

2007年京津冀三地旅游主管部门签订了《京、津、冀旅游合作协议》，着力推动京津冀旅游协作进入实质性发展阶段。2010年，京津冀名胜风景文化休闲年票开售，标志着京津冀休闲旅游协同发展取得了实质性进展。随着旅游惠民观念的不断推进，2013年京津冀三地推出"京津冀"旅游一卡通项目，使得旅游产品的推广和区域旅游合作的关系进一步紧密。2014年，"京东休闲旅游示范区"启动建设，并逐渐成为京津冀休闲旅游建设的特色。为共同打造体育服务业重点项目，2015年召开京津冀体育产业协同发展研讨会，会上明确提出促进"体育+旅游"等融合业态的发展。2019年，京津冀体育产业资源交易平台正式上线、京津冀协同发展六协会正式签约，这不仅有利于体育产品和服务的创新，扩大有效供给，拉动消费需求，还将推动京津冀地区成长为全国体育产业区域合作的标杆。京津冀体育旅游协同发展历程如表3所示。

表3　京津冀体育旅游协同发展历程

年份	主要事件	备注
2007	签署《京、津、冀旅游合作协议》	
2010	京津冀名胜风景文化休闲年票开售	京津冀体育旅游协同取得实质性进展
2013	"京津冀"旅游一卡通项目推出	体育旅游协同发展先试先行

续表

年份	主要事件	备注
2014	"京东休闲旅游示范区"启动建设	第二次京津冀旅游协同发展会议
2015	京津冀体育产业协同发展研讨会	共同打造体育服务业重点项目、联合申报国家级区域体育产业重点示范项目、成立京津冀体育产业协会
2017	京津冀体育产业协同发展高峰论坛和京津冀体育产业资源交易平台签约仪式	围绕雄安新区建设中的京津冀体育产业协同发展,打造京津冀健身休闲产业聚集区
2018	京津冀国际体育产业大会	通过科学规划与布局三地体育产业协同发展,推动京津冀区域体育产业生态圈的形成
2019	京津冀冬季冰雪文化旅游体验推广会	京津冀"串联"发展,不断推进冬季体育项目和冰雪文化旅游发展
	京津冀体育产业大会	整合各类体育产业资源,融合各行业、各产业要素,连接三地体育产业资源,为京津冀体育产业协同发展赋能
	京津冀体育产业资源交易平台正式上线	形成新的京津冀体育旅游产业资源交流渠道
	京津冀协同发展六协会签约仪式	共同打造创新融合的全民健身和体育产业发展模式

资料来源:中国政府网(https://www.gov.cn/index.htm)、国家体育总局网站(http://www.sport.gov.cn/)、北京市体育局网站(http://tyj.beijing.gov.cn/)、天津市体育局网站(http://ty.tj.gov.cn/)、石家庄市体育局网站(http://tyj.sjz.gov.cn/)。

可见,京津冀体育旅游产业协同发展已经落实到具体实践层面,并取得了显著成效,体育旅游的协同发展,将由点到面加速京津冀协同发展进程。

(二)京津冀体育旅游的网络关注度不断提升

1. 数据来源说明

2014年习近平总书记主持召开京津冀三地协同发展座谈会,将京津冀协同发展上升为国家战略,标志着京津冀协同发展进入新的阶段。当前,利用百度指数研究体育和旅游的网络关注度的方法已相对成熟,参考已有文献利用组合词"体育＋旅游"研究体育旅游的网络关注度的方法①，本文以"体育＋旅游"作为百度指数检索关键词，将关注城市设定为北京和天津2个直辖市、河北全省和河北11个地级市，将研究时间段设定为2014年1月1日至2020年12月31日，对京津冀体育旅游网络关注度的特征进行了分析。

2. 时间特征分析

对2014～2020年这7年中京津冀地区的"体育＋旅游"这一关键词的百度搜索指数均值进行统计并绘图，结果显示，京津冀地区的"体育＋旅游"百度搜索指数呈波动下降趋势；2020年，由于新冠肺炎疫情的冲击，京津冀"体育＋旅游"的百度搜索指数即网络关注度降至近九年的新低。整体来看，随着时间的推移，北京和河北"体育＋旅游"的网络关注度差距在缩小（见图2）。

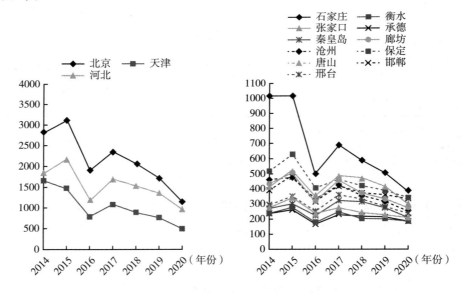

图2　2014～2020年京津冀三地和河北省内11个地级市
"体育＋旅游"年百度搜索指数均值变化情况

---

① 舒丽、张凯、王小秋等：《基于百度指数的我国体育旅游网络关注度研究》，《北京体育大学学报》2020年第6期，第110～122页。

3. 空间特征分析

利用 2014 ~ 2020 年京津冀三地"体育 + 旅游"网络关注度除以同时段全国"体育 + 旅游"网络关注度得到京津冀三地"体育 + 旅游"网络关注度对全国的贡献率，利用河北 11 个地级市"体育 + 旅游"网络关注度除以同时段河北全省"体育 + 旅游"网络关注度得到河北 11 个地级市"体育 + 旅游"网络关注度对河北省的贡献率。

从整体趋势来看，2014 ~ 2020 年，京津冀三地"体育 + 旅游"网络关注度对全国的贡献率都呈现上升趋势，北京从 2014 年的 6.50% 升至 2020 年的 10.40%，河北从 2014 年的 4.28% 升至 2020 年的 8.70%，天津的升幅在三地中相对小一些（见表 4）。

表 4　2014 ~ 2020 年京津冀三地"体育 + 旅游"网络关注度对全国的贡献率

单位：%

年份	北京	天津	河北
2014	6.50	3.80	4.28
2015	5.97	2.82	4.19
2016	8.53	3.52	5.33
2017	6.14	2.87	4.49
2018	7.40	3.19	5.48
2019	7.90	3.52	6.27
2020	10.40	4.46	8.70

在河北省内，石家庄"体育 + 旅游"网络关注度贡献率总体呈现下降趋势，从 2014 年的 54.88% 降至 2020 年的 39.92%，除石家庄外，其他城市都呈现上升趋势。2020 年邯郸贡献率较 2014 年提升 12.91 个百分点，成为河北省内贡献率增长幅度最大的城市，其次是邢台，贡献率提升 9.36 个百分点，再次是唐山，贡献率提升 8.88 个百分点（见表 5）。

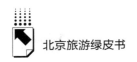

表5　2014～2020年河北11个地级市"体育+旅游"网络关注度对河北省的贡献率

单位：%

年份	石家庄	衡水	张家口	承德	秦皇岛	廊坊	沧州	保定	唐山	邯郸	邢台
2014	54.88	12.94	14.88	12.88	14.88	23.61	24.91	28.03	21.89	21.29	15.90
2015	46.92	12.78	15.72	12.13	14.06	23.30	22.06	29.00	23.94	22.66	16.13
2016	42.29	15.33	20.18	14.24	18.59	26.72	27.55	34.42	29.65	26.72	21.11
2017	40.17	14.52	16.27	13.53	18.78	26.76	24.96	27.17	28.51	24.49	21.22
2018	38.58	13.60	15.81	14.51	20.56	24.27	23.16	27.39	30.84	24.53	21.80
2019	37.50	14.78	16.76	16.18	20.44	24.56	23.46	28.82	30.44	26.32	20.51
2020	39.92	19.44	21.83	19.13	21.83	28.27	26.30	35.86	30.77	34.20	25.26

（三）京津冀体育旅游发展理念不断创新

"创新、协同、绿色、开放、共享"的新发展理念也同样被贯彻到了京津冀体育旅游产业协调发展的全过程中，五大发展理念是实现高质量发展的"金钥匙"，遵循五大发展理念是京津冀体育旅游产业协调发展的行为先导。

创新是体育旅游产业高质量发展的不竭动力。京津冀体育旅游高质量发展要把创新驱动摆在核心的位置。京津冀三地要不断通过理论创新、制度创新、文化创新、技术创新等多维度创新为体育旅游产业高质量发展提供源源不断的动力。

协同是京津冀体育旅游产业内在调整的关键。京津冀地区是一个有机联系的整体。京津冀三地近年着力推动体育旅游要素在市场上的充分流动。交通是体育旅游发展的先导和基础，京津城际铁路、京张铁路的运营，促进了旅游爱好者频繁来往于三地。借助京津冀协同发展战略红利和冬奥会举办契机，京津冀三地在教育、医疗、文化、旅游等领域签约多个项目，不断整合体育、文化、旅游产业资源，促进区域内人才、资金、信息的协同利用，提升了京津冀体育旅游产业协同发展的水平。

绿色是京津冀体育旅游产业实现可持续发展的必要条件。京津冀三地着力打造可持续发展的体育旅游产业，把区域内的"绿水青山""冰天雪地"转化为"金山银山"。京津冀联合开展了针对沙、水、气的联合治理行动，加快建设了一批可再生能源示范区和水源涵养区，促进了区域内水质、空气质量和森林覆盖率的提升，着力将生态优势转化为经济优势。产业发展和生态建设相互促进，使京津冀体育旅游产业协同发展肩负起了绿色使命。

开放是京津冀体育旅游产业协同发展题中应有之义。受新冠肺炎疫情冲击的影响，资本和要素在全球范围内重新配置，我国体育旅游产业需要顺应高质量发展的趋势，尤其是京津冀体育旅游产业在协同发展进程中应注重对产业核心竞争力的构筑。北京冬奥会相关场地的后续绿色利用，为国际提供了样板和参考，也体现了京津冀体育旅游产业的开放理念。比如，国家雪车雪橇中心的部分平缓赛道被设计为大众体验道；延庆冬奥村在冬奥会后将被用作休闲度假酒店；西大庄科村将被改造为冰雪文化民宿；延庆赛区也将被设计为四季旅游目的地和大众冰雪运动体验地。①

共享是京津冀体育旅游产业协同发展的根本出发点，促进体育旅游业协同发展的最终目标仍是满足人民群众日益丰富的物质文化需要。京津冀体育旅游产业的协同发展与全民健身、"三亿人上冰雪"目标和"健康中国"建设相契合，以人民需求为导向，使京津冀人民真正享受到了京津冀体育旅游产业协同发展的红利。

（四）京津冀体育旅游活动形式不断丰富

在旅游活动形式不断丰富的当下，京津冀三地联合推出了红色旅游、冬季冰雪旅游、合家欢乐游、青春活力游、民俗购物游等特色旅游，还有周末亲子游、古村古镇游、滨海休闲游等；② 共同举办京津冀红色旅游宣传推广、京津冀旅游新玩法、京津冀科普旅游等活动。在京津冀交界地区，京东休闲旅游示范区、京北生态（冰雪）旅游示范区建设不断推进。京津冀三

---

① 蒋依依、洪鹏飞、谢婷、杨占东、陈希：《京张体育文化旅游带建设的使命与路径》，《北京体育大学学报》2021年第4期，第1~12页。

② 张家口市文化广电和旅游局：《京津冀文旅协同发展突出深和实》，http：//whgdly.zjk.gov.cn/contents/527/28135.html。

地"体育＋旅游"的产品供给也不断多元化、纵深化。多个体育旅游项目入选中国体育旅游精品项目名录，多个地区成为中国体育旅游十佳目的地（见表6）。

表6　2014～2020年京津冀三地体育旅游精品线路以及精品项目分布

地区	年份	体育旅游项目及路线	备注
河北省张家口市崇礼区	2014	"中国崇礼国际滑雪节"	中国体育旅游精品项目名录
天津市和平区	2015	五大道体育文化旅游景区	中国体育旅游精品项目名录
天津市静海区	2015	环团泊湖自行车邀请赛	中国体育旅游精品项目名录
河北省张家口市崇礼区	2017、2020	河北省张家口崇礼区	中国体育旅游十佳目的地
北京市延庆区旧县	2018	北京市延庆区旧县	中国体育旅游十佳目的地
河北省保定市易县	2019	易县龙西旅游公路	体育旅游十佳精品线路

资料来源：北京市体育局网站（http：//tyj. beijing. gov. cn/）、天津市体育局网站（http：//ty. tj. gov. cn/）、石家庄市体育局网站（http：//tyj. sjz. gov. cn/）。

同时，京津冀三地还积极促进体育旅游与全民健身活动、青少年赛事的结合。京津冀三地体育旅游正展现着强大的生机与蓬勃的发展态势，体育与旅游的不断融合创新，将对京津冀协同发展产生较好的助推作用。京津冀体育旅游主要赛事及全民健身活动如表7所示。

表7　京津冀体育旅游主要赛事及全民健身活动

举办地	主要赛事以及全民健身活动	赛事特征
北京市西城区	"京宝儿"杯冰蹴球大赛	进一步推广普及冰蹴球运动,同时通过开展冰蹴球品牌赛事,加强西城区与津冀友好市区的体育交流,促进京津冀全民健身协同发展,已连续举办两届
北京市东城区	京津冀柔力球交流大会	京津冀柔力球交流大会更是立足于深入落实京津冀协同发展的国家战略,为三地柔力球爱好者搭建相互交流、提高技艺的平台,已连续举办五届
北京市顺义区	大众冰雪北京公开赛	以冬奥会举办为契机,普及冰雪运动、冰雪项目,已连续举办六届

举办地	主要赛事以及全民健身活动	赛事特征
北京市平谷区	京津冀农民户外交流赛	助力世界休闲大会的召开,为北京冬奥会预热,加快推进京津冀一体化的发展进程,已连续举办两届
天津市北辰区	京津冀青年体育大会	丰富了京津冀青年的体育生活,拓宽了京津冀体育旅游产业的受众
天津市蓟州区	京津冀山野运动大会	充分利用登山步道,推动山地户外运动发展,推动休闲度假和乡村旅游消费,已连续举办九届
京津冀三地联合举办	京津冀赛车节	从顶级的汽摩竞赛,到大众广泛参与的文化主题活动,京津冀赛车节已成为区域乃至全国范围内最受大众关注的汽摩运动主题盛会,已连续举办五届
京津冀三地轮流举办	京津冀公开水域畅游活动	以"全民健身 全民健康 全民幸福"为主题,结合三地主要水域分布由三地轮流举办

资料来源:北京市体育局网站（http：//tyj. beijing. gov. cn/）、天津市体育局网站（http：//ty. tj. gov. cn/）、石家庄市体育局网站（http：//tyj. sjz. gov. cn/）。

三 新发展格局下京津冀体育旅游产业协同 发展的机遇与挑战

（一）发展机遇

1. 政策支持保障

为疏解北京的非首都功能,促进天津的科学技术发展,实现京津与河北省的经济联动,政府部门加大对京津冀地区发展的政策支持力度,促使京津冀协同发展。近年来,京津冀地区在医疗、教育、体育、旅游等领域不断加强联动发展。京张高铁的建成使得张家口地区融入了北京一小时生活圈;京张体育文化旅游带建设的推进使得产业融合更具竞争力;京津地区加大与河北省的教育合作力度,帮助河北省培养更多的优质人才。把握好国家对京津冀地区协同发展加大政策支持力度的机遇,可助力京津冀体育旅游产业的转型升级。

2. 市场需求拉动

在中国进入建设社会主义现代化强国的关键时期，构建新发展格局成为推动经济发展的重要一环。双循环格局是以对内扩大内需、对外提高产业链的安全性为主，在"走出去"和"引进来"并重的策略下，使得国内的需求扩大、中高端消费需求提升。双循环格局的构建增加了人们对体育旅游相关制造业、服务业的需求，为京津冀体育旅游产业的发展带来了更多的机会。只有增加体育旅游业的供给，提升服务质量，把握好政策方针机遇，才能更好地满足国内国外需求。

随着经济的发展，人们收入不断增加，生活水平不断提高，人们不再仅追求满足基本的生存需求，开始追求马斯洛需求层次理论中更高层次的需求。体育旅游作为幸福产业，是人们在闲暇时间实现自我身心休憩的绝佳消费选择。生活质量的提高，使得人们的休闲空间不再局限于周边县区，越来越多的远方来客被京津冀体育旅游产业的特色吸引，因此京津冀地区要以需求为导向，进一步打造体育旅游特色，吸引更多的体育旅游爱好者。同时，对生活品质的追求使得人们开始关注体育旅游休闲用品的质量，因此京津冀地区要提升体育旅游休闲用品的品质，打造优质品牌，助力体育旅游产业的全方面发展。

3. 新兴技术的应用与发展

新兴技术的运用涉及方方面面，智能化为体育旅游产业的发展带来了更多的路径。新兴技术可以帮助城市打造更多的智慧体育场馆，在预约进场、切身体验、放松休息等方面为体育运动者提供最完备的场地设施，满足人们不同的体验需求，提供高效率的优质服务。在人们进行体育旅游活动时，新兴技术可以提供天气、环境预判信息，从而帮助人们选择最佳的旅游地点和最适宜的体育运动；导航系统可以避免人们在自驾出行时走弯路，也可以推荐更多优秀的餐饮、休闲设施，为人们的出行带来舒适感。

4. 京张体育文化旅游带建设

2015 年，北京与张家口成功获得 2022 年第二十四届冬季奥林匹克运动会的举办权，冬奥会的成功申办吸引了更多的人参与到冰雪运动中，为冰雪产业的发展带来了生机，也使张家口地区的冰雪产业受到了前所未有的关注。冬奥会在带动京张冰雪产业发展的同时，也推动了京津冀地区大力建造室内室外滑雪场，来吸引更多的冰雪运动爱好者，带动更多的人来这里进行旅游休闲，带动周边城市的体育、旅游、文化等产业的发展。

2021 年，习近平总书记在北京、张家口考察冬奥会筹办情况时，首次公开提出"加快建设京张体育文化旅游带"，为京津冀协同发展战略注入新的内涵。京张体育文化旅游带的构建将会引起政府及社会部门的高度重视，不断吸引社会资金，吸纳产业研究人才，成为京津冀体育旅游产业融合发展的先锋。京张体育文化旅游带将为城市经济的发展提供新的空间，促进区域协调发展，为京津冀体育旅游产业融合奠定良好的政策环境和经济基础。

（二）发展挑战

1. 疫情所带来的急性冲击

新冠肺炎疫情出现后，全国的旅游行业都受到了冲击，2020 年初，春节旅游活动减少，旅游产业损失近 1.7 万亿元，国内旅游人次和旅游收入分别下降了 56% 和 69%。随着科技的不断发展，交通更加便利，京张高铁的开通使得张家口地区融入了北京"1 小时生活圈"，京津冀旅游带成为人们休闲度假的首选，但是由于疫情，部分博物馆、图书馆、文化宫、旅游景点等被迫关闭，旅游业发展受到影响。2020 年全年北京市接待旅游总人次 1.84 亿人次，比上年下降 42.9%；实现旅游总收入 2914 亿元，比上年下降 53.2%。天津市全年共接待入境游客 17.13 万人次，入境旅游外汇收入 3.34 亿美元；接待国内游客 1.41 亿人次，国内旅游收入 1331.42 亿元，比上年下降 65.34%。河北省旅游总收入 3676.7 亿元，比上年下降 60.5%。①

在北京与张家口成功申办冬奥会后，全国人民的滑雪热情空前高涨，冰雪产业也迎来了新的发展契机，目前国内已建成的滑雪场有 700 多家。2020

---

① 根据北京市统计局、天津市统计局、河北省统计局数据整理。

年降雪量乐观，有利于降低滑雪场运营成本，但突如其来的疫情使得滑雪场不得不暂停营业，客流量断崖式下滑，冰雪产业发展受到较大影响，全国滑雪场客流量较 2019 年下降了 38.37%，短期收入损失达到了 668138 万元。河北省冰雪场馆接待人次较 2019 年下滑 278 万人次。2020 年 1 月京津冀地区关闭的部分滑雪场如表 8 所示。

表 8　2020 年 1 月京津冀地区关闭的部分滑雪场

地区	雪场名称（排名不分先后）
北京	南山滑雪场
	怀北滑雪场
	石京龙滑雪场
	军都山滑雪场
	西山滑雪场
	云居滑雪场
	莲花山滑雪场
	万龙八易滑雪场
	雪世界滑雪场
	乔波室内滑雪场
崇礼	长城岭滑雪场
	万龙滑雪场
	云顶滑雪场
	太舞滑雪场
	富龙滑雪场
	翠云山滑雪场
	多乐美地滑雪场
天津	蓟州国际滑雪场

资料来源：《疫情致北京滑雪产业面临危机 政府施援手业内盼重生》，北京青年报，http://www.chinanews.com/cj/2020/02–13/9089368.shtml。

2. 深层次问题所带来的慢性挑战

（1）区域经济发展不平衡

北京市是中国的首都，是全国的经济和政治中心；天津市是重要的港口，是北方贸易中心；河北省的经济发展与北京市和天津市存在很大的差距，人均 GDP 的绝对值和增长速度都不及北京市和天津市。经济实力的发展直接影响人们的生活习惯，河北人民对体育和旅游的诉求受到了其收入水平的限制，提升河北地区的经济水平和体育旅游事业的发展水平成为京津冀体育旅游产业发展的首要任务（见表9）。

表9　2018～2020 年京津冀地区 GDP 和人均 GDP

年份	类别	北京市	天津市	河北省
2020	GDP 总量(亿元)	36103	14084	36207
	人均 GDP(元)	167640	90176	47691
2019	GDP 总量(亿元)	35371	14104	35104
	人均 GDP(元)	164242	90306	46457
2018	GDP 总量(亿元)	30320	18809	36010
	人均 GDP(元)	164200	90400	46500

资料来源：根据国家统计局（http://www.stats.gov.cn/）数据整理。

（2）生态环境可持续发展挑战

绿水青山就是金山银山，在开发旅游度假区、体育运动小镇等户外休闲场所时，经常会出现丛林动土破坏树木、污水排放破坏河流的现象，因此京津冀地区在发展体育旅游产业的同时，也要把环境保护提上日程，不能一味地追求建设指标水平和开发速度，在大力发展户外休闲场所时要避免环境污染，在丰富人们生活的同时要归还野生动物一个家，保护生态环境的可持续发展。

（3）体育旅游的安全风险

2021 年 5 月 22 日甘肃白银黄河石林百公里越野赛发生重大事故，为全国体育赛事的举办敲响了警钟。体育旅游项目中有很多属于高危险性的户外运动，京津冀体育旅游产业的发展要将安全保障放在首要位置，并贯穿始终，使人民的生命安全高于一切。京津冀在发展体育旅游时要有完善的基础设施和救援保障设施，在原有体系基础上进一步加强全过程风险管理，避免意外的发生。

四　提高京津冀体育旅游产业协同发展韧性的建议

在新发展格局下，京津冀体育旅游产业需要积极应对和化解上述问题，促进京津冀体育旅游产业协同发展迈向新的阶段。因此，立足于新发展格局，把握好促增长与防风险之间的平衡性，增强体育旅游产业协同的韧性，对应对各种可能发生的风险，切实提升京津冀体育旅游产业协同发展能力，促进体育旅游产业实现高质量发展有着十分重要的意义。

（一）在京津冀体育旅游产业协同发展全过程中加强韧性构建

韧性理论倡导的"生存、适应、发展"的理念与京津冀体育旅游产业协作过程中体现的新发展理念、高质量发展理念等是相契合的。同时，韧性理论认为体育旅游产业协同发展要考虑各种潜在的压力和风险，要解决协同发展中面临的各种内生性矛盾与冲突，这对后疫情时代京津冀体育旅游产业协同发展有很强的现实意义。因此，结合京津冀各级政府部门对于体育旅游所制定的相关的规划，我们认为在京津冀体育旅游产业协同发展的全过程中应加强韧性构建。

1. 把韧性理论融入京津冀体育旅游产业协同发展战略规划

结合韧性理论的特点，提高京津冀体育旅游产业的韧性，需要对目前京津冀体育旅游产业协同面临的重大问题进行深入研究并积极应对，在体育旅游发展各个环节形成高质量、高效率的系统。同时把"韧性构建"的目标与京津冀体育旅游产业协同发展的相关指标体系相挂钩。提高京津冀体育旅游产业发展质量，加快建设一批区域体育旅游精品线路、体育精品赛事、体育旅游示范区、国家级体育旅游公园等，塑造京津冀全域体育旅游品牌形象，打造向世界推广京津冀体育旅游的窗口，提升体育旅游的规模和品质，形成京津冀体育旅游产业价值创造能力，提高新兴技术使用率，妥善处理资源环境与体育旅游发展的关系，实现京津冀体育旅游产业健康、绿色的可持续发展。

2. 将提高韧性的举措与产业协同发展推进路径有机结合

以"事前预测—事中回应—事后修复"为主线，形成事前预测风险识别机制，识别和应对体育旅游产业协同发展中面临的各种风险以及各种可能突发的事件；积极推进事中反馈机制建设，在产业发展过程中将突发风险和事件造成的各种损失降低到最低水平；推进事后修复和动态调整机制的完善，研究并出台一系列政策举措，有效降低各类风险、事故发生的可能性，降低京津冀体育旅游产业发展的整体脆弱性。

（二）提升"化危为机"能力，应对产业协同的"急性冲击"

面对新冠肺炎疫情等突发事件，只有建立健全体育旅游产业协同发展过程中的各种应对急性冲击的体制机制，才能应对未来各种可能发生的不确定风险和不稳定因素，从而系统性地提升京津冀体育旅游产业抵御风险的能力，形成在各种不确定发展环境下不断前进的发展能力与发展底气。因此，京津冀三地需要不断提升体育旅游产业的"化危为机"能力。

1. 做好体育旅游产业韧性检测

京津冀三地各级政府需要积极调动并组织体育旅游产业市场参与者调查与评估新冠肺炎疫情对京津冀体育旅游产业协同发展的影响，研判京津冀体育旅游产业在重大突发事件下的协同发展状况，形成产业协同的韧性检测报告，并以此为契机识别京津冀体育旅游产业协同发展的韧性短板。

2. 制定体育旅游产业发展行动指南

综合考虑京津冀三地的旅游资源数量、旅游资源空间布局、旅游景区和旅游项目应急保障机制等因素，依据新冠肺炎疫情期间京津冀三地体育旅游产业协同的韧性检测报告，制定并出台重大突发公共事件冲击下的京津冀体育旅游产业协同应急能力建设行动指南或行动方案，为后疫情时代京津冀体育旅游产业的协同发展提供指导。

3. 搭建京津冀体育旅游信息管理平台

充分发挥新一代信息技术在应对重大事件中的积极作用，着力搭建京津冀体育旅游产业协同发展信息管理平台。在体育旅游产业内部进行数据分析

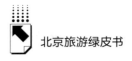

与数据共享，分析突发事件下的内部产业链的反应机制，制定精准化的韧性应对方案，积累后疫情时代京津冀体育旅游产业协同发展的高质量的信息资源。

（三）提升"革故鼎新"能力，化解产业协同的"慢性挑战"

提升京津冀体育旅游产业协同发展的韧性，解决影响京津冀体育旅游产业协同发展中的问题，要求在链条协同、布局协同、政策协同过程中不断"革故鼎新"，提升适应新发展格局的能力。

1. 形成京津冀体育旅游产业链条协同，全力提升产业链现代化水平

促进京津冀体育旅游产业链条全面协调，需要从政策、资金等多方面形成合力。京津冀三地应联合设立体育旅游产业建设专项基金，聚焦新一代信息技术、人工智能在体育旅游产业中的应用，以新技术促进产业链上下游深度合作；在价值链方面，聚焦京津冀体育旅游产业的重点项目和着力点，突破京津冀体育旅游产业发展的短板，以5G、大数据、区块链等新一代信息技术为先导改造和提升传统旅游业，创新体育旅游业的生产方式、服务方式和商业模式，推动京津冀体育旅游产业以及新产品向价值链高端环节攀升；在供应链方面，及时汇总新冠肺炎疫情等外部冲击对京津冀三地体育旅游产业供应链的影响，在国家相关扶持补贴政策的"外部输血"作用下，主动加强"内部造血"能力，辩证地看待供应链安全性与开放性的关系，抓紧研究并制定《京津冀体育旅游产业协同发展规划》，提前研究部署在各种极端条件下的应对方案，提升供应链的韧性。

2. 推动体育旅游产业布局协同，促进相关措施精准落地

回顾京津冀体育旅游产业协同发展过程，遵循产业演化发展规律，按照对体育旅游资源类型的划分，深耕、细分、融合、丰富产业链条各环节并在京津冀各个地区进行合理布局。京津冀三地的体育旅游产业协作，需要形成产业链上下游联动发展的机制，进一步优化京津冀旅游业以及体育旅游业合作格局，形成区域内产业定位明晰、资源运用合理的产业布局；组织、绘制京津冀体育旅游资源地图；在体制机制方面，积极推进体育旅游产业发展联

盟机制建设，探索建立产业协同治理模式，推进跨地区跨行业合作平台建设。

3. 以政策协同为抓手，建立健全政策衔接机制

为促进京津冀体育旅游产业的发展，需要以政策为抓手，促进京津冀区域内旅游要素的充分流动，适时出台后疫情时代与旅游产业成长有关的政策，鼓励旅游市场主体独立自主地进行资源优化配置，充分挖掘旅游要素的开发价值，推动三地旅游资源开发、管理和保护联动，充分保障旅游资源开发者合法、合理的权益，激发体育旅游市场主体的积极性与主动性。从区域政策来看，要运用现有数据进行分析与论证，挖掘京津冀区域内各个地方的发展优势，充分发挥三个地区体育旅游产业的比较优势。同时着力提高以财政、产业、土地、环保、人才等促进体育旅游业发展的相关配套政策的精准性和有效性，因地制宜培育和激发区域体育旅游发展的新动能，制定差别化的区域体育旅游产业政策，努力破除京津冀体育旅游产业发展同质化现状，促进京津冀三地的体育旅游产业有效分工，形成合理的体育旅游功能分区，形成三地充足的体育旅游效益来源[①]；从政策联动机制来看，要加强推进体育旅游相关政策与财政、投资等政策的协调配合，处理好旅游开发与环境保护的关系，优化政策工具组合，推动旅游产业相关政策落地，促进京津冀体育旅游产业与相关产业融合发展，拓展京津冀体育旅游产业发展空间。

参考文献

钟玉姣、许焰妮：《体育与旅游融合发展的产业政策特征分析》，《成都体育学院学报》2021 年第 1 期。

罗胡阳：《新时代背景下体育产业和文化旅游产业的深度融合发展》，《当代体育科技》2018 年第 32 期。

---

① 赵霄伟：《京津冀产业协同发展：多重困境与韧性应对》，《区域经济评论》2020 年第 6 期，第 77～85 页。

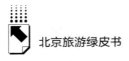

《京津冀协同发展规划纲要》，中国政府网，http：//www. bjchp. gov. cn/cpqzf/315734/tzgg27/1277896/。

《习近平：决胜全面建成小康社会 夺取新时代中国特色社会主义伟大胜利——在中国共产党第十九次全国代表大会上的报告》，中国政府网，http：//www. gov. cn/zhuanti/2017－10/27/content_ 5234876. htm。

北京市统计局：《京津冀经济持续恢复 高质量发展动能增强——2020年京津冀地区经济运行情况分析》，http：//tjj. beijing. gov. cn/zt/jjjjdzl/sdjd_ 4304/202107/t20210713_ 2435668. html。

《天津制造业高质量发展"十四五"规划明确打造全国先进制造研发基地》，新浪网，http：//tj. sina. com. cn/news/m/2021－08－20/detail－ikqciyzm2508831. shtml。

《京津冀经济持续恢复 高质量发展动能增强——2020年京津冀地区经济运行情况分析》，http：//stats. tj. gov. cn/sy_ 51953/jjxx/202103/t20210325_ 5393916. html。

舒丽、张凯、王小秋等：《基于百度指数的我国体育旅游网络关注度研究》，《北京体育大学学报》2020年第6期。

蒋依依、洪鹏飞、谢婷、杨占东、陈希：《京张体育文化旅游带建设的使命与路径》，《北京体育大学学报》2021年第4期。

张家口市文化广电和旅游局：《京津冀文旅协同发展突出深和实》，http：//whgdly. zjk. gov. cn/contents/527/28135. html。

赵霄伟：《京津冀产业协同发展：多重困境与韧性应对》，《区域经济评论》2020年第6期。

入境旅游和国际案例篇

G.9

旅游市场战略的新近调整与变迁思考

高舜礼*

摘　要： 本文以"十四五"文旅发展规划提出的旅游市场新战略为切入点，梳理了改革开放以来不同时期旅游市场战略的"四个版本"，研究了旅游市场战略确立、发展和变迁的背景及相关影响因素，分析了入境旅游市场由"大力发展"到"积极发展"再到需要"振兴"的演变过程，提出了一些值得业界共同思考的论点。

关键词： 旅游业　旅游市场　市场变迁

2021 年，文化和旅游部颁布了"十四五"文旅发展规划，把旅游三大市场战略表述为"做强国内旅游，振兴入境旅游，规范出境旅游"。业内人

---

* 高舜礼，中国社会科学院旅游研究中心特约研究员。

士从字里行间读出了旅游市场战略表述的变化，并将此视为一个亮点加以解读，使其成为一个时段旅游行业的舆情热点。这套提法与以往政策相比有哪些传承和创新？进行这种调整的深层次原因是什么？业界对此应该做哪些思考？这些话题带有一定的专业性，文字表述的变化只是表面现象，其所折射的是在不同形势和境况下，旅游业的使命、意识、追求和前景，以及行业决策者的政绩观和对全行业发展的综合把握。因此，对我国旅游业发展历程进行适当的回溯，梳理旅游三大市场战略的来龙去脉，对于理解和领会"十四五"文旅发展规划而言是必要的。

一 旅游市场战略渐次形成（20世纪90年代中期），三大市场格局初步奠定

回望我国旅游业发展的历史进程，三大市场战略并非一开始就有。三大市场战略的出现，既不是新中国成立之时，也不是改革开放之时，而是一个逐步发展的过程。作为业界人士，应该注意以下情形。

其一，旅游业三大市场是渐次形成的。最初先兴起的是入境旅游市场，其次是国内旅游市场，继而是出境旅游市场。

其二，旅游市场的规模也是逐步形成的。在旅游业刚起步时，其市场规模很小，难以称得上"大"。1978年我国入境旅游接待游客180.9万人次，创汇2.62亿美元；20世纪80年代中期国内旅游才开始起步，1985年国内旅游接待游客2.4亿人次，实现收入80亿元。1983年11月，国务院批准广东省率先开展本省居民赴香港探亲旅游的试点，次年批准开放内地居民赴港澳地区的探亲旅游，标志着出境旅游开始起步。1990年10月，国务院批准开放中国公民赴新加坡、马来西亚、泰国的探亲旅游，两年后又将菲律宾增加为目的地。

其三，战略定位也是逐步形成的。在旅游业发展的进程中，各个市场都有相应的发展指导思想和方针政策，但除了入境旅游的政策是一贯明确的，其他两个市场的政策都是在变化的，直到20世纪90年代中期才基本稳定。

这从国家旅游局的工作报告中可以得到佐证，说明旅游市场战略经历了一个渐进形成的过程。概括起来就是"大力发展入境旅游，积极发展国内旅游，适度发展出境旅游"。对旅游市场做出这样的发展定位，既有深厚的历史背景原因，也源于旅游行业对自己职责的认识。

大力发展入境旅游。通过接待入境游客为国家创汇，这被视为最初发展旅游的最主要目的。新中国成立初期，旅游业虽还称不上是产业，所接待的主要是我国境内游客，但创汇的概念和外宣的意识可谓由来已久；改革开放以后，由于海外游客对封闭已久的中国保持着较强的好奇感，都期望尽快来华"一睹为快"，入境旅游便出现了快速发展。我国入境旅游接待人数从1992年起居世界前10位旅游外汇收入从1994起居世界前10位，20世纪90年代中期，旅游部门参与加入WTO谈判时，旅游外汇收入在国家服务贸易收入中占了半壁江山，1998年占到52.38%，这是一个非常可观的比重和贡献。旅游部门的领导自然能认识到，入境旅游创汇对国家而言意义重大。因此，在参与加入WTO谈判期间，一直把扩大入境旅游的来源渠道，作为努力争取实现的最重要的方面，并在认真履行加入WTO的承诺时，不遗余力地把发展入境旅游作为重中之重。

积极发展国内旅游。国内旅游兴起于20世纪80年代。由于当时基础设施和接待条件有限，即使仅接待境内游客相关需求也难以得到满足，在旅游旺季有时旅游团都要安排异地住宿。1981年国务院在《关于加强旅游工作的决定》中明确，"由于目前交通、食宿、游览点等条件较差，暂不宜提倡发展国内旅游"。但随着人民生活水平逐步提升，国内旅游需求也呈现快速增长之势，出游人数每年都有明显增长。1985年，国务院批转国家旅游局《关于当前旅游体制改革几个问题的报告》，对国内旅游提出了"加强管理，保障供给"的政策。这也被理解为"几不"政策，就是对国内旅游不倡导、不鼓励、不反对。1993年，国办批复国家旅游局《关于发展国内旅游业的意见》，确立了"搞好市场，正确引导，加强管理，提高质量"的指导思想，由此国内旅游发展政策才彻底松绑。从此，国内旅游走上了发展的快车道，1993年国内旅游接待游客4.1亿人次，实现收入864亿元；1995年国

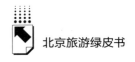

内旅游接待游客 6.29 亿人次，实现收入 1375 亿元；1998 年国内旅游接待游客 6.94 亿人次，实现收入 2391 亿元。"积极发展国内旅游"既是各地的发展愿望，也是产业的发展现实。在一些地方国内旅游已成为旅游业发展的支柱，成为地方经济的新增长点。

适度发展出境旅游。出境旅游是我国最后兴起的一个旅游市场。出境旅游起步时，旅游部门对其采取的是一系列控制性措施，包括控制发展规模、加强监管等，目的在于防控外汇流失。当时业界有一个明确的观念，入境旅游相当于国家的外贸出口，是为国家赚取外汇的，而探亲旅游、出境旅游是要花掉外汇的，相当于外贸进口，总体上要保持"顺差"，且这个顺差越大越好。出境旅游以广东为发端，出境者花费的外汇由其境外亲属做担保，出境人数比较有限；后来随着出境旅游目的地增多，国民的出境旅游需求不断增长，1993 ~ 1997 年，由旅行社组织的出境旅游游客年均增长 30 万人次，年均增长率为 42%；仅 1997 年，我国出境旅游游客达 532.3 万人次，其中，因公 288.4 万人次，因私（含探亲游）243.9 万人次。同年，《中国公民自费出国旅游管理暂行办法》出台，延续了以往控制出境总量的办法，采取量入为出、配额发放等措施。因此，"适度发展"，实质上就是控制数量、规模和增速。

二 旅游市场战略初次调整（2005年8月），
基本格局依然不变

旅游三大市场战略在 20 世纪 90 年代中期形成后，实行了近十年时间，2005 年 8 月国家对其做了首次调整，提出要"大力发展入境旅游，规范发展出境旅游，全面提升国内旅游"。这次调整，既有三大市场内在变化的原因，也与国家旅游局主要领导更迭有一定关系。与之前的市场发展战略相比，主要变化有三个。

其一，旅游三大市场的排列次序变了，出境旅游由末尾调整到中间位置，上靠入境旅游、下挨国内旅游，内部人士有的解释为入境与出境旅游构

成了"国际旅游";国内旅游被调整到第三位。

其二,对出境旅游由有计划、有组织的"适度发展",调整为"规范发展",主要是为适应 2001 年底加入的 WTO 规则。按照 WTO 规则和新颁布的法规要求,我国不得再以配额等方式控制出境旅游市场。实际上,也就是不能再控制出游规模。

其三,对国内旅游由"积极发展"调整为"全面提升",更加具有现实针对性和指导性。进入 21 世纪以后,假日旅游蓬勃发展,带动了大众旅游的飞速增长,但粗放发展的现象比较明显。为何要做这样的调整呢?

大力发展入境旅游。在调整后的旅游市场战略中,入境旅游仍旧处于首位,主要还是受长期惯性的影响。正如当时国家旅游局主要领导所讲,"发展入境旅游是全行业的重要任务,要坚持不懈地抓紧抓好","大力发展入境旅游,始终是全行业的工作重点"。当然,此时入境旅游已出现增势放缓迹象。与此形势相对应,2005 年我国提出了"大力巩固传统市场,积极拓展新兴市场,重点开发潜力市场"的市场对策;2006 年,出台《关于大力发展入境旅游的指导意见》;2007 年初,又强调把入境旅游放在更加突出的重要位置,要求大力拓展海外市场,确保入境旅游持续增长。

规范发展出境旅游。1997 年 7 月,我国出境旅游由探亲游转变为自费出国游,实行"出入挂钩、总量控制、配额管理"的原则,强调"适度发展"的指导思想,建立了包括审核证明、团队名单表、代办点管理、领队认证等在内的较为系统的管理制度。从 1997 年至 2001 年,我国出境总人数年均增加 170 万人次,因私出境人数约为因公出境人数的两倍,到 2001 年出境旅游人数达到 1213.3 万人次,表明随着出国护照按需发放和出入境手续的简化,既有的一套管控出境旅游规模的办法失灵。我国加入 WTO 以后,2002 年出台了《中国公民出国旅游管理办法》,该办法最显著的一个变化,就是在细化和改善监管的同时,不再控制出境旅游的规模,出境旅游随之由"适度发展"转入"规范发展"阶段。

全面提升国内旅游。随着居民消费实力的增强,国内旅游需求猛增,尤其是 1999 年"十一"节假日制度调整后,法定假日增多和黄金周的出现，使得假日旅游和大众旅游飞速发展。2000 年国内旅游人数达 7.44 亿人次，旅游收入 3175.54 亿元；2005 年国内旅游人数达 12.12 亿人次，旅游收入 5285.86 亿元。由于在黄金周和旅游旺季出游人数在全国很多地方会达到高峰，短时间内的交通拥堵、接待设施供不应求、旅游景区人满为患、旅游产品质量问题频频出现。为了应对假日市场需求猛增的问题，国务院统筹创建了全国假日旅游工作机制，专为解决假日旅游供需矛盾而采取了若干政府主导性措施，这些都说明全面提升假日旅游市场、国内旅游市场已成为当务之急。

三 旅游市场战略再做调整（2009年），市场秩序与格局发生巨大变化

对旅游三大市场战略的第二次调整在 2009 年初的全国旅游工作会议上初露端倪，该会议提出"将大力激发国民旅游消费，培育旅游消费热点，兼顾入境旅游和出境旅游市场"。其背景是 2008 年全球金融危机爆发，世界各国的出游活动均受到明显冲击，入境旅游呈现普遍性下滑；为了克服全球金融危机的不利影响，党中央和国务院提出刺激消费、扩大内需的应对原则。同年底，国务院印发《关于加快旅游业发展的若干意见》，对旅游三大市场战略做了新的表述，即"坚持以国内旅游为重点，积极发展入境旅游，有序发展出境旅游"。该文件是国务院发布的，且是面向今后一个时期为建设旅游强国而出台的，因此，对旅游三大市场的发展定位，实质上就是对三大市场发展战略的调整。

以国内旅游为重点。国内旅游如此受到重视，主要原因有三个：一是全球金融危机的爆发使各国旅游受到明显冲击，我国的入境旅游在增势趋缓的背景下，必将受到进一步的冲击，即使继续加大对入境旅游的宣传促销力度，市场下滑也将不可避免；二是中央出台了扩大内需的全局性应对战略，旅游业作为国民经济新的增长点，理应积极响应国家号召，以实际行动发挥自身所特有的优势；三是近些年假日旅游、大众旅游、乡村旅游蓬勃发展，

已经形成很大的市场规模，增长速度迅猛，理应成为扩大内需的主力军。

经济学界曾围绕扩大内需的现实性，做过大量的调研，结论是三个领域拥有较好的前景。其一是旅游消费，每人每次出游花费虽不多，但参与者众多，且可以重复，形成数十亿人次消费的规模；其二是汽车购买，就是使轿车进入家庭，每次花费数万元、几十万元，但与旅游消费相比其是一次购买、多年使用，重复消费的可能性很小；其三是住房改善，为刚性需求，每宗花费甚巨，少则几十万元，多则上百万元，但有实力消费的人群相对还是少。因此，旅游在拉动内需中属于最现实、最广泛的市场因素，这也是国家明确"以国内旅游为重点"的原因。

积极发展入境旅游。入境旅游在这次旅游市场战略调整中，地位出现了空前的下滑或跌落。其一，它由几十年来一直稳居市场第一位被调整到第二位，市场地位出现了明显下滑；其二，由几十年一贯的"大力发展"，调整为"积极发展"，受重视程度有了明显下降；其三，做出这样的调整，有国家扩大内需战略的直接影响，也有全球金融危机削弱入境旅游的客观现实的影响。但不可否认，进入 21 世纪以后，由于入境旅游增长的持续乏力，旅游行业内各级领导层面出现了知难而退的工作情绪，这也是不可忽视的客观因素。这说明，依靠入境旅游创汇的时代将告一段落，刺激消费和扩大内需将成为旅游行业新的着力点。

有序发展出境旅游。与之前对出境旅游发展的要求相比，这次只是在提法和文字上进行了调整。实质上，"有序发展"与"规范发展"之别，主要在监管的重点领域方面。

四 旅游市场战略第三次调整（2021年），目标定位更具现实针对性

文化和旅游部发布的"十四五"文旅发展规划对 10 多年前确定的旅游市场战略再次做出调整，提出要"做强国内旅游，振兴入境旅游，规范出境旅游"。

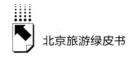

为何做出这样的调整和安排？笔者认为，主要原因有两个：一个是与国家发展战略的安排相呼应，到 2035 年我国将建成有中国特色的社会主义现代化强国，通俗地说就是要成为中等发达国家，旅游业的发展需要与这一历史进程相呼应；另一个就是针对这些年旅游业发展现实的变化，对三大市场的重点做适度调整。

（一）做强国内旅游

这是一个很高的发展要求。从国内旅游的发展历程看，从最初任其自然发展的"几不"政策，到鼓励其积极发展，再到以国内旅游为重点，最后到如今的"做强"国内旅游，显然近期提出的这个要求不但最高，而且最有难度。进入 21 世纪以后，随着旅游需求的大众化、生活化，国内旅游市场规模越来越大，新冠肺炎疫情全球大流行前国内旅游市场规模已达 60 亿人次，但是旅游质量、产业素质并未同步提升，出游还是以走马观花为主，有深度的度假休闲游占比不高；旅游景区旺季拥挤，淡季没人，淡旺季反差很大；存在低价团、价格战、门票经济问题，投资效益差；人均旅游消费水平低，城市居民略超 1000 元，农村居民才 600多元。因此，做强国内旅游首先是推动发展方式的改革，要向着做强的方向去努力；其次是做强的产品、强的企业、强的服务；最后是促进消费水平不断提升，要逐步减少廉价旅游、低价团的比例。

（二）振兴入境旅游

入境旅游所要"振兴"的那种状态，应是近十多年以来的一种疲沓、疲软、消沉、停滞的状态。近十多年来，我国入境旅游人数有若干年低于亚洲平均增速，还有几年出现了负增长；港澳台居民人数在入境旅游人数中所占比例居高不下，占到近80%，外国游客占不到22%；入境游客的停留时间、旅游花费也不够多。目前我国入境旅游在接待规模上虽已居世界前列，但增长幅度不令人满意，产业素质也并不是那么强，就像中国作为世界人口大国，并未成为世界人力资源强国一样。当然，入境旅游市场的振兴，也绝不是改了一个提法就行了，需要真真正正地研究一番、拿出实实在在的招数，改变当前的被动和徘徊发展的局面。

（三）规范出境旅游

"规范"对于出境旅游市场来说，已不是首次提出，早在 2005 年国家就提出"规范发展出境旅游"，2009 年调整为"有序发展出境旅游"，2021 年再次调整为"规范出境旅游"。这些提法的变化，有一定的延续性、传承性，但有一点需要加以注意，就是我国出境旅游市场规模已有了成倍扩张，2005 年出境旅游人数 3102 万人次，到 2020 年已达到 1.55 亿人次，成为位居世界第一的客源输出国。因此，同是规范发展的要求，与以前相比，现阶段任务的艰巨性和复杂性是不可同日而语的，关键是要有更具针对性的要求和措施，解决和减少现在运行中不够规范的一些问题。

概括起来说，三大市场战略的调整，无论是对哪一个市场的要求，基本都是针对粗放发展的现状，所强调的都是质量和效益，都是要向做强目标迈进。

五 对旅游市场战略变化的若干思考

改革开放以来旅游市场战略的四个版本，反映了不同时期国家或旅游主管部门对各个市场的态度变化，也折射出旅游决策者对旅游发展相关问题的思考和态度，以及不断出现的某些深层次的问题和动向。通过对这些变化进行梳理和审视，既有利于总结过去成功的发展经验，也有利于找出不足和偏颇之处，对于未来我国旅游业更好地发展是有益的。

（一）旅游产业的主要功能

旅游是一个怎样的产业？这关乎对旅游市场战略的认识和把握。按说，国务院"三定"方案对此已有清晰界定，由此我们可总结出旅游业的主要功能；但从现实情况看，怎样理解这些职能则是更富现实性的问题。较早之前有一种看法，认为旅游是经济型的文化产业，或文化型的经济产业；之后直至今天，业内人士从未停止有关思考，例如，哪几个行业或部门与旅游业关系较为密切？一般认为应是外交、经济、商贸和文化。当然，这里有一个认识变化过程。最初，旅游由外交部代管，与外交外事关系自然很密切，但当时旅游仅被定位为"民间外交"的重要方面；后来，旅游成为国务院的直属机构，与外交部结束了代管关系；就旅游的经济属性而言，与它最接近的应是商务部，而不是国家发改委或一级政府，因此，无论是抓国内旅游，还是抓国际旅游，都是旅游部门不可偏废的本职，即使一个时期要响应国家号召、服务国家某项重点工作，旅游市场培育这个本职也是不可丢下或荒废的。因此，旅游业具体某项功能如何发挥，都应围绕三大旅游市场的发展而定，就像商务部的职责一样，无论怎样都离不开外贸和内贸市场，旅游部门若脱离具体的旅游市场培育而去着意渲染某项举措的成绩，那就可能是舍本逐末、避重就轻。

旅游业已经经过了几十年的发展，业界也经历了几十年的观察，时至今日旅游业的功能无非就是这么几项。第一，满足国民日益增长和提升的旅游消费需求。这是很重要的一条，并且是越来越重要的一条，包括国内旅游和出国旅游，目标是保质保量地保障旅游产品和旅游服务，就像是农业部门保障粮食生产一样，现在来看与实现目标还是有较大差距。第二，做大旅游市场和产业的规模，对经济发展做出大的贡献。放眼世界各国旅游机构的自我定位，在国家一级基本是以抓入境旅游为主，很难找出主流国家不抓入境旅游的例子，省一级入境旅游和国内旅游兼顾，基层旅游局视情况而确定其工作重点，部分是入境旅游和国内旅游兼顾，部分是以国内旅游为主。第三，通过旅游业的发展，实现诸多的社会服务功能，如民间外交、增加就业、脱贫致富、异地交流、提升国民素质等。这些都属于旅游业的衍生和潜在的功能，只要旅游业发展了就自然能够收到这些成效，刻意去渲染某些方面的作为和贡献，未必等于拓展了旅游行业的工作领域。

上述三方面的功能，都是通过做大旅游市场和产业发展而实现的；至于为此而出台的具体产业政策、技术服务标准、管控措施，也都是为实现这个目标而服务的，不应高于这个目标，也不应与这个目标相并列。

（二）旅游市场战略调整的主要依据

自20世纪90年代中期以来，我国旅游市场战略历经多次调整和修订，其主要依据或原因是什么呢？研究和归纳起来，不外乎以下方面。

一是与旅游业的发展定位有关。该定位可以理解为国家对旅游部门的"三定"方案，在现实工作中，更是旅游主管部门的一种自我认识。从改革开放到2009年，入境旅游一直被置于突出而重要的位置，就是因为那时旅游部门的决策者认为抓入境旅游是天经地义的；之后入境旅游被要求"积极发展"、现在又调整为"振兴入境旅游"，这其中旅游部门决策者的认识起了关键性作用。当然，关于市场战略定位，更重要的是看实际怎么去做。就是在过去的10年，旅游决策者也不时强调入境旅游的重要性，但说是一回事、怎么做是另一回事，如果言与行不能表里如一，最终就连"积极发展"也要落空。

二是与国家不同时期的战略重点有关。在改革开放之初，旅游业扮演了先行者、试验田的角色，第一批3项利用外资的项目旅游项目就占了其中两个，涉外饭店也成为那时对外开放的标志，入境旅游的创汇更是被视为旅游对国家的重要贡献；进入21世纪后，我国外汇储备日增，旅游创汇的重要性不再凸显，而刺激消费、扩大内需变得越来越重要，这不仅是应对全球金融危机的必要之举，也成为后来拉动经济发展的"三驾马车"之一，因此，国内旅游的重要性便后来者居上了。

三是与旅游各大市场的发展状况相关。20世纪90年代中期之前，旅游三大市场尚未全面形成，也就无所谓具体的旅游市场战略；出境旅游从一开始到跨入21世纪都被限制发展，也就是所谓"适度发展"，后来由于出境旅游需求旺盛、因私护照申领更为便利，出境旅游规模难以控制，加之WTO的规则要求，我国便有了"规范发展"一说；至于2021年提出"振兴入境旅游"则是因为过去10年入境旅游已处于停滞和疲软状态。

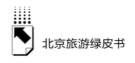

四是与部门主要负责人的变更有关。2005年、2021年两次旅游市场战略的变更，都受到了主要负责人更迭的影响。

（三）"积极发展"方针下的入境旅游

"积极发展入境旅游"市场战略施行的10年间（2009~2019年），我国入境旅游的接待人数和创汇情况怎么样呢？可以用两句话来描述。一是仍居于世界主要旅游国家的前列，接待过夜游客人数排名世界第4或者第3（2013年以后都是第4），创汇世界排名是第4位或第2位（2013年前排第4，2015年后为第2）；二是增长幅度明显偏低，基本可用疲软、萧条、停滞来形容，增长率在全球乃至在亚洲都是较低的。

我国入境旅游10年间为何是如此状况？大致原因是：经过几十年的发展和积累，入境旅游市场已经达到较大的规模，过夜游客人数和创汇在2009年就已经分别排名世界第4位和第5位，而且在入境游客中有近80%是港澳台同胞，因此，即使10年之间增幅不大，这个市场规模和创汇位次也还是有很大提升的。

（四）入境旅游为何被"冷置"十年

从几十年来的旅游三大市场战略看，最令业界叹息的恐怕是2009~2019年入境旅游被要求"积极发展"而又未能实现积极发展。这个时段为何会长达10年之久？

一是当扩大消费被作为"三驾马车"之一后，国内旅游越来越重要，对入境旅游就形成一种"屏蔽"作用。在2009年全球金融危机影响逐步消退以后，扩大内需依然是全国经济发展的重中之重，加之投资、外贸、消费"三驾马车"之说甚盛，旅游业作为国民消费的重要领域，其地位也就变得日益突出；在全球新冠肺炎疫情暴发后，中央又提出了构建双循环新发展格局的思路，由于我国国民旅游消费的实力已明显增强，其在双循环新发展格局中仍将扮演重要角色。因此，以国内旅游市场为重点的发展战略应是长期的。

二是旅游行业围绕国家工作重点，对国民经济和社会发展的影响在增加。近 10 年中，由于国内旅游需求旺盛，旅游产业规模不断壮大，在国家和地方重点工作中的影响力不断提升。2009 年国内出游人数达 19 亿人次、实现收入 10183 亿元；2019 年国内出游人数达到 60.06 亿人次、实现收入 57250.9 亿元。这期间我国开展的乡村旅游、旅游扶贫、红色旅游、生态旅游、旅游外交、厕所革命、全域旅游等，都由于产业体量大，而受到社会各方面的关注和好评。之后几年，旅游行业更是不断创新，与入境旅游市场的疲软和停滞形成了鲜明对比。加之，我国旅游产业对国民经济的综合贡献率高于世界平均水平（在 11% 左右），我国连续多年保持世界第一大出境旅游客源国和全球第四大入境旅游接待国地位，这些都表明"三大旅游市场持续健康增长"。因此，入境旅游市场就被要求"积极发展"了。

三是入境旅游市场的止跌重振是一项艰巨的工程，没有超常的决心和勇气是难以实现扭转的。在这 10 年间，国家旅游局更换过主要领导，进行过机构的裁撤与合并，也有人质疑过国际旅游的"逆差"问题，但并未引致对旅游市场战略的反思与调整。一个重要原因就是，一旦入境旅游市场进入疲软的下滑通道，再进行反转和提振需要花费很大的气力，也需要一个艰苦努力的漫长的过程。

四是有关旅游三大市场战略是由《关于加快旅游业发展的若干意见》（下文简称《意见》）提出的，《意见》客观上对战略的"稳定性"起到了一定的"加持"作用。《意见》虽是为应对全球金融危机影响而出台的，但它确立了要"把旅游业培育为国民经济的战略性支柱产业和人民群众更加满意的现代服务业"，提出到 2015 年的发展预期和 2020 年建成旅游强国的目标。正因为如此，《意见》也成为具有"加持力"的"尚方宝剑"，在一定时期发挥了相对稳定的作用。

（五）入境旅游市场振兴的标志

2021 年"十四五"文旅发展规划提出的"振兴入境旅游"，是对"积极发展入境旅游"方针的改进，符合我国入境旅游发展的现状。但是欲要

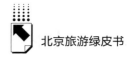

"振兴"该市场，首先需要勾勒出"振兴"是什么样子的。笔者认为，起码包括三点。

一是入境旅游要保持一定增长幅度。我国是对外开放大国，也是对外贸易大国，入境旅游规模在全球已位居前列。入境旅游市场振兴，不仅体现在规模上，还表现在增长幅度上。

二是理顺入境旅游与出境旅游的关系。这是各国发展旅游业必须处理好的关系。诚然，我国已有充裕的外汇储备，不是很需要依靠旅游渠道赚取外汇，但也不应由旅游渠道耗费巨量的外汇。首先，要重视我国的国际旅游贸易收支问题。要研究世界上旅游发展水平排在前20位的国家的国际旅游贸易收支情况，相关国家是怎么对待这类问题的，为我国制定相关政策提供参考。

三是全面提升入境旅游的质量。我国入境旅游不仅要接待规模位居前列，保持较大的增长幅度，也要提高旅游花费、停留时间、口碑评价等指标水平。我国要逐步实施世界一流的质量效益型的旅游发展模式。

（六）入境旅游市场如何振兴

如何振兴入境旅游市场是一个非常沉重的话题，也是一个需要花费脑力去研究的课题。答案可以从我国改革开放以来的发展入境游的经验中寻找，也可以从世界主要旅游国家振兴入境旅游的经验中寻找，但最主要的还是要从近10年入境旅游停滞不前的困境中寻找。

其一，找出入境旅游疲软的主观原因。回望此前的10年，发展入境旅游客观上存在的困难，包括金融危机的影响、外国政局的动荡、人民币的升值、市场竞争激烈等，主观上的问题可能是，宣传促销方式在入境旅游市场竞争加剧的情况下，一定程度上还存在不能适应市场变化要求。这个问题，看似无足轻重，但客观而理性地分析一下，或许它对入境旅游市场不振的影响并不小。否则，就难以解释为何同期主要旅游国家的增速高于中国。当我们站在一个新的旅游市场战略起点上，实事求是地查找真正落后的原因，是完全必要的。

其二，认真总结导致近 10 年入境旅游市场疲软的问题。回顾最近 10 多年，我国对入境旅游市场并未形成自上而下对外营销的合力，远未实现对主要客源市场的"深耕细作"，更是没有把宣传营销手段与最后成效结合起来进行谋划。

其三，动员全行业开展踏踏实实的市场营销。近 10 年针对入境旅游市场，我国确立了"巩固传统市场、开拓新兴市场、培育潜在市场"的指导思想，但仅有这套方针还是不够的，必须制定有针对性的具体市场开发举措。实事求是地讲，目前国内旅游市场开发的战略与战术远超入境旅游市场，应该借鉴国内旅游市场开发的一些做法，对具体的入境客源市场进行开发，形成诸如对日韩、东南亚、中东、欧洲、北美等富有个性化的开发举措，而不是依旧搞大水漫灌，或以"旅游外交"的做法取代市场开发。

其四，出台调动各地开发入境游市场积极性的举措。为了促进入境旅游市场的振兴，应该提高对入境旅游市场的重视程度。同时，抓住各地对创建世界级的景区、目的地的兴趣，顺着提升各地旅游国际竞争力这个思路，做一些新的设计和示范，鼓励各地把注意力更多地放到入境旅游上，只有各地的入境旅游提振起来，全国的入境旅游才能得以振兴。

其五，深入探讨旅游官方各级职能的设定。表面上看，这似乎是一个与入境旅游振兴关系不大的一个问题，其实不然。我国旅游行政机构的职能，若是放在国外，一部分将由其他行政部门行使，另一部分将由旅游协会承担。2035 年，我国将迈入世界中等发达国家之列。笔者认为，从国家和政府治理能力现代化的发展趋势看，随着市场机制进一步完善，协会和中介机构职能逐步健全，旅游行政机构职能转变也应加快步伐。

G.10
后疫情时代北京入境客源市场
开拓应有的认识

—— 以日本客源市场营销为例

德村志成（TOKUMURA/SHISEI）*

摘　要：　新冠肺炎疫情肆虐全球，旅游业饱受冲击，世界各国旅游业
　　　　　几乎处于停滞状态。疫情后的旅游产业，将何去何从以及如
　　　　　何促进产业发展，已经成为业界最大的课题。北京作为国际
　　　　　知名旅游城市，自然无法避开这个话题。因此，如何发展疫
　　　　　情后的入境客源市场，是北京面临的一个重大课题。本文将
　　　　　以北京入境日本客源市场为例进行研究，并提出相应的营销
　　　　　对策和建议。

关键词：　旅游产业　入境客源市场　北京　日本

一　疫情下的国际客源市场概况

一场前所未有的全球性新冠肺炎疫情已经打乱了所有人的正常生活，阻碍了全球性的经济活动和人类的交流活动，各种产业受损、企业受伤、家庭受苦、社会受害、国家受创。

---

* 德村志成，博士，世界旅游城市联合会专家委员会委员，杭州师范大学教授，育达科技大学客座教授。

疫情的恶化，让世界各国的旅游业瞬间停顿，让众多旅游企业纷纷倒闭或歇业。受疫情影响所有与旅游关联的产业，基本上处于停摆的状态，让各国之间的交流迅速停滞。旅游经济受到空前的影响，整个旅游产业更在这一波疫情肆虐下奄奄一息。原本旅游产业就存在一定程度的脆弱性，再遇上未曾有过的突发性疫情，更处于无招架之境地。

旅游城市更是在这一场疫情风暴中伤痕累累，由于游客的锐减，旅游城市完全失去原有的功能和动力，旅游经济大受影响。一些对疫情处理不当的旅游城市，不仅失去了国际客源市场，连国内旅游市场也无法展开。这场疫情几乎摧毁了所有客源市场，打垮了部分旅游城市该有的运作功能。

中国在这场疫情中可以说处理得宜，国内旅游业虽然受到一定程度的影响，但恢复的速度应该是所有国家中最快的。中国在这场疫情中，掌握了边战疫、边发展旅游的策略，让旅游产业依然能够在这场疫情下，继续保有生存的实力。

北京作为首都也是国际著名旅游城市以及历史文化名城，所肩负的旅游发展责任巨大。北京在某种程度上是中国旅游发展的风向标，因为绝大部分的外国游客来到中国，会先造访这座巨大的旅游城市。疫情前北京掌握着各种优势资源，但由于疫情，境外游客呈现出下降的趋势，随着疫情逐渐好转以及疫苗的普及，国际客源市场必将在情势获得好转后逐渐复苏，并开始形成争夺市场的局面。北京如何在既有的资源优势下，展开这一场疫情后的国际客源市场营销，是当前最为重要的课题。而日本作为邻近友好国家，长期以来都是中国的重要入境客源市场（见表1）。疫情后北京如何锁定日本的客源市场，并采取有效的营销手段进行疫情后的市场再开发，是今后重建国际客源市场的重要任务与战略。

表1　2018～2019年入境客源国家与地区人次

单位：万人次

入境客源	2019年	2018年
入境游客总人数	376.9	400.4
港澳台同胞	56.2	60.6

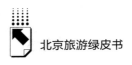

入境客源	2019 年	2018 年
中国香港	32. 2	34. 8
中国澳门	1. 8	1. 6
中国台湾	22. 2	24. 2
外国人	320. 7	339. 8
亚洲	112. 5	114. 3
日本	24. 7	24. 9
韩国	24. 2	24. 8

资料来源：北京市文化和旅游局。

二　疫情前后的国际客源市场概况

传统的国际客源市场分析，基本上是以过去的实绩为基础，配合当前的时事变化来进行深度分析后，再制定营销方案。而疫情之后的客源市场分析，沿用传统的分析方法，是值得我们深入探讨的问题。

（一）对疫情下国际客源市场的认识

疫情前的北京国际客源市场，由于拥有丰富的各种资源以及国际知名度，具备了各项优质旅游发展条件，其国际客源市场一直处于相对稳定的发展趋势。然而，疫情之下任何旅游城市都很难继续维持过往的繁荣景象。但部分国内客源市场，由于国内疫情处理得宜，影响相对较小，因此客源市场快速得到一定程度的改善。然而，国际客源市场向来受制于国际情势的变化，此次疫情是一个突发事件，因此影响极大。当然北京也同样受到影响，全世界的旅游城市以及旅游产业，都在同一个时间受到毁灭性的打击。因此，客源市场在疫情后要按部就班执行既有的营销计划都有很大的困难。主要原因在于任何机构或个人都无法精准预测疫情的变化，当然对客源市场的分析，也同样会处于难以预测的窘境。

全球性疫情在初发时，所有国家和地区的旅游发展，在同一时间被迫停止，传统的国际客源市场，很可能在这场疫情之后产生巨大的变化，这种变化让我们不得不重新评估今后的营销手段和客源市场。因为以往有利于各国国民出国旅游的所有条件，在疫情之后必定会有巨大的变化。比如说出游的三大基本条件：有钱、有闲、有意愿，但在疫情之后就不是那么容易具备了。

以日本为例，疫情之后日本出游的三大条件将会有什么样的变化，是北京市旅游主管部门在开发日本客源市场上必须认清的关键问题，只有认清现实才能制定疫情之后开发日本客源市场的营销策略。

第一，最不存在问题的可能是出游意愿，因为长时间的自主居家管理，无法自由外出游走，让所有人都有一种被闷出病的感觉，内心里期待出游的意愿在理论上应该是比疫情前还要高涨。

第二，是否有闲暇时间出游是值得研究的，因为疫情打乱了所有国家的经济活动，重整经济活动将会是所有国家在疫情后首要的任务。在这段时间里同样会出现一些空余时间，但这种空余时间并非传统意义上的休闲时间，而是因故而腾出来的时间，因此也无法马上形成一个有利于出游的条件。特别是一部分人将会因经济恢复而忙碌起来，另一部分人可能因疫情而失业在家，正在寻求更佳的工作机会再度回到职场。

第三，经济问题将会是疫情之后所有人面临的最为严重的问题。疫情使各国经济受到严重的影响，很多企业岌岌可危。疫情后各个企业的主要任务是重整企业经济、照顾好员工生活。

事实上疫情期间日本经济陷入空前的危机，从内阁府 2021 年 8 月 16 日发布的当年 4~6 月的数据，可以清楚地看到其经济大幅滑落（见图 1）。特别是旅游和运输行业，更是在这场疫情之下无一幸免地受到严重的影响。企业倒闭与歇业时有发生，职工不是被减薪就是被迫辞职，整个社会同样也陷入经济危机。传统的客源市场分析中，旅游者的经济条件是三大条件中的首要条件，也是必要的条件，相信这一点无法改变，因此，精准的分析必然成为重要的依据。

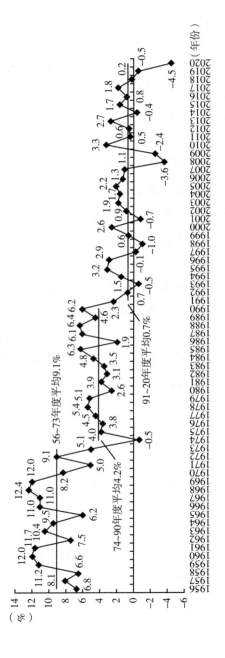

图1　日本经济成长率

资料来源：内阁府 2021 年 4 ~ 6 月第一次速报值。

（二）认识疫情难料、营销难为的现实

我们必须认清疫情前后的营销是一个截然不同的概念。疫情前的营销，是与时俱进延续着既有的计划和路线，而疫情后的营销则必须紧随疫情情势来展开。理论上，疫情的结束或好转就是旅游发展的重要时间点，但疫情情势如何发展则不得而知。

因此，疫情后的营销需要的是战略性的眼光，而非常态性的营销手法。主要原因是旅游业界从理论上来说，根本无法得知或判断疫情的真正走势，也就是说疫情的不确定性太大，始终处于难以捉摸的状态，甚至可能会变成常态。因此，所有判断和决定随时都有可能随着疫情而改变，这是一个现实的问题，更是考验旅游产业界智慧的问题。

（三）认识疫情下的日本旅游发展

旅游产业在这场疫情来袭之际，受到极大的冲击和伤害，重创了整个产业。当然也因此让我们看到了，旅游产业事实上自始至终就具备了"脆弱性"和"韧性"的特性。旅游产业既有脆弱得几乎不堪一击的一面，同时也有很强的复苏的韧性。主要原因在于，当一个国家经济高速发展之后，往往旅游成为国民生活的一部分。因此，旅游市场因"疫"而毁的可能性不大，因"情"而停的可能性更不大，再坏也都有一线希望。因此，客源市场始终存在，市场需求就是旅游产业重生的"韧性"之本。事实上旅游产业一直以来具备着"希望"的特性，因此，从处处都在发展旅游、各国相继发展旅游的现象来看，旅游产业是一个拥有极大"韧性"和"希望"的产业。

因此，疫情后日本政府为了促进人流、激发旅游的热潮，提出了"GO TO Travel"促游政策，以鼓励国民利用这个政策在国内旅游。给予旅游者旅游费总额50%的补助（上限为住宿不超过日币两万元，当日返回者不超过日币一万元）。另外，一些地方政府为了配合这项国家政策，也在力所能及的范围内，提出了自定的优惠政策，如住宿、饮食、购物等的补贴。政策

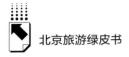

的实施确实起到了一定的作用，但受到疫情不稳定的影响，该项措施的实施并不顺畅，主要原因在于政策必须随着疫情的变化来调整。当疫情发展时政策就得急速停止，同时还得随着各地的疫情来决定，如一些处在疫情紧急状态的地方，就无法实施该措施。因此就算该政策是一个善意的政策，在疫情不稳定的情况下，也很难全面地展开。

疫情后，北京入境客源市场如何展开，特别是日本客源市场如何开拓，首先必须正视当前日本旅游发展的现状，长期的疫情，让日本的经济大幅滑落，让旅游产业与旅游经济元气大伤，在这样的情况下是否还有过往的客源市场，是值得主管部门认真思考并构思良策的，否则，短时间内要找回既有的日本客源市场，恐有很大的困难。再加上世界各国的旅游发展，从国家层面来讲，必定是采取"先促进国内游再鼓励海外游"的政策，因此，日本国际客源市场，在一段时间内可能很难形成大规模的市场是一个现实问题。

三　北京开拓日本客源市场的建议

北京这个拥有"双都一城四中心"的旅游城市，在中国具有唯一性的资源优势。然而疫情后，如何再次展开并采取有效的营销是非常关键的，对日本客源市场该如何展开更是值得关注，其结果很可能就是全国指标性的参考依据。

（一）旅游资源优势

北京作为中国的首都，长期以来一举一动备受瞩目。北京并非仅是政治中心，还是经济、社会、人文、科技、旅游等中心，北京优质的旅游资源，也让其他旅游城市望尘莫及。但在市场竞争与疫情肆虐下，这个优势是否依然存在或者说受到影响，应该是展开下一步营销前必须有所认识的。当前如何守住优势、发挥优势，是否能接受严峻的挑战，就是主管部门必须认清的事实与现实状况。

如何掌握市场信息是决定营销成功与否的关键，因此"知己知彼、百战不殆"就成为营销上需要学习参照的重要观点。如今全球都陷入疫情困境，世界各国的处境基本雷同，特别是旅游产业几乎陷入休眠状态。只有中国在很短的时间内把疫情控制下来，并逐步展开国内旅游活动，受害程度相对较低。反观日本，至今已经历了四波疫情，起伏不定的疫情打乱了政府的促游政策，阻碍了国民的出游。因此，疫情后的日本市场开发，必须从务实的角度去看待、去思考。

从 2020 年初开始，日本政府一直处在疫情的困境中，同时还得准备2020 年的东京奥运会。当时如何处理这两件大事，确实极度困扰和考验日本政府的智慧和能力。事实上在两者中如何取舍，的确伤透了日本政府脑筋。这个时候日本的旅游产业，已经迅速陷入困境，各行各业也是哀号一片，社会极度恐慌，政府焦头烂额，国家面临危机。各种数据显示，日本整体经济下滑，所有服务业受创严重，旅游与交通业更是明显。因此，北京在对日本做国际客源市场营销时，应以日本的现状为基础进行营销战略的布局，而非以自身的优势为出发点去考虑疫情后日本入境客源市场开发问题才是上策。

因此，疫情后北京对日本入境市场的营销以及目标客源的锁定，既需要重视传统市场，也需要以新思维来判断新的市场。在战略上可以调整为全面攻坚市场，但战术上则应采取"一守一攻"。因为，最稳定的中间年龄层市场，在受到疫情波及后战斗力与实力都会有一定程度的变化，同时会形成不稳定状态，因此市场实力短时间内难以评估。特别是原来占中国入境客源市场61.8％的会议商务客群、观光休闲客群与服务员工客群（见表2），根据当前的疫情来判断，都会出现不同程度的变化，因此，必须采取尽力守的战术。而原来市场占有率仅8％的低年龄层以及高年龄层，他们的特性就是变化相对较小，因此必须采取攻的战术。如此全方位抢占市场的战略与一守一攻的战术运用，才是稳住既定客源市场与开发潜在客源市场的有效方法，也是一石二鸟的战略战术运用。

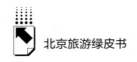
表2 2018～2019年中国入境游客分组构成

分组	2018 年		2019 年	
	人数(万人次)	比重(%)	人数(万人次)	比重(%)
总计	4795.10	100.0	4911.36	100.0
按性别分				
男	2859.71	59.6	2881.29	58.7
女	1935.39	40.4	2030.07	41.3
按年龄分				
14 岁及以下	161.18	3.4	184.92	3.8
15～24 岁	656.71	13.7	686.20	14.0
25～44 岁	2394.69	49.9	2439.71	49.7
45～64 岁	1363.24	28.4	1365.75	27.8
65 岁及以上	219.28	4.6	234.77	4.8
按事由分类				
会议商务	614.70	12.8	628.47	12.8
观光休闲	1608.57	33.5	1740.31	35.4
探亲访友	132.24	2.8	143.17	2.9
服务员工	744.86	15.5	714.01	14.5
其他	1694.74	35.3	1685.40	34.3

资料来源:《中国统计年鉴2020》,中国统计出版社。

(二)重新评估日本入境市场

从日本出境客源市场的状况来看,以2019年为例,19岁及以下人群占总体的10.19%,60岁及以上的高龄者则占17.19%的市场,两者合计占27.38%;而20～59岁则占了72.62%(见图2)。低、高年龄层占日本出境旅游的比例相对较低,但并不表示不开发或没有开发价值,相反的也有可能成为疫情后最有希望的市场之一。因为这两个市场都有容易运作的特点,一是低年龄层无主见表达,一般听从家长决定的较多,同时完全按学校规定来行事;高年龄层有自主决定的能力和权力,经济能力虽非最高,但都拥有出游的梦想,有一了心愿的想法者多。因此,疫情后北京对入境日本客源市场,完全可以通过有效的营销渠道,深入调查,积极打开。因此,笔者认

为，我们可以从出游的三个基本要件——有钱、有闲、有意愿分析，找到开
发两个市场的方法与方向。

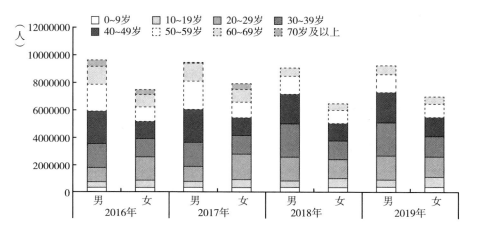

图2 2016～2019年日本海外旅行者不同性别年龄层分布

资料来源：法务省《出入国管理统计表》。

1. 从出游三大基本要件看低年龄层市场

首先19岁及以下的低年龄层，素有国家未来的主人翁、天真无邪、天
真烂漫、童心未泯的比喻，也有生龙活虎、胆识过人等形容，说明这个年龄
层的群体还处在有乐即可、有福即享的时候，所以一有外游的机会，一般不
会拒绝，但出游要件是否具备，我们可以深入探究。

有钱：单纯从经济条件来看，低年龄层的经济条件或许不好，但这个年
龄层最适合的旅游产品就是"修学旅行"（研学），属于集体活动型的旅游，
一般旅游费用相对较低，对家长而言也负担得起。

有闲：至于休闲时间理应不是问题，因为学生是根据学校规定行事的群
体，而修学旅游在日本教育上是一个非常重要的活动，其实施率非常高
（见表3）。几乎每个学生在成长中都会经历这个过程，是他们认为最值得回
味的学生生活之一。因此，只要学校有意安排就不存在时间的问题。但数据
显示，过去日本访中修学旅游有36所学校的367人，仅占总数的0.8%，
因此，有极大的市场开发空间。

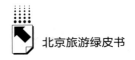

有意愿：更是不存在问题，所有低年龄层者对出游普遍意愿都是高的，特别是在疫情之后意愿会大大提高，他们对学校的既定行事一般只会认真跟进，无异议服从。因此，只要旅游目的地有魅力、有学习价值、有教育意义、有旅游乐趣，必能成为学校选择的修学旅游目的地。

表3　2012～2018年日本修学旅游的实施率

单位：%

年份 \ 设置者	国立学校	公立学校	私立学校	全体
2008	96.3	97.7	88.4	96.7
2012	95.0	99.6	94.9	98.4
2013	94.7	99.3	94.6	98.3
2014	94.7	98.6	92.2	97.3
2015	93.8	99.2	95.8	98.5
2016	100.0	99.6	95.8	98.9
2017	95.0	98.5	92.5	97.4
2018	100.0	99.6	93.6	98.6

资料来源：（公财）日本修学旅行协会「データブック2019 教育旅行年报」。

2. 从出游三大基本要件看高年龄层市场

首先，对60岁及以上高年龄层有这样的形容：年逾花甲、慈眉善目、老态龙钟，但同样也有白发红颜、宝刀未老、返老还童，说明这个市场尽管有体力不足、生老多病的问题，但事实上还是有巨大的潜在市场值得我们去开发。

有钱：这个年龄层的群体，绝大部分人已经开始进入养老生活，因此，领取养老金过生活的人大有人在，同时常年工作也有一定的积蓄，虽然不能算是最富裕，但依然能够过稳定的生活。会有一部分人由于年岁已高需要静养，也有一部分人依然身体健朗，外出旅游不存在体力不足的问题。

有闲：由于已经进入老年生活，除了一部分身体状况不佳者须多静养外，其他人在时间上基本不存在问题。高年龄层群体的时间，理论上可以说是相对充裕的。

有意愿：这个群体基本上开始过着悠闲的退休生活，静养或许是他们退休后最想要的生活模式，但经过一段时间后也会开始利用余暇时间，为社会做一些力所能及的工作，以保持身心的健康。另外一部分人则可能借出游来实现过往很难实现的梦想，这也是游走在世界各地的旅游者当中，这一群体占有一定比例的原因，事实证明他们的意愿颇高。

3. 认清两个市场的特征

这两个市场看似落差极大，但特征明显、优势略同。年龄是特征也是关键，更是开拓市场的一个好契机。低年龄层者，有主见不清、不明、不定的特征，他们靠的是家长的意见、师长的指导、同学的交流，最后才有一个答案。所以，我们只要给家长和学校介绍一个优秀的旅游产品，并提供一个保障旅游安全、一定程度的优惠政策，再给他们一个正确的引导，相信潜在市场是有开发价值的。另外，这个低年龄层群体还有一特征就是"有乐即可、有福即享"，同时拥有强烈的好奇心与体验欲望，因此，修学旅游对他们而言就是最好的选择。再则他们是一群喜欢听故事的群体。

高年龄层群体有主见鲜明、立场明确的特征，亦有跟着流行走的风潮，更有结伴而行的习惯，有梦想遨游的期待，也有回味过往的特点。有战前出生者亦有战后刚出生者。他们对历史文化的追求意愿较高，有深入研究、详细观察、实地考察的欲望以及习惯，对中国的了解较深，是一群喜欢听历史故事的群体。

4. 旅游产品故事化

低、高年龄层对于故事都有一种莫名的喜好，小孩喜欢听故事似乎是全世界的共性，而年长者喜欢回味故事情节，也是一种极为有趣的事情。故事的精彩性、真实性以及趣味性，取决于编故事与说故事者的技术与技巧。

北京的旅游产品具有较高的知名度，如故宫和长城等，高知名度对旅游产品营销是有利的；如果能够在高知名度的基础上，讲好旅游产品的故事，那将更容易被市场接受。故事化需要将产品精彩的部分通过描述的手法使其生动有趣、情节感人、魅力十足。旅游产品故事化后能够提高产品价值性、教育性、真实性、文化性、艺术性、趣味性等，并可作为丰富产品的内涵以

及转换产品主要的结构与生成产品魅力的基础。

旅游产品故事化，就是把讲好北京旅游产品故事作为疫情后开拓日本入境市场重要的营销手段之一。利用历史故事带动旅游产品销售，以讲故事为主，把过去、现在以及未来的北京说得生动有趣、简明扼要。讲好故事是产品营销的前奏，是产品推广的手段之一，能深化产品的可游性、可观性、可玩性以及整体价值性，是促进消费者购买欲望的催化剂。疫情后说好北京故事，是符合国家政策与现实的需求，是培育日本青少年朋友认识中国的好契机，更让年长者有一个回忆美好中国的机会，是符合彼此所需的好策略。

四 结 论

所谓的客源市场原则上就是一个开放的状态，然而随着时代的进步、科学分析方法的更新，出现了锁定目标客源市场后再进行战略性营销的手段，此时细分市场则成为必然的要求和手段。疫情后的营销是否依然能够沿用这样的观念来展开呢？

笔者认为本质上不会有太大的变化，但在战略战术运用上应该要有所变通，毕竟疫情前后的市场已有较大的变化。

因此，改变战略至关重要，而改变必须从认识疫情后的现实开始。那就是原有的客源市场，在短期内要恢复到过去的繁荣有一定的困难，当然短暂的报复性消费是有可能的，但这种市场也有它的局限性。

在这样的情况下，我们应该采取的战略，也就是在短期内不要将过去的既定市场视为唯一强攻的市场，而要对较弱的市场进行战术性开发。正视当前的局势，采取应变的手段去看待疫情后日本旅游市场的困境，才是找回原来的日本入境市场以及开拓新市场的最佳战略战术，守住既有市场，拓展潜在市场，应该是一个现实而有效的战略。

把"讲好中国故事"置于首位，
开启北京入境旅游新篇章

李创新　王雪莉　蒋　蕾　格根塔娜*

摘　要：　习近平总书记指出，"落后就要挨打，贫穷就要挨饿，失语就要挨骂"。大力发展入境旅游，不仅是对中国旅游形象与国家形象的宣传，更是一场以民间外交形式开展的国际话语权的争夺战。入境旅游是衡量一个国家旅游业发展水平的关键指标，也是衡量一个地区旅游综合竞争力的基础指标。当前，中国作为世界旅游大国的地位已相对稳固，但与世界旅游强国尚存在差距。北京作为全国的"政治中心、文化中心、国际交往中心、科技创新中心"，提振中国入境旅游，责无旁贷。伴随着中国特色社会主义进入新时期与新阶段，中国入境旅游的使命担当业已发生转变，建议新时期北京把"讲好中国故事"置于发展首位，并以此开启北京入境旅游与中国入境旅游的新篇章。

关键词：　入境旅游　讲好中国故事　世界旅游强国　对外推广

---

* 李创新，北京第二外国语学院旅游科学学院副教授，研究方向为入境旅游流、国际旅游市场开发、旅游社会文化；王雪莉，北京第二外国语学院旅游科学学院旅游管理专业研究生；蒋蕾，北京第二外国语学院旅游科学学院旅游管理专业研究生；格根塔娜，北京第二外国语学院旅游科学学院旅游管理专业本科生。

一　入境旅游是通向世界旅游强国的必由之路

1. 重视入境旅游的根基作用，是世界旅游强国的通行做法

放眼全球，包括西班牙、法国、德国、日本、美国、英国等公认的世界旅游强国均是以其强大的入境旅游市场为根基，逐步奠定其世界旅游强国地位。特别是自 2008 年新一轮金融危机以来，受外部经济环境的不利影响，全球经济增速相对下降，鉴于旅游业发展对经济增长以及就业创造等的综合拉动作用，西欧、北美、日本等世界主要发达国家和地区，纷纷出台相关激励和促进措施推动旅游业，尤其是入境旅游的发展。美国政府面向全球力推"品牌美国"（Brand USA）。为将美国建设成世界最具吸引力的国际旅游目的地，美国政府持续推进签证便利化等一揽子举措；日本更是多年来持续实施海外多渠道精准推广、签证便利化、便捷至简的离境购物退税、廉价航线、奖励旅游、货币贬值、多语种服务等政策与技术并进的一系列综合举措，瞄准并实现了入境旅游市场的持续发展和旅游国际竞争力迅速提升。

2. 在全球主要经济体的旅游竞争力角逐中，入境旅游堪称名副其实的第一竞技场

2019 年 9 月世界经济论坛发布的《2019 年旅游业竞争力报告》选用了旅游发展环境、旅游政策与条件、基础服务设施、综合旅游资源四大主力板块的 14 项指标，综合评定了全球 140 个主要经济体旅游竞争力的权威综合排名。全球旅游竞争力综合排名前 10 的国家分别是：西班牙、法国、德国、日本、美国、英国、澳大利亚、意大利、加拿大、瑞士。从主力板块的构建以及指标体系的选取来看，入境旅游是《2019 年旅游业竞争力报告》最关注的焦点领域，在全球主要经济体的旅游竞争力角逐中，入境旅游堪称名副其实的第一竞技场。

3. 中国入境旅游以资源优势取胜，但也面临着周边国家和地区的强烈竞争

从中国作为国际旅游目的地的视角来看，目前中国对境外客源市场群体

的核心吸引力依然还是旅游资源。《2019 年旅游业竞争力报告》显示，中国拥有首屈一指的旅游资源优势。中国在全球旅游竞争力排行榜中位列第 13，排名较 2017 年上升 2 位（世界经济论坛《旅游业竞争力报告》的更新周期即为两年）。特别是在人文旅游资源与商务旅行方面，中国获得了满分，在 140 个国家和地区中排名第一。

然而，若从境外游客的视角出发，客观现实是东亚太区域的热门旅游目的地众多，包括日本、韩国、中国香港、中国澳门、中国台湾、印度、泰国、马来西亚、越南等均属于代表亚洲文明的旅游目的地，特别是对大部分对东亚太地区了解程度不高的欧美游客而言，这些国家和地区对中国大陆具有很强的替代性。此外，日本以美景、美食、温泉、历史文化为特色，泰国以佛教文化、热带风情、海岛旅游等为名片，马来西亚和印度分别以"Malaysia，Truly Asia"和"Incredible India"为标签，不仅为多国游客熟知，还成为其出境旅游的首选对象，这些国家事实上均对中国入境旅游构成强烈竞争。

二 政府层面的积极主动作为，是世界旅游强国 推动入境旅游发展的共同取向

从全球范围来看，当前各国各地区在旅游领域的竞争已从单纯争夺客源市场扩展到树立本国旅游形象与文化品牌，提升综合服务与设施配套上来。越来越多的国家和地区以强化海外宣传促销、签证便利化、购物免退税、航权开放、区域合作深化、多语种服务等专业方式深度参与国际旅游市场竞争。

1. 西班牙：结合自身特色，持续打造多样化高品质文化旅游产品

在以"阳光、沙滩"为主打旅游产品的基础上，重点开发文化、美食、购物、自然、健康、休闲、宗教等种类丰富的产品供给，满足世界各国游客的多样化需求。旅游市场宣传推广的重点从以突出大主题、区域联合为特点

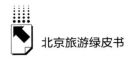

的精品线路，转向更加注重各类游客市场群体的细分需求、促进资源向产品转化，突出西班牙旅游产品和供给的多样性。

2. 法国：优化目的地形象，全面提升旅游品质

为了更好地满足入境客源市场群体的多样化需求，法国各旅游机构在不断地完善自身职能的同时，致力于旅游地形象问卷调查，并根据不同客源市场群体的需求分别策划旅游线路，通过提高旅行体验质量的方式增进游客满意度。法国重视开发以巴黎等城市名胜古迹为代表的城市旅游，以及以美丽乡村风光、土特产品为主要吸引物的乡村旅游。

3. 德国：策划多品类文化活动，丰富和提升国家旅游形象

从战略方面部署入境旅游发展工作。一方面，通过高级别的部长会议为旅游业发展定位；另一方面，策划各类旅游发展专题，吸引境外客源市场群体到德国游玩。每年选定一个活动主题，积极开展各类文化活动，意在让每个游客通过一个主题来了解德国，丰富和提升德国的旅游形象。

4. 英国：持续推进签证便利化，增强对新兴经济体的吸引力

英国十分重视签证便利化对客源市场群体的牵引作用，特别是十分注意降低新兴经济体对英国签证程序烦琐的原有认知。近年来，英国采取了一系列面向新兴经济体的入境便利化签证措施，特别是两年多次往返签证为新兴经济体市场提供了更大的便利性，在不增加签证申请费用的前提下，游客即可收获更有弹性的旅行时间，大大提升了英国对新兴经济体国家游客的吸引力。

5. 日本：实施"观光立国"战略，坚定支持入境旅游发展

自2003年确立并开始实施"观光立国"战略以来，日本即将其作为国家战略体系的重要组成部分予以坚决贯彻。近年来，为了推动入境旅游发展，日本政府推行了一系列配套政策：放宽签证准入、追加专项推广预算、实施汇率调整与日元贬值、推行"天空开放"政策、完善免税制度、申报世界遗产、申办奥运会等。

三　讲好中国故事，引领入境旅游开启新篇章

1. 讲好中国故事，是新时期中国入境旅游新的使命担当

面临全球百年未有之大变局，中国入境旅游的使命担当已从 40 年前的"赚取外汇"向"讲好中国故事"方向调整。当前和今后一个时期，"让世界认识真实而美丽的今日中国"是中国入境旅游发展的战略指引，入境旅游要让越来越多的境外游客了解到，中国不仅有长城、故宫、颐和园、天坛、十三陵，还有更具吸引力与感染力的中华文明、中华艺术，以及中国的人间烟火（美食、美景、手工艺、戏曲、影视、书画、历史、文艺作品、诗词、曲艺、武术、太极、养生、中医药、园林、建筑、民俗等）。要让越来越多的外国游客从骨子里认识并爱上"真实而美丽的今日中国"。14 亿人口的中国大地上每天都千变万化，中国特色社会主义道路的成功为我们讲好中国故事提供了丰富素材，入境旅游的第一使命就是通过各种各样的方式途径，把中国文化、中国故事、中国精神、中国贡献更好地讲出去。

2. 提振中国入境旅游，北京责无旁贷

同区域经济发展不均衡的状况类似，中国入境旅游同样存在典型的地域差异。长久以来，北京、上海、广东凭借国际知名度与影响力、独特的区位优势、良好的资源禀赋、政策支持配套、市场主体发展引领等，在入境游客接待与入境旅游外汇收入方面长期占据领先优势。其中，北京作为中华人民共和国的首都、直辖市、国家中心城市、超大城市以及全国的"政治中心、文化中心、国际交往中心、科技创新中心"，入境旅游堪称全国入境旅游的"晴雨表"与"风向标"。2019 年北京市接待入境游客 376.9 万人次，同比下降 5.9%。其中，接待外国游客 320.7 万人次，同比下降 5.6%；接待港澳台游客 56.2 万人次，同比下降 7.3%。2019 年，北京市国际旅游外汇收入 51.9 亿美元，同比下降 5.9%。结合时下全国入境旅游的整体态势，提振中国入境旅游，北京责无旁贷。

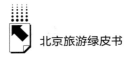

3. 把"讲好中国故事"置于首位，持续开发新式特色旅游产品

突破"封闭的中国""古老的中国"旧式旅游产品开发理念，从根本上改变中国旅游产品与组合状况相对单一的现状。引导未来文旅产品的供给方向，引导未来入境旅游市场朝着健康、生态、美丽、便利、高端的方向前进，开启新时代中国入境旅游的新篇章。不仅要重视对传统旅游资源的挖掘，更要重视对体验式、生活型、创新性、主题式旅游产品的策划与深度开发。扩大有效文旅产品供给，合理引导入境旅游产品供给与需求动态平衡。通过旅游产品内容的丰富拓展、硬件设施的改进完善、软件服务的逐步提升，入境游客收获了更加美好的旅游体验。向入境游客展现的产品内容从舞台表演转向更加贴近真实的生活常态。此外，持续推进生态环境综合治理、商业服务环境改善、文创产品提档升级、市场秩序治理等，根治不合理低价游、欺诈消费、强迫消费、暴力威胁、假冒伪劣等市场乱象，以规范的旅游市场秩序营造良好的发展环境，引导入境旅游回归以"质"取胜的正道。

4. 以市场化改革国际旅游宣传推广机制，高度重视文化平等交流与多种场合的国际发声

借鉴美国旅游协会、日本观光公社、法兰西之家等机构的运营模式，探索建立市级层面"美丽中国"推广中心等专业的入境旅游海外营销组织，将工作的主体从政府机构向市场化的专业主体过渡，并与国际相关机构开展常态化交流与合作，加大入境旅游的对外营销力度。以旅游推广绩效的评估和搭建统一的推广平台为工作重点，加大对地方各级旅游部门宣传推广工作的统筹力度。与此同时，高度重视文化上的沟通与交流，并善于在多种国际场合发出中国声音与北京声音，表达东西方在价值观和文化上的差异现状，旨在消除隔阂与偏见，促进中国整体国家形象和国家旅游形象的确立与改善。

5. 树立高质量发展定位，持续推进签证便利化等一揽子便利化政策

在当前实施的京津冀 144 小时过境免签政策基础上，探索实施与特色旅游产品相配套的离境购物免退税政策，并向着"任一口岸进，任一口岸出；

任一口岸买，任一口岸退"的更高目标迈进，持续推进一揽子便利化政策，实现效应叠加，持续推进旅游服务品质提升。联合金融部门、财政部门、经济部门、经济团体联合会等社会机构，共同扩大免退税范围，面向入境旅游重要客源市场全面宣传购物免退税政策。根据入境旅游市场的动态反馈，结合国家总体战略和国际旅游市场开发的主导方向，适时开辟部分热门旅游线路面向境外游客的廉价航线。

6. 响应"一带一路"倡议，分步骤分阶段深化面向重点区域的国际合作

将共建"一带一路"国家作为北京入境旅游市场的重点拓展区域。强化与共建"一带一路"国家和地区的互联互通，分批次分步骤深化与共建"一带一路"国家和地区的旅游合作，深度对接中蒙俄、新亚欧大陆桥、中国－中亚－西亚、中国－中南半岛、中巴、孟中印缅等经济走廊。切实提高共建"一带一路"国家和地区来华旅游的便利性，重点推出面向共建"一带一路"主要国家和地区的多语种综合服务，大力开发"一带一路"沿线潜力客源市场。

参考文献

UNWTO. UNWTO World Tourism Barometer. http：//mkt. unwto. org/barometer.

中国社会科学研究院旅游研究中心：《2020～2021年中国旅游发展分析与预测》，社会科学文献出版社，2021。

查瑞波、伍世代、孙根年：《城市型目的地入境旅游市场演化差异研究——基于中国香港和新加坡市内部结构与外部规模分时段辨析》，《地理科学》2018年第10期。

李创新：《优化结构提升品质，促进入境旅游发展》，《中国旅游报》2018年7月20日。

姚延波、侯平平：《"一带一路"倡议下我国入境旅游产品开发新思路》，《旅游学刊》2017年第6期。

秋雨、朱麟奇、刘继生：《中国入境旅游的经济增长效应与空间差异性研究》，《地理科学》2017年第5期。

徐喆、甘静梅、林尹鹏：《入境旅游格局演变及其与经济、社会和生态系统的关系研究——以辽宁省为例》，《东北师大学报》（自然科学版）2017年第2期。

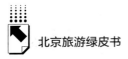
刘法建、陈冬冬、朱建华等：《中国省际入境旅游客源市场结构与互动格局：基于2－模网络分析》，《地理科学进展》2016年第8期。

周芳如、吴晋峰、吴潘等：《中国主要入境旅游城市交通通达性对比研究》，《旅游学刊》2016年第2期。

纪小美、陈金华、付业勤：《中国入境旅游流的收敛与空间溢出效应分析》，《旅游科学》2015年第4期。

G . 12
日本京都振兴入境旅游政策研究

王　侃　仲一鸣　王越川*

摘　要： 新时期文旅融合赋予我国旅游业更多的文化内涵，使其承载
更多"展示文化自信""讲好中国故事"的功能。日本京都
与中国北京有着相似的文化渊源和历史地位，在日本大地震
后的"观光立国"政策背景下，日本推出了191项举措振兴入
境旅游；在新冠肺炎疫情发生后，京都入境旅游市场也与北
京面临相似的挑战。本文系统梳理了日本京都振兴入境旅游
的各项政策措施，提出了"京都经验"对北京入境旅游的借
鉴意义。

关键词： 入境旅游　京都　日本

一　京都旅游发展环境和资源禀赋

（一）京都旅游资源禀赋

日文中的"KYOTO"（日语汉字写作"京都"）具有双重含义，既有

---

* 王侃，首都经济贸易大学旅游研究中心研究员，世界自然基金会（WWF）可持续旅行联盟专
家组成员，安妥（北京）旅游文化发展有限公司负责人，研究方向为可持续旅游、文旅融合
与旅游传播；仲一鸣，首都经济贸易大学旅游研究中心研究员，Airbnb（爱彼迎）公共政策
负责人，研究方向为共享经济与旅游发展、共享住宿与文旅融合；王越川，任职于海南省旅
游和文化广电体育厅，研究方向为文旅融合、旅游传播、市场营销。

"京都府"又有"京都市"的含义，前者是日本47个"都道府县"① 之一，下辖15个市、11个区、10个町及1个村；而京都市作为上述15个市之一，既是京都府的府厅所在地，也是日本第七大城市。本文所研究的京都，从旅游范畴来看，特指京都府的京都市。

自公元794年，桓武天皇将首都从奈良迁到京都，直至公元1868年，明治天皇定都东京，京都一直是日本的首都所在。千年的历史积淀给京都市留下了丰富的历史遗迹，使其成为日本传统文化的重镇。依托日本文化中的唯美意识所构建的神社、佛阁、庭院、料理和仪式活动，将京都造就成为日本人的精神故乡和日本文化的源点。1994年，京都市的部分历史建筑以"古都京都的文化财"② 的名义被列为世界文化遗产。

以北京为参照对象，京都的城市基本情况、旅游资源和国际国内市场发展状况如表1所示。

表1 京都市与北京市旅游资源和市场概况对比

类别	京都市	北京市
面积	827.83平方公里	16410平方公里
人口	145.96万（2021年6月）	2189.2万（2020年末）
机场	无	首都国际机场、大兴国际机场
地铁	2条线路：总长度31.2公里	24条线路：总长度727公里
世界遗产	17处（上贺茂神社、下鸭神社、东寺、清水寺、延历寺、醍醐寺、仁和寺、平等院、宇治上神社、高山寺、苔寺、天龙寺、金阁寺、银阁寺、龙安寺、本愿寺、二条城）	7处（故宫、颐和园、周口店北京人遗址、长城、天坛、大运河、明清皇家陵寝）
接待国内游客统计（2019年）	4466万人次	3.18亿人次
接待国际游客统计（2019年）	886万人次	376.9万人次（含港澳台游客56.2万人次）

① 等同于中国的省、自治区、直辖市。
② 古都京都的文化财产。

（二）京都入境旅游的发展瓶颈

1. 旅游目的地的可进入条件较差

作为一座内陆型城市，京都在游客可进入性方面存在天生的短板，既没有国际口岸机场也没有国内机场，距离最近的关西国际机场（属于大阪府管辖）近 100 公里，使用最快的交通工具也需要 80 分钟。

2. 未能形成便捷的市内交通体系

受京都特殊地理风貌和众多历史古迹的影响，京都市内仅有两条地铁线路运营，游客的出行主要依赖地面公交车、地铁、自行车等公共交通工具和步行。

3. 京都旅游资源相对单一且主权不一致

京都的旅游资源相对单一，虽然拥有 17 处世界遗产，但是以宗教建筑（佛教寺庙、神道教神社）为主，体量小、位置分散，难以形成游客的集聚效应；且上述遗产大多归私人（宗教团体或宗教人士）拥有，政府在管理、运营、宣传等方面难以统一行使行政权力。

4. 本地居民对外地游客的态度复杂

作为一座人口仅 140 多万的城市，京都平均每年接待国内外游客 5000 万人次左右，游客与本地居民在空间、资源使用方面的矛盾由来已久。京都市政府在处理交通拥堵、物价上升、社会治安等问题方面，需要平衡本地居民与外来游客之间的需求。

二　京都发展入境旅游的政策背景

京都入境旅游的发展，与 2011 年 3·11 日本大地震对旅游业的影响密切相关。2012 年，日本政府推出了新的《观光立国推进基本计划》。在国家政策大力推动下，各地方政府积极响应，各地均将吸引外国游客到访、发展入境旅游作为重点工作开展。日本观光厅于 2013~2015 年的连续调查数据显示，外国游客赴日旅游中，各地的到访率排名前五的分别是东京都、大阪

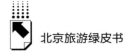

府、千叶县、京都府和奈良县。考虑到千叶县是东京成田国际机场和东京迪士尼的所在地，京都在事实上已经成为外国游客赴日本旅游排名第三的目的地，在日本入境旅游市场中的地位举足轻重。

2013 年，到访京都的外国游客达到 258 万人次，其中在京都住宿的外国游客超过 113 万人次，这一数据相比 2011 年 3·11 日本大地震之后的 52 万人次低谷，已经增加了 1.2 倍。京都市对外国游客的来源地区进行分析发现，46.2% 的游客来自亚洲，来自欧洲、北美洲和大洋洲的游客占 45.3%（见图 1）。而分析同期的访日外国游客来源发现，亚洲游客占比达到 78.4%，北美洲、欧洲、大洋洲三大市场总和占比为 20.9%。

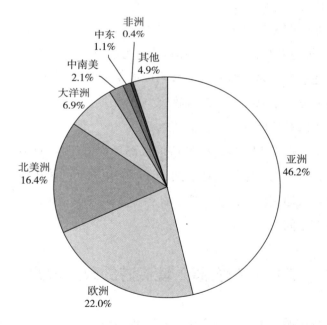

图 1 2013 年入住京都外国游客来源分布

资料来源：京都市观光协会。

对外国游客来说，赴京都旅游的吸引因素排名第一的是"京都人的热情好客"，占比达到 17.9%。而在影响赴京都旅游的各项负面因素中，语言交流不畅、信息咨询不便和标识清晰度不足三项占 13.7%，京都物价较高的因素占 11.2%。但同时，所有受访游客均表示愿意再次赴京都旅游。

京都的入境游客呈现出如下特点。

（1）经历了大地震之后，京都入境旅游市场已经触底反弹，具备继续增长的可能。

（2）相比日本整体入境旅游市场亚洲游客占比接近八成的现状，赴京都的外国游客中亚洲游客和欧美游客各占 40% 左右，显示出京都所代表的日本文化在西方游客眼中更具有代表性，也为京都发展入境旅游挖掘潜力市场指明了方向。

（3）外国游客赴京都旅游的自由行程度较高，提高游客出游各环节的便利化程度，打造友好型旅游城市是政策的重点方向。

三　京都入境旅游发展政策的分析

（一）确立京都入境旅游的发展目标和发展理念

以"全世界憧憬的旅游城市"作为发展目标，京都提出三大发展理念：一是向全世界宣告，京都是一座值得一游的城市；二是让每位到访京都的游客都能感受到京都的热情；三是联合京都市民、神社寺院人士、文化人士、旅游产业界人士、京都本地企业、京都域内大学师生、到访游客等，共同实现京都旅游发展目标。

（二）明确京都发展入境旅游的工作指标

在上述发展目标和发展理念的指导下，以六年时间为期限，京都市将工作指标体系细化，确立了 2014～2020 年共计 191 项发展入境旅游的工作指标，相关体系内容概括如表 2 所示。

表2　京都发展入境旅游工作体系内容

指标	内容
强化人才培养	1. 以小学生为对象开展"JUNIOR 京都"等级测试,以中学生为对象开展"京都旅游文化"等级测试,提升小学、初中、高中学生的英语水平。 2. 对留学生、京都常住外国籍市民进行培训,培养入境旅游对外宣传和接待的后备人才。 3. 以大学生为对象,开展京都旅游的宣传策划征集活动。 4. 针对京都的传统产业和传统文化,实施"特殊领域翻译资格认证制度",扩大翻译导游规模。 5. 在京都域内高校增设"旅游经营"类学科
提升公共服务	1. 设立 24 小时多语种呼叫中心,覆盖京都域内全部住宿设施。 2. 制作轮椅观光专用地图,为残障外籍游提供方便。 3. 扩大公共 WIFI 覆盖面积,提高接入速度,提升接入便利程度。 4. 整顿地铁、公交车的站牌显示和运行播报系统,实现多语种实时全覆盖
优化消费环境	1. 增加免税店数量,扩大免税品范围。 2. 提高包括信用卡、电子货币在内的电子支付手段的便利性
联合文体产业	1. 开展京都美术馆(艺术馆)整备计划,推动各类设施的夜间开馆,促进夜间旅游。 2. 举办"京都国际舞台艺术节""京都传统文化体验日""京都国际现代艺术展"等京都文化庆典活动。 3. 以京都国际漫画博物馆为核心,发掘京都动漫产业,增加对动漫旅游产业的投入。 4. 扩充"京都传统产业馆"的功能,充实传统匠人的制作表演、制作体验和产品售卖等环节
优化餐饮保障	1. 推行京都食品安全卫生管理认证制度,通过传递安全放心的京都饮食文化,推动入境旅游工作。 2. 推动京都全域餐厅实现多语种菜单及食材信息(过敏源)全覆盖工作。 3. 与外卖机构、外卖平台合作,推广以"京都酒""京都蔬菜"为核心的京都饮食文化。 4. 在京都中央批发市场设立摊点,以"购物节""京都和牛""京都四季蔬菜""寿司集市"等为主题,举办面向游客的参观、试食、学习活动
开展数据调查	1. 扩大京都市内住宿设施、旅游信息中心、京都驻海外城市的问卷调查范围,把握游客旅行特点和需求变化。 2. 分析海外目标城市受众接受咨询的工具方式变化。 3. 定期公布游客数量、消费金额、经济拉动效果等数据

续表

指标	内容
推动会展 旅游发展	1. 设立京都 MICE 协议会,设立"MI 专门官"职务。 2. 设立 MICE 专门网站,在京都驻海外网站设立 MICE 招揽小组。 3. 充实会议会展结束后旅游产品线路,将京都传统手工艺品的购买体验环节与全部会议会展相联系

资料来源:由京都市政府网站公开内容整理得出。

(三)取得的阶段性成果

京都市政府设立多项指标:住宿游客人次及停留天数、住宿游客占游客总数比例、经济效应、劳动力雇佣效果、市民对旅游的意识,并确定相应的目标,按时间表对各项工作任务进行推动,并对结果进行考核(见表3、表4)。

表3　京都发展入境旅游指标完成情况

项目	目标	规划时间(2013 年)	完成状况(2019 年)
观光消费金额	1 兆 3000 亿日元	7002 亿日元	1 兆 2367 亿日元
外国游客住宿人次	300 万人次	113 万人次	380 万人次
再次到访意愿度	80%	42.3%	52.6%
京都市民热情度	80%	53.9%	52.0%
会议会展举办数量全球排名	2020 年末达到世界第35 位(ICCA 标准)	世界第 55 位(43 项)	世界第 35 位(67 项)

资料来源:由京都市政府网站公开内容整理得出。

表4　京都发展会展旅游(MICE)的经济效果评估

类别	平均入住夜数	平均停留天数	市内住宿费(日元)		市内停留费 *(日元)		市内总消费额(日元)
			每夜	总数	每天	总数	
全体	5.58	6.58	14791	82534	8641	56858	139392
日本游客	2.35	3.35	10974	25789	7100	23785	49574
外国游客	7.19	8.19	16514	118736	8732	71515	190251

*除参会、住宿费用以外,用于餐饮和购物的费用。
资料来源:由京都市观光协会公开数据整理得出。

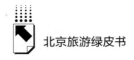

通过对各项工作的逐项落实和绩效考核，到 2019 年底，涉及旅游行业的各项指标均发生了显著变化。2019 年，到访京都的外国游客达到 886 万人次，其中在京都住宿的外国游客超过 380 万人次①，这一数据比 2011 年 3·11 大地震之后的 52 万人次，已经增加了 6.3 倍。如图 2 和图 3 所示，京都市内免税店数量从政策启动时的 178 家增长到 1773 家，涉外翻译人数由 0 人增长到 202 人，酒店客房数由 29189 间增长到 53471 间。

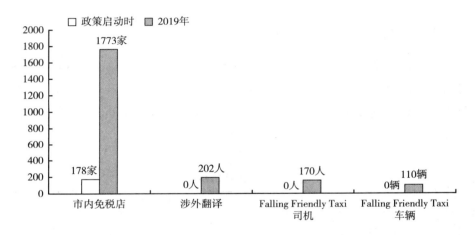

图 2　2019 年京都入境旅游发展部分指标完成情况

资料来源：由京都市政府网站公开内容整理得出。

借助政策对现有资源进行有效整合，京都从"文化 + 旅游"和"食住行游购娱"两方面打造全域化、城市型的旅游目的地，不仅成为日本国内旅游的重要目的地（2019 年接待国内游客 4466 万人次，当年日本全国人口 1.26 亿②；国际游客接待规模更是达到 886 万人次，占全国接待总数的 28%，2019 年日本接待外国游客 3188 万人次③），还初步形成了九大文化旅游支柱商业板块（见表 5）。

---

　　①　资料来源：由京都市观光协会公开数据整理得出。

　　②　资料来源：日本内阁府。

　　③　资料来源：日本国家观光局。

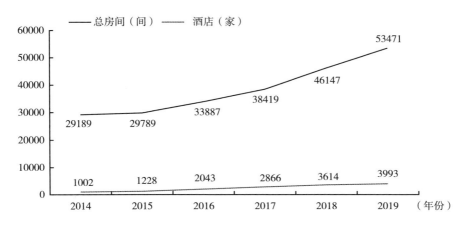

图3　2014～2019年京都酒店数量及房间数量变化情况

资料来源：由京都市住宿业协会公开数据整理得出。

表5　2019年京都文化旅游商业板块

板块	商业
商业购物综合体	京都站前商业区、四条河原町商业区
自然型景观	岚山景区、宇治桥景区、鸭川河沿岸
世界遗产景观	清水寺、金阁寺、平安神宫、二条城
文化旅游景观	东映太秦映画村、京都漫画博物馆、手冢治虫纪念馆
民俗文化活动	祇园祭、时代祭、葵祭、五山送火
标志性打卡点	花见小路、三年坂二年坂、京都塔
"京"式餐饮体验	京都传统怀石料理、西式米其林餐厅
"京"式文化体验	香道体验、茶道体验、佛道体验、和服体验
多元化住宿设施	以京都传统町屋为代表的民宿+现代化酒店

（四）政策效果综合分析

从政策的制定、实施、评估、延续等整套环节来看，京都首先是树立了旅游产业的重要地位，明确旅游产业是以住宿业、交通运输业、餐饮业等为中心，覆盖农林渔业、传统手工业、制造业的长链条产业，从而确定发展旅游过程中的工作抓手和伙伴对象。其次，从文化实力的传播和经济效益的核算两个方面强调京都发展入境旅游的必要性，根据京都市政府的统计，赴京都

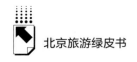
旅游的日本国内游客，每天消费 11054 日元，而在京都住宿的外国游客，一次旅游的全程消费为 60991 日元（按两夜三天行程计算），可以换算成一位京都本地居民的全年消费，等同于日本游客 26 人或外国游客 10 人的消费额。令和元年（2019 年），游客在京都市的观光消费额为 1 兆 2367 亿日元，约等于 55% 的京都市民（约 81 万人）的年均消费。同时，京都作为日本传统文化的代表，以"京都人的热情"为城市核心旅游吸引物之一，补充了东京、大阪等城市的形象，完整勾勒出日本"现代化国家外表下的东方文化哲学内核"，成为日本对外宣传及文化输出的有力工具。

在优化旅游氛围、加大基础建设力度、推动消费升级、更新旅游产品、夯实政策基础、发掘新增长极等各项政策的共同作用下，京都成功打造了"传统、安全、有序、好客"的旅游目的地形象。

对于以古迹建筑、庭园、传统文化、艺术、传承匠人为代表的京都自然景观和文化财产，在保护、培育的基础上创造性地加以利用，向全球游客宣传京都传统的魅力形象。

以打造"世界最安全旅游城市"为目标，在灾害应急保障、食品安全卫生、社会治安保障等方面，通过政府、社会、市民各界的携手合作，向全球游客宣传京都的安全形象。

以打造"步行旅游城市"为目标，缓解旅游景点和城市中心的交通拥堵状况，提高公共交通工具的使用便利性，向全球游客宣传京都交通的有序形象。

以 1956 年制定的《京都市民宪章》为基础，鼓励京都市民向外国游客展现本地的生活方式和京都的城市光彩，树立"世界的京都"这一理念，向全球游客宣传京都的好客形象。

四 新冠肺炎疫情后的京都旅游应对举措

新冠肺炎疫情给日本入境旅游带来沉重打击，日本观光厅的数据显示，2020 年全年访日外国游客同比减少 87.1%，截至 2021 年 3 月，京都市统计外国游客（在京都住宿）连续 10 个月为零。

自 2020 年 1 月 30 日发现第一例新冠肺炎病例之后，京都随即启动了以市政府、观光协会为主导的两级应对机制，从防止疫情扩大、发起资金支持、设立工作路线图三方面入手，开展旅游行业自救和疫后重振计划（见表 6）。

表 6　新冠肺炎疫情发生以来京都市政府、京都市观光协会的主要举措

时间	举措
2020/02/06	针对全京都旅游行业，启动新冠肺炎疫情应对紧急资金
2020/03/08	针对全京都旅游行业，追加新冠肺炎疫情应对紧急资金
2020/03/18	针对京都市观光协会会员单位，启动新冠肺炎紧急支援援助
2020/04/08	二条城关闭、京都市动物园关闭，京都旅游全面自查
2020/04/11	京都综合观光案内所关闭
2020/04/28	京都市观光协会发起"Stay Home Feel Kyoto"活动
2020/04/30	设立新冠肺炎疫情应对资金（免息、免担保）
2020/05/11	设立中小企业支援扶助金
2020/06/01	京都市"新冠肺炎疫情追踪服务"启用
2020/07/14	京都市观光协会"With 新冠时代"京都观光事业路线图启动
2020/07/21	向全国教育委员会发行新版《京都研学旅行手册》
2020/08/06	京都观光协会开设"With Corona 时代的京都观光"网站
2020/09/04	京都观光协会启动"今日的安心、明日的笑容"新冠肺炎疫情支援活动
2020/11/09	设立"京都观光行动基准"
2020/12/21	京都全域餐饮店营业时间缩短
2021/02/28	紧急事态宣言解除
2021/04/02	"i miss Kyoto"宣传活动启动
2021/05/09	"京都食文化"在线活动启动
2021/06/18	设立京都住宿业"换气、加湿"设备补助金
2021//07/05	京都自行车观光 guide 健康版上线
2021/08/14	推出《疫情下的研学旅行京都 STYLE》第三版

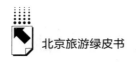

五 北京入境旅游现状分析

（一）入境游发展早、基础好

北京的旅游业发展水平位居全国前列。从 20 世纪 80 年代开始，北京作为"京西沪桂广"五大传统入境旅游目的地之首，一直占据我国入境旅游市场的重要位置。然而，近年来北京市入境旅游人次持续走低，北京市入境旅游面临着严峻的挑战（见图 4）。

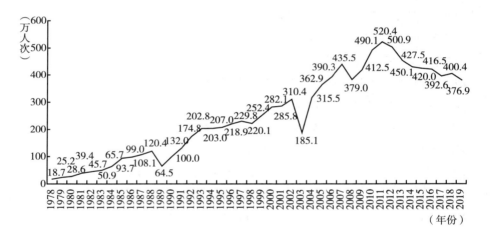

图 4 1978～2019 年北京入境旅游人次

资料来源：北京市统计局。

自改革开放以来，除发生特殊事件的年份（1989 年、2003 年、2008 年），北京的入境旅游整体呈增长趋势，由 1978 年的 18.7 万人次一路攀升至 2011 年的 520.4 万人次。以 2012 年为分界线，北京的入境游市场呈现先增后降的变化趋势。全球最大旅游点评平台 Tripadvisor（猫途鹰）发布的"旅行者之选——全球最佳目的地"榜单显示，自 2015 年开始，香港超越北京成为中国最佳旅游目的地，而上海、西安、丽江、杭州等城市也紧随其后，与北京的差距逐渐缩小。

中国旅游研究院发布的《2019 年全国旅游市场基本情况》报告显示，2019 年中国的入境旅游游客为 1.45 亿人次，比 2018 年增长 2.9%。而北京市文化和旅游局发布的数据显示，2019 年北京共接待入境游客 3768958 人次，同比下降 5.9%，其中北京 29.9% 的入境游客来自亚洲，其后依次是欧洲和美洲，占比分别为 26.4% 和 22.0%，三者合计约为 78.3%。

（二）入境游客集中度较高

1. 游客到访区域集中

从图 5 分析北京市统计局发布的 2015～2018 年各区入境旅游人次，6 个主城区和 10 个郊区数据一一在列。在 6 个主城区当中，东城、西城、朝阳、海淀 4 个主城区的入境旅游者数量常年占北京全市的近 90%。

2. 游客关注领域集中

海外游客关注的核心吸引物聚焦在北京的传统历史文化领域。分析北京旅游官方账号"Visit Beijing"在主要国际社交媒体平台（Twitter、Facebook）的数据（2019 年 7 月 1 日至 8 月 31 日），发现海外游客对北京旅游最关心的是景点（42.83%）、饮食（20.39%）、历史（15.67%）和文化（11.31%），这反映出富含历史、文化等元素的景点更能影响海外游客到北京旅游的行为（见表 7）。

表 7　北京各区在 Facebook/Twitter 平台的热词排名

东城区	故宫、紫禁城、Hotel
海淀区	"Beijing"、"Hotel"、"颐和园"和"圆明园"
朝阳区	"Beijing"、"Hotel"、使馆区国家名称
西城区	"北海"、"什刹海"和"景山"
延庆区	"长城"、"八达岭"和"Great Wall"
昌平区	"China"、"Beijing"和"十三陵"
房山区	"遗址"、"周口店"和"人类"
大兴区	"动物园"、"老虎"和"Park"
密云区	"科技"、"技术"和"长城"

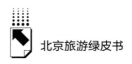

续表

丰台区	"中国"、"Beijing"、"战争"和"历史"
平谷区	"峡谷"、"石林"和"梨园"
怀柔区	"Beijing"、"酒店"和"雁栖湖"
石景山区	"游乐园"、"八大处"和"万达"
门头沟区	"寺院"、"寺庙"和"潭柘寺"
顺义区	"Beijing"、"City"和"Airport"
通州区	"City"、"通州运河"和"艺术馆"

资料来源：北京市文化和旅游局。

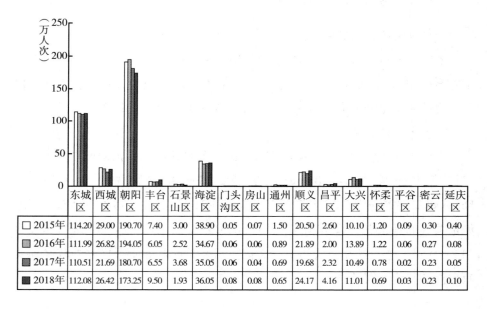

	东城区	西城区	朝阳区	丰台区	石景山区	海淀区	门头沟区	房山区	通州区	顺义区	昌平区	大兴区	怀柔区	平谷区	密云区	延庆区
□ 2015年	114.20	29.00	190.70	7.40	3.00	38.90	0.05	0.07	1.50	20.50	2.60	10.10	1.20	0.09	0.30	0.40
▨ 2016年	111.99	26.82	194.05	6.05	2.52	34.67	0.06	0.06	0.89	21.89	2.00	13.89	1.22	0.06	0.27	0.08
▦ 2017年	110.51	21.69	180.70	6.55	3.68	35.05	0.06	0.04	0.69	19.68	2.32	10.49	0.78	0.02	0.23	0.05
■ 2018年	112.08	26.42	173.25	9.50	1.93	36.05	0.08	0.08	0.65	24.17	4.16	11.01	0.69	0.03	0.23	0.10

图5 2015~2018年北京各区入境旅游人次

资料来源：北京市统计局。

（三）产品形态相对传统，与游客需求和消费习惯存在差距

网络媒体的快速发展、千禧一代的涌现成长和旅行社行业的转型停滞，都造成了国际游客对传统旅游形态的逐渐抛弃，使得个人游、商务游、家庭游、主题游逐步取代了过去的团队旅游。个性化的旅游需求需要旅游目的地以丰富的旅游产业形态和友好型的旅游环境与之对应，而北京

在这一方面亟待提升。以国际游客关注度最高的故宫为例，至少存在外国游客难以逾越的"三座大山"。

（1）官网主页仅有中文显示。

（2）订票环节需要中国手机接收验证码。

（3）支付环节仅支持微信、支付宝、云闪付、工行 App。

与之形成对比的是台北故宫，其官网主页支持 12 种语言，购票环节仅使用邮箱即可登录，且可以联动 Facebook、Google 等世界主流的社交媒体账号，接受包括 VISA、MASTER、银联在内的所有支付方式，为游客提供了极大的便利。

同样，京都的世界遗产二条城，也做到了支持"日语、英语、韩语、繁体中文、简体中文"的网页；支付方式涵盖现金、信用卡、电子货币和 QR 结算（含微信与支付宝）的全领域，且与 Facebook 和 Instgram 进行账号联动，有利于传播推广。

（四）推广宣传体制机制有待进一步创新

在保持国际旅游客源规模稳定的基础上，为了顺应文化旅游产业的发展需求，旅游目的地的推广工作需要愈加科学化和专业化。国际、国内的主要旅游目的地均按"政府机关（GOV）＋目的地推广机构（DMO）"或"目的地推广机构（DMO）"等模式从事国际化旅游推广工作（见表8）。

表8　部分国家（地区）旅游推广机构模式

政府机关＋目的地推广机构	
韩国	政府（文化体育观光部）＋机构［韩国观光公社（KTO）］
日本	政府（国土交通省观光厅）＋机构［日本国家观光局（JNTO）］
中国香港	政府（旅游事务署）＋机构［香港旅游发展局（HKTB）］
上海	政府（上海市文化和旅游局）＋机构（上海旅游会展推广中心）
三亚	政府（三亚市旅游和文化广电体育局）＋机构（三亚旅游推广局）
目的地推广机构	
英国	英国旅游局（Visit Britain）

目的地推广机构	
美国洛杉矶	洛杉矶会议及旅游局（LATCB）
中国台湾	台湾观光局
政府机关	
北京	北京市文化和旅游局、西安市文化和旅游局、桂林市文化广电和旅游局等

在目的地推广机构的工作框架内，旅游目的地的国际化推广多以销售（Sales，产品企划、客户服务、酒店销售、会展销售）、市场（Marketing，品牌管理、伙伴拓展、数字营销、同业合作、数据研究）为主要工作抓手，从而针对不同市场的国际化需求进行量身定做式推广。

六 "京都经验"对北京的借鉴意义

《北京城市总体规划（2016年－2035年）》指出，北京要以服务国内外来京旅客为重点，做强古都文化游、长城体验游、皇家宫苑游、卢沟桥－宛平城抗战文化游以及现代文化游等特色旅游板块。不断提升北京旅游的独特吸引力和国际影响力，建设国际一流的旅游城市。由于国情、社会制度的差异，京都发展入境旅游的政策经验不能完全模仿照搬，基于对京都发展入境旅游政策的研究，笔者提出北京发展入境旅游的相关建议。

（一）树立长期发展目标

新冠肺炎疫情对入境旅游产生重大负面影响。从经济产业的角度来看，疫情给北京旅游产业链各个环节均造成严重打击；从文化事业的角度来看，对中国的国际形象传播带来诸多不确定因素。在未来疫情可能常态化的情况下，北京应当在有助于经济高质量发展，有助于创造更多的社会就业岗位、推动共同富裕，有助于资源的有效利用，有助于文化价值性和多样性传播，有助于人类的互相理解5个方面，制定入境旅游政策目标及工作指标，长期指导北京入境旅游的恢复与发展。

（二）试行专业推广模式

推广模式直接影响目的地品牌与形象的建立、消费者对目的地旅游资源和产品的认知。分析北京当地资源的整合与策略运用的有效性，参照先进的国际化旅游目的地成功经验，依托北京市政府、北京市文化和旅游局，成立非营利性的旅游推广机构（Destination Promotion Bureau），将住宿业（标准化酒店、非标准化民宿）、会展业、旅行社、景区景点、交通运输、餐饮、研学机构列为合作伙伴，确立合作模式（收费类型及收费标准）及关键绩效标准（KPI）。依靠经费来源确定运营机制，促进北京国际游客人数的提升，将提高合作伙伴的营收业绩、确保合作伙伴的利益作为国际化推广的根本动力。

将数据的收集、研究和整理工作作为入境旅游工作的基础。把直接消费、就业机会和税收作为入境旅游对北京经济影响的参考指标，将游客衡量指标（如国际游客总数、过夜国际游客人数等）和产业衡量指标（如酒店客房出租率、平均房价、客房营收等）确定为政策制定的目标依据，计算推广活动与实际效果之间的预算投入比，着力推介客群重点关注的优势资源，争取获得最佳投资回报效果。

（三）保持产品更新速度

北京入境旅游产品呈现出不断老化的趋势，具体体现在产品多样性不足，旅游形态陈旧，以文化、自然景观为对象的游览型产品占比较高，深度体验型的"小产品"发育不够充分；伴随网络媒体的快速发展和千禧一代的成长，个人游、商务游、家庭游、主题游蓬勃发展，取代了过去团队旅游一统江湖的局面，个性化的旅游需求需要旅游目的地提供更丰富的旅游产品。因此，需要提高入境旅游供给质量，打造符合入境游客消费习惯的旅游产品，以挖掘北京特质文化、展现北京生活氛围为重点，丰富并彰显旅游产品的国际化特质。转变传统的旅游产品开发思路，在对北京旅游市场进行细分的基础上，采取"政府确定推广主题、行业打造旅游产

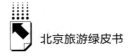

品"的方式，针对不同主题配置专项资金；调查研究团队负责预测市场前景，由旅行社和OTA平台负责产品的打造，优化旅游线路和碎片化产品的配置，策划供给多层次、差异化的观光型、度假型、娱乐型、商务型、体验型等多种旅游产品；并从国际游客的旅游需求和思维习惯出发，优化旅游指南、旅游手册、旅游视频、旅游图片等物料的编制与投放，细化每个核心吸引物和旅游设施的具体信息，方便团队游客和散客的无障碍自由行。

（四）培育国际旅游人才

为了适应北京在全国入境旅游领域的引领带头需要，必须加快培养和引进国际化旅游人才。通过加强北京市属高校与国际知名旅游类院校的合作，引进国际通用旅游职业资格认证，开展中外合作办学，培养旅游管理、酒店管理等创业创新型国际性人才；对标北京"十四五"旅游发展规划，重点培养和引进会展旅游、对外传播、小语种导游等方面的人才，制订市级旅游人才引进和培养计划；加强旅游企业经营管理、创意策划、市场营销等方面的外籍从业人员储备。探索设立北京市级临时导游证书、允许外籍人员报考等方面的工作，打造通晓国际规则、具有国际视野的旅游人才库，为入境旅游政策的制定和实施提供助力。

G.13
讲好长城故事：慕田峪长城国际营销
创新和应用

周久树　罗星　贾亚颀　蔡红　高爽*

摘　要：　长城是中华民族的象征，在国际上具有很高的知名度。长城文化的宣传推介对于加强国际传播、展示国家形象、提升中华文化影响力具有重要的意义。慕田峪长城旅游服务有限公司注重对长城的保护，持续推进长城文化与旅游融合，不断加强国际营销，创新营销策略，拓展了国际市场，展示了长城文化，增进了国际友谊，取得了较好的营销效果。后疫情时代，慕田峪长城的国际营销仍充满了挑战，后续慕田峪长城旅游服务有限公司需要进一步加强市场分析，完善旅游产品，提升旅游产品文化内涵，增加旅游产品体验感，持续优化网络营销方式，探索联合营销方式；同时，加强疫情防控，维护景区安全、健康的旅游环境，做好国际营销工作，为疫情后国际市场的恢复和拓展做好准备。

关键词：　慕田峪长城　国际营销　新媒体营销

---

*　周久树，北京市慕田峪长城旅游服务有限公司总经理；罗星，北京市慕田峪长城旅游服务有限公司常务副总经理；贾亚颀，首都经济贸易大学旅游研究中心特聘研究员；蔡红，首都经济贸易大学工商管理学院教授、旅游研究中心主任；高爽，北京市慕田峪长城旅游服务有限公司营销部。

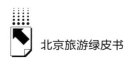
引　言

　　习近平总书记强调，当今世界，人们提起中国，就会想起万里长城；提起中华文明，也会想起万里长城。长城、长江、黄河等都是中华民族的重要象征，是中华民族精神的重要标志。我们一定要重视对历史文化的保护传承，保护好中华民族精神生生不息的血脉。

　　2019年文化和旅游部、国家文物局联合印发的《长城保护总体规划》阐释了长城价值和长城精神。长城价值包括，承载中华民族坚韧自强民族精神的价值、坚定中华民族文化自信的历史文化价值、展现古代军事防御体系的建筑遗产价值、人与自然融合互动的文化景观价值；长城精神包括，团结统一、众志成城的爱国精神，坚韧不屈、自强不息的民族精神，守望和平、开放包容的时代精神。

　　长城是中华民族的象征，是世界认可的国家文化符号和重要名片。作为中国第一批世界文化遗产，长城深受世界各国人士的喜爱。以长城为代表的文化遗产旅游因具有历史遗存的真实性、文化脉络的传承性、景观壮美的独特性、生态环境的和谐性而独具魅力。

　　北京市是全国的政治中心、文化中心、国际交往中心和科技创新中心。长城文化在中国传统文化、民族精神中具有重要的地位，"守护传承好长城文化精神"是北京市推进全国文化中心建设的重要内容。长城作为中华民族的象征、具有标志意义的世界文化遗产，对中外交流、国际交往也具有促进作用。宣传介绍长城文化对"讲好中国故事，传播好中国声音"具有重要的意义和作用。"宣传推介长城文化"也是《长城保护总体规划》提出的规划总体目标之一，包括"向全世界人民宣传推介长城的历史文化内涵，展现长城的壮美文化景观，不断提升长城的国际影响力。向世界各国宣传推介我国政府在长城保护管理方面开展的大量工作，诠释新时代我国文化遗产保护的先进理念，展示全面、真实的古代中国和现代中国"。

慕田峪长城景区历来重视长城维护、保护工作。新时期，慕田峪长城景区抓住机遇，加强国际营销，创新国际营销策略，有效地提升了长城的国际知名度、美誉度，并取得了较好的营销效果。

一　慕田峪长城概况

慕田峪长城位于北京怀柔，交通便利，可通过多条交通线路到达，其历史悠久，地势险要，且风格独特，风景优美，自然环境良好，保存较为完整，体现了明长城的精华，有"万里长城 慕田峪独秀"的美誉。慕田峪长城旅游服务有限公司以"做国际一流的长城特色旅游度假目的地"为愿景，以"守望长城 融通四海"为使命，依托优质的旅游资源，不断提升旅游产品品质，持续完善旅游服务，加强国际营销，在海外市场有较高知名度，吸引了大量的国际游客，国际游客的比例达40%。

慕田峪长城连续三年入选国际知名旅游网站、旅游点评网站猫途鹰公布的2016年、2017年、2018年全球最受欢迎地标榜单，2017年、2018年均荣登中国榜单第一名，同时也连续两年成为唯一入选全球榜单的中国景点。2018年入境旅游热门景点Top20中，慕田峪长城排名第六。《2019世界旅游联盟中国入境旅游数据分析报告》显示，入境游客对我国历史建筑和自然景观类景点的评价较高，其中，慕田峪长城居首。

《中华人民共和国国民经济和社会发展第十四个五年规划和2035年远景目标纲要》提出，建设长城、大运河、长征、黄河等国家文化公园，加强对世界文化遗产、文物保护单位、考古遗址公园、历史文化名城名镇名村的保护；整合区域旅游品牌和服务，建设一批富有文化底蕴的世界级旅游景区和度假区，打造一批文化特色鲜明的国家级旅游休闲城市和街区。《北京市长城文化带保护发展规划（2018年至2035年）》提出5个核心组团片区，其中黄花路组团就包括慕田峪长城主景区。慕田峪长城1987年被列入"世界文化遗产"名录，2000年获评爱国主义教育基地，2011年被评为国家5A级景区，慕田峪长城旅游资源优质，生态环境良好，也是长城国家文化公

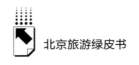

园—北京段的重点建设部分，具有成为富有文化底蕴的世界知名旅游景区的潜质。

二　慕田峪长城国际营销创新举措

（一）加强长城保护，维护资源品质

慕田峪长城景区坚持"保护为主、抢救第一、合理利用、加强管理"原则，重视对长城的修缮与保护。景区成立了专业的长城修缮与保护团队，制定了年度长城修缮方案，科学统筹长城修缮、保护等工作。慕田峪长城旅游服务有限公司和中国文化遗产研究院、中国文物保护基金会等多家单位共同发起成立了"长城保护联盟"，并在慕田峪长城召开了联盟成立大会。景区支持举行了多项长城保护活动，如2017年在慕田峪长城景区举行的"点亮爱心长城，修缮保护在身边"长城保护民间分论坛。景区还采取多项措施，兼顾长城保护与游客游览，如设置涂鸦专区以减少游客乱涂乱画行为、倡导游客文明旅游、修建玻璃栈道保护长城台阶等。2018年，中国文物保护基金会与英特尔公司在慕田峪长城举行"科技助力文物保护与利用战略合作协议"签约仪式，探索人工智能等科学技术助力长城修缮保护。

2020年美联社对慕田峪长城进行了采访拍摄，景区负责人介绍了长城的维护、保护情况，同时表示保护野长城任重道远，专家也提出了保护长城的紧迫性。对慕田峪长城的修缮保护，体现了景区对文化遗产保护的重视，展示了真实的慕田峪长城，也提升了景区的品牌形象。

（二）融合长城文化，凸显独特魅力

慕田峪长城景区推动旅游与文化的深度融合，在旅游产品设计中融入了长城文化，展现了慕田峪长城的独特魅力。慕田峪长城景区生态环境良好，景色秀美，长城建筑壮观且精美，独具特色，景区依托资源优势，在旅游产

品设计上凸显了慕田峪长城特色、优美的自然生态景观。慕田峪长城景区注重长城保护，提炼长城文化，举办长城文创活动，设计富含长城文化特色的主题活动，不断提升旅游产品的文化内涵，维护旅游资源品质，推进了长城旅游的高质量发展。2017 年、2018 年景区连续举办慕田峪长城古风文化节；2019 年，北京长城文化节在慕田峪长城盛大开幕，中国长城学会常务副会长董耀会、知名文化学者于丹、好莱坞动画电影《花木兰》导演托尼·班克罗夫特、好莱坞动画电影《花木兰》编剧雷蒙德·辛格、美国媒体节目及唱片制作人斯宾塞·普洛弗等国内外学者及艺术家受邀参与 2019 年长城文化国际高级论坛，世界进一步了解了长城文化及中国文化。景区还修建占地约 1000 平方米的长城精神传承馆，充分展示了慕田峪长城历史文化、党的历程、红色文化，展现了长城精神；景区还开展多项红色主题活动，弘扬红色文化，传承红色基因。

在游览设施、住宿、餐饮方面，景区将长城景观、文化与休闲融合起来，提升了长城游览体验。游览设施方面，景区设有被誉为"万里长城第一缆车"的慕田峪长城缆车，贴有个性化创意标签，标明曾经乘坐该缆车的名人，让游客能够更全面地欣赏长城风景，感受长城历史文化；住宿方面，景区融合文化特色，毗邻长城修建独具风格的慕田峪长城精品酒店；餐饮、旅游商品方面，景区提供高品质的中西餐饮；此外，景区还提供融入文化创意的旅游商品，如长城解说棒棒糖、长城造型雪糕等，深受游客欢迎。文化创意的融入，创新了产品，提升了产品附加值，受到了游客的喜爱。景区商业街还将休闲与景观、文化融合起来，游客在休闲的同时也能欣赏、感受长城的风景与文化。慕田峪长城还推出了年度优惠套票，吸引了境外游客和常驻北京的外国人。

（三）借势外事接待，提升品牌形象

慕田峪长城景区不断提升导游讲解服务能力，提高旅游服务水平，以优质的导游讲解服务、高品质的服务水平接待了多位外国领导、政要、境外注册记者等，如 2014 年美国总统奥巴马夫人米歇尔及家人、2016 年欧

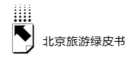
洲理事会主席图斯克、2017 年挪威首相埃尔娜·索尔贝格一行等。借助北京市国际交往中心的功能定位，慕田峪长城景区顺利完成 2014 年 APEC 会议周、2017 年及 2019 年"一带一路"国际合作高峰会议、2018 年中非合作论坛北京峰会中外宾客的接待任务。根据《北京市慕田峪长城旅游服务有限公司 2018 年度社会责任报告》，2018 年慕田峪长城景区承担外事接待 52 次，其中三级以上接待 28 次（含一级接待 4 次）。圆满的外事接待，促进了慕田峪长城景区的旅游发展，同时也向海外展示了慕田峪长城景区精美的建筑，壮美的景观，完善的旅游服务设施，从而提高了慕田峪长城景区在国际上的知名度、影响力。

此外，还有众多外籍明星、知名人士参观游览慕田峪长城景区，如迈克尔·约翰逊、巨石强森、梦幻世界考拉明星 Kenny 和 Belinda、第八届北京国际电影节评委成员知名企业家马克·扎克伯格等，形成了"名人营销"效应，提升了慕田峪长城景区的海外知名度，对慕田峪长城景区国际营销起到了较大的促进作用。

（四）做好媒体营销，讲好长城故事

1. 运用国内外主流媒体开展宣传推广工作

多家具有影响力的中央级媒体英文版、国外主流媒体、中国香港媒体对慕田峪长城进行了相当数量的宣传报道（见表 1）。对慕田峪长城的宣传报道内容主要包括慕田峪长城的优美景观、历史文化、主题活动、修护保护、环保以及发展动态、疫情下的发展措施和旅游情况等。除了以文章、图片、视频等形式进行报道之外，知名媒体也对慕田峪长城进行了专门拍摄、采访、介绍，如 2016 年美国 ABC 广播公司新闻类节目《早安美国》曾到慕田峪长城拍摄新闻素材，2017 年欧洲主流媒体之一、覆盖范围广的欧洲新闻电视台（Euronews）在慕田峪长城取景，2018 年香港电视广播有限公司（TVB）《搭上高铁爱旅游》节目对慕田峪长城进行采访拍摄。国内外主流媒体的宣传推广使境外市场对慕田峪长城有了更多的了解，提升了慕田峪长城的品牌知名度。

表 1　国内外部分主流媒体对慕田峪长城的宣传报道与文章刊载统计
（2014 年 1 月 1 日至 2021 年 7 月 12 日）

媒体类型	媒体名称	刊载量（篇）
部分中央级媒体英文版	People's Daily 人民日报英文版	252
	China Daily 中国日报	987
	XinhuaNews 新华社新媒体英文客户端	684
	Global Times 环球时报英文版	75
	CGTN 中国国际电视台	33
部分国外主流媒体	纽约时报	53
	BBC	38
	CNN	39
	路透社	66
	ABC News	30
部分中国香港媒体	文汇报	358
	大公报	122
	香港经济日报	49
	凤凰网	4570

2. 加强新媒体海外营销工作

近年来，新媒体发展迅速，慕田峪长城景区抓住机遇，积极应用新媒体开展国际营销工作。

慕田峪长城景区建立海外社交媒体账号，并不断优化完善，面向国际游客，展示慕田峪长城的优美景观、历史文化，提供慕田峪长城景区旅游信息、主题活动、发展动态等资讯信息，宣传推广慕田峪长城旅游。慕田峪长城官方 Facebook 账号、官方 Instagram 账号以慕田峪长城游玩及四季景观、历史文化、景区活动及外事接待、住宿、美食为主题，设计、发布帖文，吸引用户关注。

慕田峪风景类帖文更是受到用户喜爱，慕田峪长城 Facebook 公共主页依据春夏秋冬四季进行了主视觉设计，凸显了慕田峪长城景区春季缤纷浪漫、夏季灵秀清凉、秋季色彩斑斓、冬季梦幻轻灵的特色旅游形象。慕田峪长城 Facebook 账号发布互动类帖文如"长城去处那么多，你为何选择慕

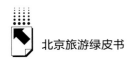

田峪?",进一步提升了海外游客关注度、账户活跃度；举办慕田峪长城摄影作品征集活动，相关帖文获得了大量的阅读量和点赞量，增加网友的关注度，提升海外游客对慕田峪长城的认识和了解，展示慕田峪长城秀美的风景。

根据客户需求，慕田峪长城景区海外社交媒体账号增加长城历史文化、外事接待等内容帖文，提升游客对慕田峪长城的深度了解。同时，慕田峪长城官方 Instagram 账号上发布的慕田峪秀美景观的帖文也获得了大量用户的阅读与点赞。慕田峪中英文官网也不断完善，Facebook 账号上添加了购票链接，提升了境外游客购票的便利性。

慕田峪长城景区还借助多家国内中央级媒体、主流媒体 Facebook 公共主页进行宣传，如人民日报（People's Daily）、中国日报（China Daily）、新华社文旅（Xinhua Culture&Travel）等，提高了慕田峪长城的海外知名度。

《慕田峪长城海外社交媒体账号代运营项目结项报告》显示，2019 年11 月至 2021 年 7 月 12 日，慕田峪长城官方 Facebook 账号共发布帖文 217 篇，粉丝量 17 万 +，总阅读量 165 万多次，总互动量 13 万多次；慕田峪长城官方 Instagram 账号共发布帖文 210 篇，总阅读量 525 万多次，总点赞量150 万多次。海外社交媒体账户用户多，活跃度高，有效地提高了慕田峪长城的海外传播度。

（五）加强节事营销，积极开展海外推广活动

近年来，慕田峪长城旅游服务有限公司加强节事营销活动，结合慕田峪长城资源特点，设置节事活动主题，举办主题突出、影响力强的节事活动，如 2018 年、2019 年慕田峪长城国际越野赛吸引了多个国家级优秀运动员前来参加。慕田峪长城旅游服务有限公司精心设计赛事线路，将慕田峪长城风景与赛事相融合，凸显慕田峪长城特色；2020 年元旦多个共建"一带一路"国家外交官齐聚慕田峪长城，参加慕田峪长城元旦迎日祈福活动等，对慕田峪长城的国内外宣传推广起到了较好的促进作用。

同时，慕田峪长城景区高质量协助完成在慕田峪长城举行的相关国际赛事、国际论坛等活动，展现慕田峪长城的风采，如 2014 年的长城国际经典车拉力赛慕田峪站赛事；2016 年的"超级拳王长城行"暨 IBF 世界拳王争霸赛称重仪式等。高品质的节事营销活动，提升了慕田峪长城国内外知名度、美誉度，向国际社会宣传推广了慕田峪长城。

慕田峪长城景区积极参加海外推广旅游营销活动。参加国外具有影响力的旅游展览，如 2015 年在韩国参展业内具有影响力的"HANATOUR 旅游博览会"，推广慕田峪长城旅游产品，吸引更多韩国的游客，拓展韩国旅游市场。积极参与北京市政府相关部门拓展国际市场的活动，如北京旅游"长城好汉"全球营销推广活动，其间加拿大旅游大咖 Sam Kolder 和英籍"中国通"司徒建国前来慕田峪长城体验长城风景、文化，并用 Facebook 等海外新媒体平台分享了体验活动，发挥了"KOL（关键意见领袖）营销"作用，让更多的国际游客了解慕田峪长城，扩大了慕田峪长城的海外知名度。

（六）发展智慧景区，科技助力提升服务品质

随着信息化的快速发展，慕田峪长城景区积极推进"互联网＋旅游"，发展智慧景区，完善景区管理，为游客提供更为便利、舒适的旅游服务、旅游环境，借助科技提升入境旅游服务质量。在售票方面，景区优化完善售票系统，国外游客可自主扫码购票。同时，景区的售票系统实现和 Facebook 网站的对接，点击慕田峪长城购票，可跳转至英文购票操作页面预订门票；在支付方面，支持外币支付维萨卡（VISA）、万事达卡（Master Card）、美国运通卡（American Express）等，便利境外游客购票。此外，借助景区的大数据平台，慕田峪长城景区及时掌控景区游客承载量、预约情况，完善分时段售票措施，给游客创造了更好欣赏长城景观、体验长城文化的环境，提升了游客的参观游览体验。借助大数据技术，景区还将进一步优化景区预警机制，完善景区安保管理。

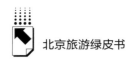

三 后疫情时代慕田峪长城国际营销策略

北京市文化和旅游局发布的《2019 年北京旅游市场总体向好 保持增长》报告显示，2019 年，北京市累计接待入境游客 376.9 万人次，同比下降 5.9%；国际旅游收入 51.9 亿美元，同比下降 5.9%（折合人民币 358.4 亿元，同比下降 1.8%）。总体来看，2019 年北京市入境旅游市场有所下跌，2020 年入境旅游受疫情影响，遭受打击，大幅下滑。慕田峪长城景区是北京的著名景点，后疫情时代需要注重疫情防控，维护健康的旅游环境，疫情时期也需要为疫情后的入境旅游发展做准备，做好慕田峪长城的国际营销工作。

（一）做好市场分析，实施精准营销

中国旅游研究院发布的《中国入境旅游发展报告 2020》提出，我国受教育水平高、具有中等收入的中青年群体依然是海外目的地营销的目标客群；自由与深度体验是海外旅游目的地营销的关键词。虽然疫情对旅游产生了影响，但 2019 年的调查结果对后续入境旅游的发展仍有一定的指导意义。

慕田峪长城景区后续拓展境外旅游市场，需要进一步对目标客群进行分析，可以依托景区大数据平台对游客的构成、消费行为等进行分析，了解游客偏好；借助海外社交媒体对海外游客、潜在游客的关注点、偏好进行分析，了解游客、潜在游客的旅游产品需求、偏好；也可以对景区的国外游客进行调研，了解游客信息获取渠道、旅游关注点、对景区旅游产品的满意度等；还可以关注境外游客在旅游网站上对慕田峪长城景区的评价，分析景区的优势和需要改进之处。参考入境游客分析，完善旅游产品，提升旅游产品的质量，实施精准营销。

需要注意的是，发展智慧景区，采用预约购票、网络购票的方式，会涉及游客信息，有些游客会比较敏感，尤其是部分境外游客因购票需要提交个人信息，而放弃参观游览，这需要进一步探索入境旅游游客信息的安全保护问题。

（二）完善旅游产品，设计深度体验

随着自由与深度体验成为游客的偏好，景区在后续的旅游产品完善中，需要突出文化特色，注重文化内涵、文化氛围的营造、环境的提升、交通线路的通达以及服务设施的完善。景区还可以加强夜间项目的设计、开发，慕田峪长城夜晚风景美丽，Facebook 网站上一篇配有慕田峪长城夜空图片的游记帖文获得了较高的阅读量和点赞量，该图片也展示了慕田峪长城美丽的夜景（见图 1）。近年来，红色旅游景区也受到外国游客尤其是散客的关注。从 Trip Advisor 网站中收集的外国游客对国内的红色旅游经典景区——上海中共一大会址及北京天安门广场的评论来看，评价主要集中为"历史""有趣""有价值""趣味性""信息""图画"和"保卫"等。外国游客对于中国的历史文化、红色革命等也充满了兴趣和好奇，尤其是长城和长征主题，颇受专业研究人员和青少年的关注。慕田峪长城景区可以深入挖掘长城红色文化，进一步推动红色文化与旅游融合。也可以尝试在海外社交媒体上推广慕田峪长城的红色旅游。

（三）强化网络营销，探索联合营销

通过网络收集旅游信息已经成为一种趋势。《中国入境旅游发展报告2020》提出，在线营销渠道是重中之重，应重视泛目的地信息的传递。

疫情期间虽然入境游客下降，但是景区的网络宣传推广活动，使更多境外游客了解了长城景观及历史文化，从而提升了景区品牌的知名度、影响力，同时也为疫情后的入境旅游发展做好准备。景区可以进一步完善慕田峪长城的外文官网，完善相关信息；持续优化、维护好海外社交媒体，研究社交媒体用户行为习惯，注重社交媒体内容，增加创意，提高海外社交媒体内容发布的有效性，在保证社交媒体内容信息质量的同时提高发布数量、提升宣传效果。景区还可以开展对国外知名社交媒体账号的研究，分析、总结、借鉴国外知名社交媒体账号的运营及表现形式。此外，慕田峪长城景区可以依据慕田峪长城的形象定位，聚焦客户旅游需求，针对性

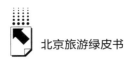

Beijing Mutianyu Great Wall
3月22日 · ●

Tourist's story of Mutianyu

Standing on top of the Great Wall, I was amazed that although the Mutianyu Great Wall has survived the vicissitudes of centuries, it is still standing today. The Badaling Great Wall is spectacular, but there has been too much late maintenance and development to hide the long history of the Great Wall at Badaling. This is not the case with the Mutianyu Great Wall, where you can easily find traces of its age. Feel the vicissitudes of history. I prefer the fluttering style of the Mutianyu Great Wall to the style of the Badaling Great Wall. The ferry and cable car are well connected and the tour is not physically demanding all the time, making it more suitable for a family tour. There are not overcrowded, so you can choose your pace freely, and when you are tired of walking, you can sit down on the old stone stage or take pictures. One step at a time, one view at a time, a joy to behold.#travelstory #Mutianyu #Greatwall

To book your trip to Mutianyu online click:
http://www.mutianyugreatwall.com/en/toPage?page=ticket

65,495	3,039	速推帖子
覆盖人数	互动次数	

2,518 　　　　　　　　　　　4条评论 7次分享

图1　慕田峪旅者游记帖文

地发布帖文；还可以发挥"名人营销""KOL（关键意见领袖）营销"效应，通过社交媒体平台传播名人、旅游达人的到访体验，树立慕田峪长城品牌形象。随着 VR 全景等科学技术的发展，景区还可以借助先进的虚拟现实技术，完善并推出数字化的旅游产品，提前让游客更充分地了解慕田

峪长城。

面向国际市场，慕田峪长城可以与怀柔雁栖湖国际会都、渤海镇乡村旅游、怀柔中国影都、怀柔科学城等协同发展，联合打造精品旅游线路，有效开展内容营销，向境外游客及常驻北京的外国人创新性地讲述中国长城故事。

（四）加强疫情防控，维护旅游安全与健康

后疫情时代，疫情防控是发展入境旅游的前提，入境旅游更需要注重安全与健康。《中国入境旅游发展报告2020》提出，安全和健康是疫后来华游客的核心关注点。疫情期间，慕田峪长城景区采取了多项措施进行疫情防控，如测温、预约、控制人数、票务系统与健康宝对接等。面对疫情反复的情况，景区还需要加强疫情防控，维护景区安全、健康的旅游环境，并向国际游客传递这一形象。

疫情之后，慕田峪长城景区可以进一步加强在海外市场上的宣传推广，前往主要旅游客源市场进行实地营销推广，并加强与海外旅行商等的合作，使更多国际游客了解慕田峪长城，提升慕田峪长城的品牌形象、国际知名度。

（致谢：感谢慕田峪长城服务有限公司营销管理部李嫒如、王峰、刘思萌、王若楠在资料采集、观点提供、文章修改方面的贡献。感谢首都经济贸易大学旅游研究中心向丽在资料采集方面的贡献。）

参考文献

《中华人民共和国国民经济和社会发展第十四个五年规划和2035年远景目标纲要》，http：//www. gov. cn/xinwen/2021－03/13/content_ 5592681. htm。

《习近平：保护好中华民族的象征》，http：//www. xinhuanet. com/politics/2019－08/21/c_ 1124900776. htm。

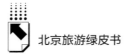

《文化和旅游部 国家文物局关于印发〈长城保护总体规划〉的通知》，http：//www. gov. cn/zhengce/zhengceku/2019 - 12/09/content_ 5459721. htm。

《〈北京市长城文化带保护发展规划〉公布 520 公里长城串起 2873 处资源点》，http：//www. beijing. gov. cn/gongkai/guihua/lswj/ghjd/201907/t20190702_ 100985. html。

蔡红：《旅游营销变革》，《新时代旅游变革》，中国旅游出版社，2019。

世界旅游联盟：《世界旅游联盟中国入境旅游数据分析报告》，http：//www. wta - web. org/chn。

中国旅游研究院：《中国入境旅游发展报告 2020》，旅游教育出版社，2021。

北京市文化和旅游局：《2019 年北京旅游市场总体向好 保持增长》，http：//whlyj. beijing. gov. cn/zwgk/zxgs/tjxx/history/2019/202002/t20200209_ 1888475. html。

张贺：《长城国家文化公园建设推进会召开》，《人民日报》2020 年 12 月 12 日，第 6 版。

G.14
西班牙、法国入境旅游发展经验梳理及对北京的启示

吴若山　郭　亮*

摘　要：　近年来，为实现高水平开放、高质量发展，北京市不断加强国际交往中心功能建设，努力打造国际交往活跃、国际化服务完善、国际影响力凸显的国际交往中心，入境旅游市场有所发展，但与国际一流旅游城市相比，北京市仍存在诸多短板。西班牙、法国作为旅游发达国家，在入境旅游方面有着较多成熟的发展经验。本文通过梳理分析西班牙、法国在入境旅游产品建设、旅游宣传推广、服务管理等方面的成功做法，结合北京发展实际提出针对性的政策建议，以期为推动北京入境旅游高质量发展带来有益启示。

关键词：　西班牙　法国　北京　入境旅游

　　入境旅游作为旅游业的重要组成部分，其发展状况是衡量一个国家或地区旅游产业国际化水平和产业成熟程度的重要标志。西班牙、法国以强大的入境旅游市场为根基，逐步奠定了其世界公认的旅游强国地位。北京具备优越的国际、国内市场环境，为旅游业发展创造了越来越多的发展契机。

　　当前，新冠肺炎疫情仍在全球蔓延，出入境旅游处于停滞状态，国际旅

---

* 吴若山，新时代文化旅游研究院院长、中国劳动关系学院文化和旅游政策研究中心副主任、中国社会科学院旅游研究中心特约研究员；郭亮，新时代文化旅游研究院研究员。

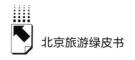
游经营活动受到严重冲击和影响，全球入境旅游遭到前所未有的挑战。北京入境游发展较晚，与火爆的出境游和国内游相比，入境游市场活力和关注度有待加强。因此，如何"修炼内功"、提质升级、增强竞争力，是北京入境游必须面临的现实问题。基于此，本文梳理了西班牙、法国多年来的入境游发展经验，以期对北京入境游高质量发展有所启示。

一 西班牙、法国入境旅游发展经验

依托发达的国民经济、完善的市场制度和富有活力的市场主体，欧洲长期以来都是世界上主要的入境旅游目的地。世界旅游组织（UNWTO）发布的《2019年国际旅游报告》显示，2018年，欧洲共接待入境游客7.1亿人次，占全球的比重高达50.8%。作为具有代表性的旅游大国，西班牙以"灿烂阳光和金色海滩"享誉世界，连续几年在全球旅游竞争力排行榜中居榜首。而位于西班牙北方的法国延续着"浪漫的神话"，多年来保持着世界第一大旅游接待国的地位。除了先天优越的自然禀赋和遗产文化外，持续升级的旅游发展策略更是推动两国入境旅游发展的关键所在。

（一）不断优化拓展和完善产品体系

为加强海滨度假旅游的吸引力，西班牙在突出"海水、阳光、沙滩"三大传统特色度假产品外，不断推出贴近市场和用户需求的互补性旅游产品。此外，为缩小因季节、气候和地理位置造成的旅游淡旺季差异，西班牙针对不同时段、不同客源市场重点开发以文化、美食、购物、自然、健康、休闲、宗教等要素为主的多品类旅游产品，这些产品可满足全年世界各国游客的多样化需求。西班牙注重挖掘其独有的文化内涵，在"斗牛""弗朗明哥舞"等较知名的旅游吸引物的基础上，开发出"城堡游""堂吉诃德之路""圣地亚哥之路"等多种文化旅游线路，有效提升了旅游吸引力。疫情期间，在西班牙，野营和小型房车租赁等私密性较强的非聚集性旅行业务逆势上行，取得了比往年更好的业绩。

近年来，为加快文化数字化转型，法国文化部开展了"数字工场"计划，推动对法国文化的保护、传承和创新。此外，法国很早就强调要促进文旅融合，围绕本国的建筑、文学、绘画、电影、化妆品、巴黎时装、美食等特色文化资源打造异彩纷呈的文旅产品。法国特别重视发展会议旅游和乡村旅游，巴黎多年来保持着全球第一大国际会议中心的位置，乡村旅游已有五十多年的发展历史。法国为更好地满足入境客源市场群体多元化的要求，不断丰富产品类型，为市场提供了更有吸引力、更加多元化的旅游产品。

（二）重视旅游品牌建设和宣传推广

西班牙举全国之力塑造西班牙品牌，以此提升国家整体旅游形象。早在1984 年，西班牙就成立了专门的旅游推广机构——西班牙国家旅游推广研究院，这是西班牙旅游推广局的前身。西班牙旅游不断创新宣传手段，综合采用媒体、资料、展览会、邀请境外记者采访、在线宣传等形式，开展多样化的宣传促销活动。该国还坚持实施"西班牙专家计划"，长期邀请各国旅游从业人员赴西班牙培训和考察，为推广线路打下了坚实基础。此外，为了方便自助游游客问询、参团和购买机车票，西班牙每个城市都设有旅游咨询中心，在第一线做好宣传推广工作。

浪漫是法国旅游形象的独特 IP。在旅游目的地营销中，法国注重以"浪漫爱情"为主题，整理法国文化中的各类故事资源，并通过"相约法国""法兰西之家"等各种渠道有效地传播出去，吸引了庞大的海外游客，打造了良好的旅游目的地形象。法国旅游发展署在沿用传统渠道的同时，加强利用新媒体方式，主要发力于移动端及主流社交平台。如针对中国大陆市场，宣传推广平台主打微信公众号，连带推出微信小程序。法国当地的公司在疫情期间相继开设多节茶文化、非遗文化等直播课程，与法国旅游业协会共同举办"360 文化空间"导游培训线上课程，吸引喜爱法国传统文化的"看客"。

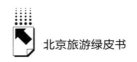
（三）针对不同细分市场进行差异化营销

西班牙在强调整体性的同时，还注重差异性，根据不同客源国的市场需求，制定特色营销策略。近几年，西班牙旅游市场的营销重点已发生转变，更加注重各类游客市场群体的细分需求，促进资源向产品转化。同时，西班牙对成熟市场和新兴市场有着不同的营销策略，前者的策略主要是为保持市场份额，确保持续增长，后者的策略主要是在新的旅游客源市场宣传特色文旅形象，获得新增客源。

法国注重在各级政府之间、政府与企业之间、企业与企业之间建立多层次的营销网络，以分工协作取得更好的市场效果。其中，法国旅游部门对重点客源市场和重点旅游目的地进行针对性营销活动。针对21世纪初赴法国游客以金砖四国占多数的情况，法国海外旅游者办公室将营销经费倾斜用于金砖国家，以此扩大入境游在这些国家的竞争力。在旅游企业开展的联合营销活动中，他们邀请国际性独立咨询公司开展旅游质量评估活动，并根据评估结果签署旅游经营商共同提升游客满意度和服务质量协议，不断提升营销效果。

（四）领先的旅游标准化和旅游管理机构

西班牙是旅游行业标准化的先进国家，在国际标准化组织的旅游标准化领域拥有较大话语权。一方面，西班牙是国际标准化组织"旅游及其相关服务"技术委员会秘书处所在地；另一方面，西班牙的旅游标准水平较高，能引领世界旅游标准的发展趋势。西班牙30项旅游业标准中有5项标准升为国际标准、1项为欧盟标准，还有1项是西班牙Q标准。① 西班牙的旅游标准数量虽然不多，但是类型较全，标准的针对性和实用性较强，其成功原因在于，西班牙拥有一套完备的旅游标准需求——供给产业链。西班牙在制

---

① 《2019年北京旅游市场总体向好 保持增长》，北京市文化和旅游局，http：//whlyj. beijing. gov. cn/zwgk/zxgs/tjxx/history/2019/202002/t20200209_ 1888475. html。

定旅游标准时，制定工作主要是由第三方机构完成，更具专业性，而政府主要承担旅游标准化的宣传和推广工作。

法国旅游管理机构体系的建设和完善，其关键在于法国旅游办公室作用的高效发挥，它在法国旅游业中发挥着不可替代的作用。该办公室是非政府机构、法国旅游联盟的成员之一，其核心功能是建立全国性的旅游信息网络，向整个社会公开有价值的旅游信息，并负责游客的咨询工作，及时向各级政府反映消费者和企业的现状和需求，提出相应的政策和建议。

（五）整个旅游行业的质量提升计划

1980 年末至 1990 年初，西班牙忽视旅游服务质量使入境游遭遇滑铁卢，导致旅游形象严重受损，入境旅游竞争力下降。在这一过程中，西班牙政府逐步认识到，如果不重视旅游质量管理，其世界一流旅游目的地的地位就会被动摇。为改变这一状况，西班牙于 1992 年启动“旅游业全面质量管理计划”，这是自 90 年代以来政府对旅游业实行的主要政策，主要包括协调规划、现代化规划、新产品规划、促销规划和创优规划五个部分。

2003 年 9 月，法国积极实施旅游质量计划，敦促法国旅游业及相关服务行业经营者从长远角度出发，关注旅游质量，打造鲜明特色。“旅游质量品牌”的打造是该计划的重要内容，该计划邀请相关专家研究提出提升旅游质量的建议，引导各政府部门颁布旅游质量标识认证，促进不同地区旅游经营者协调与合作，共同提高旅游供给质量，努力在居住、餐饮、旅游目的地宣传、商务旅游等多方面，提升旅游服务质量。

二　北京入境旅游市场情况

北京作为全国政治中心、文化中心、国际交往中心和科技创新中心，是我国主要入境游城市，但近年来入境旅游发展面临严峻挑战。全球旅游平台猫途鹰发布的“旅行者之选——全球最佳目的地”榜单显示，2015～2019

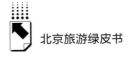

年，香港超越北京成为中国最佳旅游目的地，而上海、西安、丽江、杭州等城市与北京的差距正逐渐缩小。联合国世界旅游组织数据显示，2019 年，香港、澳门的入境旅游者分别约为 5591 万人次和 3940 万人次，而同期北京的入境旅游者仅为 376.9 万人次，前两者分别约是同期北京的 14.8 倍和 10.5 倍，差距悬殊。

与国内其他城市相比，北京拥有 3000 多年的建城史和 850 多年的建都史，景观资源众多，文化底蕴厚重，全市拥有 7 处世界遗产地，文物古迹达 7300 多项，旅游景点达 200 多处，是闻名遐迩的东方古都。但北京并未将这种得天独厚的旅游资源优势有效转化为入境旅游竞争力。除外部因素，如疫情影响、东南亚国家竞争压力加大、我国其他旅游城市崛起等因素导致北京"中心化"优势减小外，制约北京入境游发展的情况还有以下四点：一是旅游产品单一，产业融合不充分；二是宣传推广效果不佳，营销战略科学性差；三是缺乏对客源国的差异化市场开发；四是入境游服务接待能力和服务质量有待提高。

三 西班牙、法国入境旅游发展经验对北京的启示

结合西班牙和法国入境游发展经验，可以发现提振入境游竞争力，需做好丰富旅游产品、打造独特旅游品牌、提升旅游便利度、提供高质量旅游服务等一揽子工作。"十四五"时期，为加强北京国际交往中心功能建设，促进入境旅游市场高质量发展，北京可借鉴西班牙、法国经验，做好以下工作。

（一）融合新业态、开发新产品，优化消费结构

第一，打造文旅融合的"北京样本"。随着文化和旅游部的成立，文化和旅游融合发展已是大势所趋。2019 年，北京出台《关于推进北京市文化和旅游融合发展的意见》，北京市成为全国首个在省级层面出台文旅融合的总揽性规范性文件的省市，为文旅融合发展提供了良好的政策环境。"十四

五"时期，为快速有序地推进北京文旅融合，还应从资金、技术、人才等方面进行全方位支持。特别要注重深度挖掘并着力培育以古都文化、红色文化、京味文化、创新文化等要素为主要引领的特色文化旅游精品，丰富完善旅游产品业态，打造具有全球市场影响力和国际市场竞争力的特色文旅产业资源系统、服务设施体系和产品产业体系，依托"一城三带"建设一批富有文化底蕴的世界级旅游景区。

第二，丰富休闲旅游产品供给。目前，休闲旅游已成为第三产业的核心载体和世界旅游价值链的高端形态，我国也正经历从观光游向度假游过渡的阶段，但观光游和度假游也并非矛盾和相互割裂的，而是可以融合和转化成为复合型旅游产品。为适应这一走势，北京应在"十四五"时期深度挖掘城市的资源价值，加大休闲旅游产品供给。增强旅游产品的体验性，让游客不再局限于单纯的"观光打卡"，发展夜经济，延长游客驻留时间，优化文化旅游产业结构。在北京较成熟的观光旅游目的地，通过丰富产业、产品业态增加其休闲功能，丰富休闲旅游产品供给，使其"华丽转身"为休闲度假旅游胜地。

第三，注重优化旅游消费结构。按照旅游需求的不同层次来分，旅游者在进行旅游活动时的消费具体分为餐饮、娱乐、游览、住宿、运输、交通等类型。吃、住、行是指能够满足旅游者生理需求的消费；观赏、娱乐、学习的消费就是为满足游客的精神需求，如情感宣泄、心灵放松、文化熏陶、参与学习等活动。二者相互统一，缺一不可。2019 年，入境游客花费构成中，长途交通占比最高，达 28.4%；其次是购物和住宿，占比分别为 24.5% 和 19.0%；餐饮占比为 9.4%；景点游览占比为 4.5%；市内交通和娱乐占比分别为 4.0% 和 1.4%；邮电通信占比最低，为 0.4%。[①]从这个数据可以看出，北京入境游消费构成中，休闲娱乐占比仍有待提高，入境旅游消费结构需要优化。首先，要进一步加强对入境游市场的调

---

① 关海怡、裴文净：《北京市入境旅游市场营销策略》，《合作经济与科技》2019 年第 15 期，第 86～90 页。

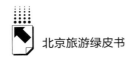
研，了解入境旅游消费者的消费需求。其次，要依托调研结果有针对性地完善旅游娱乐服务设施，延长旅游产业链，从而增加文化娱乐在北京旅游消费结构中所占比重。

（二）进行区域性开发，对接入境游市场

第一，依托区域资源开发不同旅游业态。北京应在城市总体规划下根据各区实际，因地制宜、差异化地发展区域旅游，增强北京各区域入境旅游产业的竞争力。首都功能核心区应在保护和修缮古城的同时，主打历史文化游，以历史文化吸引旅游者。在中心城区，海淀区教育资源优越，文化氛围浓厚，可以依托顶级教育资源优势发展文化旅游；朝阳区商业发展较好，可以围绕三里屯、望京国际商业中心等休闲娱乐商业圈，发展都市休闲娱乐游；城市副中心通州区的北京环球影城主题乐园是具有国际号召力的品牌化主题娱乐项目，该项目将带动北京及周边地区整体旅游产业升级；北京郊区如密云、平谷、延庆、怀柔等地，自然环境良好，可以在注重生态保护的同时，重点打造北京休闲度假的"后花园"。

第二，巩固传统旅游市场，开发新兴旅游市场。北京现有主要客源国排名前五的是韩国、日本、越南、美国和俄罗斯。目前，北京的传统客源市场虽仍保持着较大的比重，但由于受到市场规模的约束，其成长速度正逐渐趋缓，而且客源地区和市场太过于集中，增加了入境旅游市场的脆弱性，所以探索和开发新兴客源市场势在必行。针对新兴客源地区和市场，北京市可采取放宽入境旅游免签政策、发放跨境消费券等优惠政策手段，对目标市场进行激励。

（三）扩大品牌影响力，推动旅游营销国际化

第一，升级旅游品牌形象，拓展推广渠道。北京作为国际交往中心，是世界看中国的窗口，在文化旅游领域承载着传播中国声音、展现中国力量、阐述中国价值的重要使命。为扩大入境旅游吸引力，北京需升级品牌形象，为传统品牌注入新的内涵。首先，建议结合北京原有品牌形象进行策划升

级，突出北京文化特色，让游客在游览过程中深度感受北京魅力。其次，北京要衔接"一带一路""京津冀协同发展"等国家重大战略，借力"相约北京"国际艺术节、"2022 年北京冬奥会"等重大节会，吸引境外游客来京旅游。最后，要适应分众化、差异化传播趋势，根据世界各地如西亚北非、欧洲、非洲等不同客源市场的不同需求进行有针对性的宣传推广。

第二，拥抱新技术、新平台，创新旅游营销手段。"疫"危机下孕育"云"机遇，文旅产业掀起了线上旅游的"革命"。北京作为世界旅游城市联合会总部所在地，更要加速促进智慧旅游和智慧城市发展。首先，加快建设完善的北京旅游服务大数据管理平台。应用大数据技术分析预测游客旅游需求，开展精准营销以及提高旅游规划与宏观调控水平。应调动政府、企业、游客这三个不同的主体积极参与其中，形成协同配合效应。促进大数据技术与旅游服务管理工作实现有机结合，充分发挥大数据技术优化旅游服务管理质量的作用。其次，要根据受众的个性化需求，选择相应的传播渠道，联动传统媒体内容优势和互联网媒体的传播渠道优势，实现最佳的品牌视觉传播效果。最后，注重利用 VR／AR 技术将北京丰富的旅游资源进行有效整合，在深入挖掘其文化价值的基础上，通过平台进行虚拟展示以讲好"北京故事"，实现远距离和沉浸式的视觉交互体验，加强国外游客对北京旅游的感知力。

（四）加强规范标准的实用性，提升旅游服务质量

第一，加强旅游标准的专业性和实用性。从我国已正式发布的国家标准情况来看，旅游与休闲标准体系已经基本形成，且数量初具规模。但有些标准不是基于市场需要提出的，甚至有内容互相重叠和冲突的现象，造成了标准与市场的需求不相匹配和不相适应，标准的实际使用率和普及性都有待提高。北京应基于旅游市场实际发展需要，在国标、行标和地标的基础上不断完善和优化旅游标准体系，提升旅游标准的落地转化效率。及时推广在旅游标准化试点中取得的成功经验，不断学习与国际接轨的标准规范，积极开展标准化服务技能大赛，宣传和规范旅游服务行为，以更优质的北京旅游服务

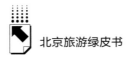
来赢得入境旅游更好的发展。

第二，加强旅游服务质量管理。提高旅游服务质量是推进入境旅游发展的重要环节。首先，围绕文化和旅游部印发的《关于实施旅游服务质量提升计划的指导意见》等政策文件，进一步全面提升北京旅游从业者的综合服务能力，切实提高其业务素质和职业道德水平，培养具有国际视野的旅游人才。其次，要进一步建立完善相关行业服务协会、宾馆酒店管理协会、旅行社管理协会等相关行业服务协会的市场监督和协调管理机制，发挥相关行业服务协会的市场自律监督功能，引导北京市旅游服务行业公平竞争。

第三，加快推进旅游诚信管理体系建设。不断完善北京旅游景点安全保障和服务管理体系，严厉打击欺行霸市、强购、出售假冒伪劣产品等违规违法行为，规范旅游景点市场秩序，维护广大境外游客的切身合法权益，不断提高国外游客对北京入境旅游服务的满意度。

文旅融合篇

G.15
中国城市文化和旅游融合的发展潜力[*]

厉新建　张　琪　陶志华　宋昌耀[**]

摘　要：　推动文化和旅游深度融合是促进我国文化事业、文化产业和
　　　　　旅游业高质量发展的重中之重。本研究通过深入分析文化和
　　　　　旅游融合发展的背景，从资源禀赋、产业基础、支撑环境三
　　　　　个维度构建城市文化和旅游融合的发展潜力指标体系，测算
　　　　　2009～2019年262个地级及以上城市文化和旅游融合发展潜力
　　　　　指数，统计各城市发展潜力排名及时空变化特征，深入分析
　　　　　城市文化和旅游融合发展潜力的影响因素。本研究认为，我

[*] 本研究得到国家社会科学基金重大项目"完善文化和旅游融合发展体制机制研究"
（20ZDA067），北京第二外国语学院研究生科学研究项目"文化和旅游融合视角下乡村旅游创
新发展机制和路径研究"（2020GS14YB16）、"文化与科技促进旅游经济发展的机理研究"
（2021GS14ZD01）的经费资助。

[**] 厉新建，北京第二外国语学院旅游科学学院教授，首都文化和旅游发展研究院执行院长，研
究方向为旅游经济发展战略等；张琪、陶志华，北京第二外国语学院旅游科学学院硕士研究
生，研究方向为旅游经济与休闲经济；宋昌耀，北京第二外国语学院旅游科学学院讲师，研
究方向为区域经济与旅游经济。

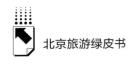

国应当积极将城市文化和旅游融合发展的潜力转化为文化和旅游产业发展的实力，实现我国城市产业结构的转型升级和空间品质的提升。

关键词： 文旅融合　发展潜力　时空特征

2018 年，文化部和国家旅游局合并组建成为文化和旅游部，并确定了"宜融则融，能融尽融，以文促旅，以旅彰文"的工作思路，加之文化和旅游在发展中的相互作用与相互支撑，文化和旅游融合发展成为文化和旅游领域行政管理、产业发展、科学研究的热点议题。2021 年是"十四五"开局之年，围绕建设文化强国的目标和任务，推动我国文化事业、文化产业和旅游业发展迈上新台阶是重中之重。新发展格局下，文化产业和旅游产业需要转变发展方式，在拉动内需、繁荣市场、扩大就业、畅通国内大循环、促进国内国际双循环中发挥作用。文化和旅游产业是城市发展的重要驱动力，在优化产业结构、推动经济发展、促进劳动力就业、提升城市形象、加强国际交流与合作等方面发挥着巨大的作用。因此，对中国城市文化和旅游融合发展潜力进行研究具有较强的理论及现实意义。

一　文化和旅游融合发展背景

（一）国家政策大力支持文化和旅游融合发展

文化和旅游融合发展作为新时代背景下我国践行中国特色社会主义思想的新目标和新使命，是国家对文化产业与旅游产业的要求。文化和旅游融合发展不仅契合文化和旅游领域的高质量发展方向，还有助于"五位一体"的社会主义现代化建设。党的十九届五中全会通过的《中华人民共和国国民经济和社会发展第十四个五年规划和2035年远景目标纲要》指出要以推动文化和旅游融合发展为重点。各级政府亦发布相关政策，对未来5年文化和旅游的融合发展谋篇布局。这些都充分体现了党和国家对文化和旅游融合工作的重视，也表明促进文化和旅游融合发展符合新时代的发展需求。

（二）产业转型升级引领文化和旅游融合发展

随着经济的发展，国民收入水平不断提高，文化和旅游消费大幅增加。伴随着国民受教育程度提高、文化素养普遍提升，消费者代际更替成为推动文化和旅游融合产品崛起的关键力量。"90后""00后"新一代消费群体不再满足于单一的旅游活动，而是更加注重高品质和个性化的旅游体验。同时，在文化产业崛起的过程中，国民的文化自信不断增强，文化认同感日益提升，文化赋能消费的潜力逐渐凸显。文化和旅游融合是文旅产业转型的重要路径。文化和旅游融合可以促进旅游产品创新，使旅游产品更加文明化、多元化、丰富化。文化和旅游融合发展也为更好地开发、保护和利用文物提供了全新的发展思路，使优秀的中华传统文化在旅游活动中充分发挥其价值，把极具特色的文化资源转换为产业优势。

（三）理论研究促使文化和旅游融合纵深发展

文化和旅游紧密相连，文化和旅游融合可从理念融合、部门融合、资源融合和产业融合等方面分析。首先，文化和旅游融合不是对文化资源进行旅游产业似的开发，也不是把旅游资源简单地与文化要素融合，而是在理念上使两者达到统一。其次，文化和旅游部门的融合可以在理顺管理机构体制机制的基础上，解决过去文化部门和旅游部门在行政管理上多头交叉、权责不明的问题，为实现文化和旅游资源整合、产业融合提供保障。现阶段，文化和旅游面向高质量发展，更加注重特色文化与旅游资源的融合。文化的独特性能够丰富当地旅游资源的底蕴，也能够通过发掘地方特色优势，给游客带

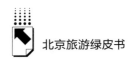

来更加有文化内涵的体验。最后，文化和旅游融合是一种产业间的融合，其在遵循二者发展规律的基础上，强调文化产业和旅游产业在各个层面的互利共赢、相融共生。

（四）城市成为文化和旅游融合发展的重要载体

当前，我国经济发展空间结构不断变化，中心城市及城市群逐渐发展为我国承载经济和人口的主要国土空间。与此同时，城市也被认为是"文化资本空间群"，具有承载文化资本的作用。在文化资本再生产的过程中，城市利用独特的历史文化资源实现其文化价值。作为城市文化生产再创造的重要途径，文化和旅游的融合在推动城市多元化发展、增强城市文化认同感、形成城市特色品牌形象及影响力等方面都至关重要。通过举办文化节庆活动、打造城市品牌 IP、提炼品牌核心价值等方式推动城市文化和旅游融合，不仅能够激发城市的文化活力，也有助于扩大城市文化宣传力度，提升城市知名度与影响力。

二　文化和旅游融合发展潜力测算

（一）指标体系

本文参考已有文献，综合考量指标数据的可获得性，从文化和旅游融合的资源禀赋、产业基础、支撑环境三个层面构建指标体系。在文化和旅游融合的支撑环境层面，选取人力资本水平指标（每万人普通高等学校在校人数）代表城市文化和旅游融合的人才环境，创新/专利数量（每万人获得发明数量）指标代表城市文化和旅游融合的创新环境，政府规模（地方财政支出占 GDP 的比重）指标代表城市文化和旅游融合的市场环境，人均道路面积指标代表城市文化和旅游融合的设施环境。具体指标构建见表1。

表1　中国城市文化和旅游融合发展潜力指标体系

目标层	准则层（权重）	指标层	指标权重
中国城市文化和旅游融合发展潜力	文化和旅游融合的资源禀赋（0.37）	高等级景区数量（个）	0.0967
		国家级风景名胜区（个）	0.2065
		世界遗产（个）	0.2990
		历史文化名城名镇名村（个）	0.1814
		国家级文物保护单位（个）	0.1040
		国家级非物质文化遗产（个）	0.1123
		旅游总收入（百万元）	0.1291
		旅游总人次（万人次）	0.0948
	文化和旅游融合的产业基础（0.41）	旅游总收入/GDP（%）	0.0695
		住宿餐饮业从业人员数（万人）	0.2919
		文化体育和娱乐业从业人员（万人）	0.2068
		公共图书馆图书总藏量（千册、千件）	0.2079
		人均GDP（元）	0.0913
		建成区绿化覆盖率（%）	0.0180
	文化和旅游融合的支撑环境（0.23）	人力资本水平（万人）	0.2034
		创新/专利数量（万人）	0.4939
		政府规模（%）	0.0948
		人均道路面积（m²/人）	0.0986

鉴于数据的可获得性，使用2009～2019年除三沙、拉萨、日喀则之外的262个地级及以上城市的相关数据。数据主要来源于《中国城市统计年鉴》，各地级市政府公报及文旅局网站等官方信息，缺失数据采用趋势外推法进行插补。

（二）测算方法

采用熵权法测度城市文化和旅游融合系统（准则层）及其子系统（指标层）得分。首先利用熵权法赋予各测度指标权重值，然后利用熵权法对城市发展潜力子系统（指标层）及综合系统（准则层）进行量化排序。利用熵权法赋予各测度指标权重值能够降低主观赋权带来的人为干扰。具体实施步骤如下。

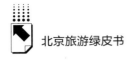

第一步，对原始矩阵进行无量纲化处理。其中，正向指标计算公式为：

$$v_{ij} = \frac{x_{ij} - \min(x_j)}{\max(x_j) - \min(x_j)}$$

负向指标计算公式为：

$$v_{ij} = \frac{\max(x_j) - x_{ij}}{\max(x_j) - \min(x_j)}$$

第二步，计算准则层指标综合发展水平及各分项指标 Y_{ij} 的信息商 E_j：

$$E_j = \ln \frac{1}{n} \sum_{i=1}^{n} \left[\left(Y_{ij} / \sum_{i=1}^{n} Y_{ij} \right) \ln \left(Y_{ij} / \sum_{i=1}^{n} Y_{ij} \right) \right]$$

第三步，计算准则层指标综合发展水平及各分项指标 Y_{ij} 的权重 W_j：

$$W_j = (1 - E_j) / \sum_{j=1}^{m} (1 - E_j)$$

采用 2009~2019 年分项指标（指标层）的平均权重，得到分项指标的发展潜力数值 T_j。

第四步，计算准则层指标综合发展水平总指标 M_{ij} 的权重 Z_j：

$$Z_j = (1 - E_j) / \sum_{j=1}^{m} (1 - E_j)$$

为了体现分层指标和总指标层的差异，采用 2009~2019 年总指标的平均权重，利用指标层发展潜力数值 T_j 以及总指标平均权重 Z_j，得到总指标的发展潜力数值 T。

三　中国城市文化和旅游融合发展潜力评价

基于中国城市文化和旅游融合发展潜力指标体系，测度 2009~2019 年我国 262 个城市的文化和旅游融合发展潜力，并对城市文化和旅游融合发展潜力进行排名统计与时空特征分析。

（一）中心城市及城市群文化和旅游融合发展潜力突出

表2列出了2019年我国50个城市文化和旅游融合发展潜力的排名和数值。从城市规模来看，城市规模越大，其文化和旅游融合发展潜力优势越显著。文化和旅游融合综合发展潜力较高的城市主要分布于京津冀、长三角、珠三角、成渝城市圈和部分省会城市。其中，超大城市和特大城市占据排名榜前13名，特大城市中青岛、济南、沈阳的文化和旅游融合综合发展潜力相对较弱，分别位于第28、第29、第34。文化和旅游融合综合发展潜力全国排名前五十的城市大多数是超大城市、Ⅰ型大城市或Ⅱ型大城市。从城市性质来看，文化和旅游融合综合发展潜力排名前十的城市中，除苏州为江苏省的地级市之外，其他城市均为直辖市、省会城市或计划单列市。部分省会城市并未呈现出较好的文化和旅游融合综合发展潜力，如乌鲁木齐、哈尔滨、太原、石家庄、长春、沈阳等，而这些城市大多位于中国东北部或西北部。

表2   2019年中国城市文化和旅游融合发展潜力情况

排名	城市	数值	城市规模	城市性质
1	北京市	0.68855	超大城市	直辖市
2	成都市	0.40174	特大城市	省会城市
3	重庆市	0.39155	超大城市	直辖市
4	上海市	0.37951	超大城市	直辖市
5	杭州市	0.28926	特大城市	省会城市
6	深圳市	0.25991	超大城市	计划单列市
7	广州市	0.24951	超大城市	省会城市
8	苏州市	0.23900	特大城市	地级市
9	西安市	0.22726	特大城市	省会城市
10	天津市	0.21083	超大城市	直辖市
11	郑州市	0.20940	特大城市	省会城市
12	武汉市	0.20693	特大城市	省会城市
13	南京市	0.20169	特大城市	省会城市
14	长沙市	0.17259	Ⅰ型大城市	省会城市
15	黄山市	0.17013	Ⅱ型大城市	地级市
16	福州市	0.16723	Ⅰ型大城市	地级市

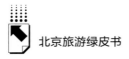

排名	城市	数值	城市规模	城市性质
17	上饶市	0.16617	Ⅱ型大城市	地级市
18	昆明市	0.16519	Ⅰ型大城市	省会城市
19	晋中市	0.16390	Ⅱ型大城市	地级市
20	金华市	0.16322	Ⅱ型大城市	地级市
21	宁波市	0.15273	Ⅰ型大城市	计划单列市
22	无锡市	0.14791	Ⅱ型大城市	地级市
23	珠海市	0.14658	Ⅱ型大城市	地级市
24	晋城市	0.14260	中等城市	地级市
25	温州市	0.14213	Ⅱ型大城市	地级市
26	贵阳市	0.13956	Ⅱ型大城市	省会城市
27	桂林市	0.13899	中等城市	地级市
28	青岛市	0.13357	特大城市	计划单列市
29	济南市	0.13237	特大城市	省会城市
30	大连市	0.13115	Ⅰ型大城市	计划单列市
31	厦门市	0.12999	Ⅱ型大城市	计划单列市
32	台州市	0.12924	Ⅱ型大城市	地级市
33	合肥市	0.12892	Ⅰ型大城市	省会城市
34	沈阳市	0.12766	特大城市	省会城市
35	长春市	0.12597	Ⅰ型大城市	省会城市
36	石家庄市	0.12466	Ⅱ型大城市	省会城市
37	洛阳市	0.12325	Ⅱ型大城市	地级市
38	太原市	0.12278	Ⅱ型大城市	省会城市
39	绍兴市	0.12077	中等城市	地级市
40	南宁市	0.11874	Ⅱ型大城市	地级市
41	保定市	0.11453	Ⅱ型大城市	地级市
42	湖州市	0.11289	中等城市	地级市
43	宁德市	0.11113	小城市	地级市
44	哈尔滨市	0.10996	Ⅰ型大城市	省会城市
45	乌鲁木齐市	0.10836	Ⅰ型大城市	省会城市
46	南平市	0.10769	小城市	地级市
47	吕梁市	0.10764	小城市	地级市
48	赣州市	0.10741	Ⅱ型大城市	地级市
49	嘉兴市	0.10703	中等城市	地级市
50	遵义市	0.10697	中等城市	地级市

（二）文化和旅游融合发展潜力差异显著

总体而言，我国城市文化和旅游融合发展潜力在空间上呈现出较大的差异。东南沿海地区和中西部地区一些城市的资源禀赋较好，如苏州、上饶、晋中、晋城等，但它们文旅融合的产业基础和支撑环境相对比较薄弱。此外，成都和重庆等城市的资源禀赋和产业基础较好，而文旅融合的支撑环境较差。可见，城市经济和社会发展的基本要素，如人口、产业规模、经济结构、基础设施水平依然是测度各个城市文化和旅游融合发展潜力的关键性指标。

从 2009 年到 2019 年，我国城市文化和旅游融合发展潜力在空间上呈现出差异缩小的态势。随着城市文旅产品的丰富、文旅基础设施的不断完善，城市文化和旅游融合发展潜力也在不断提升，多数城市从低水平向中等水平迈进。而在支撑环境方面，多数城市的发展潜力依然略显不足。

（三）各城市文化和旅游融合资源禀赋差距不断缩小

新业态带来了更多的文旅资源，让不同资源禀赋的城市有了更多的发展机会，城市间文旅资源禀赋层面的差距在不断缩小。总体而言，我国城市的文化和旅游融合资源禀赋发展潜力指数都有所提高，城市间的差距呈现出不断缩小的趋势。从传统的景区、主题公园，到旅游演艺、研学旅游等，多元的文旅产品、体验项目、消费场景正在塑造不同的城市文旅新名片，构造城市文旅发展的新格局。

城市的传统文旅产品占据重要的地位，城市文旅休闲功能有待进一步提升。从文化和旅游融合资源禀赋方面来看，2019 年北京、重庆、黄山、成都在这一指标上名列前茅。其中，北京始终位于全国第一，作为历史名城，其国家级文物保护单位数、国家级非物质文化遗产数及世界文化遗产双遗产数突出。再如，作为中国西南部经济圈（成渝双城经济圈）的核心城市，重庆的文化和旅游融合资源禀赋始终位于全国第二。此外，杭州、苏州等城市的文化和旅游融合资源禀赋优越，具有较大的发展潜力；其中，苏州在 2009～2018 年始终保持着全国第五、第四的较高位次，2019

年其位次出现较大变化，这与其文化和旅游融合发展潜力在 2019 年的变化相一致；杭州 2011～2013 年文化和旅游融合资源禀赋排名在第七至第十徘徊，但自 2014 年起其文旅融合资源禀赋在全国范围内保持着良好的位次，并在 2019 年达到最高排名——第五名。而郑州的文化和旅游融合资源禀赋则总体呈下降趋势，仅在 2009～2013 年位列全国前十，自 2014 年起跌出前十名（见表3）。

表3　2009～2019 年文化和旅游融合资源禀赋排名前十的城市

排名＼年份	2009	2010	2011	2012	2013	2014	2015	2016	2017	2018	2019
1	北京市	北京市	北京市	北京市	北京市	北京市	北京市	北京市	北京市	北京市	北京市
2	重庆市	重庆市	重庆市	重庆市	重庆市	重庆市	重庆市	重庆市	重庆市	重庆市	重庆市
3	成都市	黄山市	黄山市	黄山市	黄山市	黄山市	黄山市	黄山市	黄山市	黄山市	黄山市
4	黄山市	成都市	成都市	成都市	成都市	苏州市	苏州市	苏州市	苏州市	苏州市	成都市
5	苏州市	苏州市	苏州市	苏州市	苏州市	成都市	成都市	成都市	成都市	成都市	杭州市
6	福州市	福州市	福州市	福州市	上饶市	上饶市	上饶市	上饶市	上饶市	上饶市	晋城市
7	晋中市	郑州市	杭州市	上饶市	福州市	杭州市	杭州市	金华市	金华市	苏州市
8	上饶市	晋中市	郑州市	晋中市	晋中市	福州市	福州市	杭州市	杭州市	上饶市
9	温州市	上饶市	晋中市	杭州市	郑州市	晋城市	晋城市	福州市	福州市	金华市
10	郑州市	温州市	上饶市	郑州市	杭州市	晋中市	晋中市	晋城市	晋城市	晋中市

（四）各城市文化和旅游融合产业基础持续向好

从文旅融合的产业基础来看，我国城市整体发展潜力有所提高，但是拥有较高发展潜力的城市数量较少，整体产业基础发展潜力亟须提升。

城市产业基础是城市发展的关键因素，一线城市产业基础优势明显。从文化和旅游融合产业基础方面来看，2009～2019 年十年间北京市此项指标稳居第一位，上海、成都、重庆、广州、深圳、杭州、天津、武汉、苏州、南京、西安等一线城市和新一线城市的文化和旅游融合产业基础也较好。成都的文化和旅游融合产业基础发展潜力指数排名波动明显，由全国第十（2009～2011 年）上升至全国第三（2016～2019 年）。重庆的文化和旅游融合产业基础排名呈现"倒 V"形变化态势，2009~2015 年持续上升，由全国第五名上升至全国第二名，并在 2014~2015 年保持在全国第二的高位次，但 2016 年猛降至全国第五名，而后至 2019 年保持在全国第四的位次。南京的文化和旅游融合产业基础有衰退趋势，自 2009 年起持续下降，从 2009 年位列全国第七下降到第十（2012~2016 年），并自 2017 年起跌出全国前十，这也与其文化和旅游融合综合发展潜力的变化趋势相一致。西安在 2017 年才首次出现在前十榜单上，说明其文化和旅游融合产业基础有好转的趋势，这也与其文化和旅游融合综合潜力在 2015~2019 年不断优化的情况相吻合。武汉的文化和旅游融合产业基础始终位列全国前十，排名在第七至第九徘徊，说明其旅游和文化产业融合具有良好的发展基础（见表 4）。

表 4　2009~2019 年文化和旅游融合产业基础排名前十的城市

年份 排名	2009	2010	2011	2012	2013	2014	2015	2016	2017	2018	2019
1	北京市	北京市	北京市	北京市	北京市	北京市	北京市	北京市	北京市	北京市	北京市
2	上海市	上海市	上海市	上海市	上海市	重庆市	重庆市	上海市	上海市	上海市	上海市
3	广州市	广州市	广州市	重庆市	重庆市	上海市	上海市	成都市	成都市	成都市	成都市
4	杭州市	杭州市	重庆市	广州市	成都市	天津市	成都市	广州市	重庆市	重庆市	重庆市
5	重庆市	重庆市	杭州市	天津市	天津市	广州市	广州市	重庆市	广州市	广州市	广州市
6	天津市	深圳市	天津市	杭州市	广州市	成都市	天津市	深圳市	深圳市	深圳市	深圳市
7	南京市	天津市	深圳市	武汉市	武汉市	武汉市	深圳市	天津市	深圳市	杭州市	杭州市
8	深圳市	武汉市	武汉市	深圳市	苏州市	武汉市	杭州市	杭州市	天津市	天津市	天津市
9	武汉市	南京市	南京市	成都市	深圳市	杭州市	武汉市	武汉市	武汉市	武汉市	武汉市
10	成都市	成都市	成都市	南京市	南京市	南京市	南京市	南京市	西安市	西安市	西安市

（五）各城市文化和旅游融合支撑环境不断改善

得益于城市经济的发展和配套设施的建设，各城市文旅融合支撑环境发展潜力提升较大，发展差距也在不断缩小。

从文化和旅游融合支撑环境方面来看，2009~2019 年深圳市长期位居第一，北京、珠海、南京、广州、武汉、杭州、苏州等的支撑环境也很优越。广东省有三个城市始终位于榜单前列：深圳、广州、珠海。珠海的文化和旅游融合支撑环境在全国范围内始终保持着较高的位次，在第二至第四名之间波动。广州稍落后于珠海，在第四至第五名之间波动。南京的此指标排名近年来虽有所回落，但始终位于全国前四。然而，对比其文化和旅游融合综合发展潜力，其该指标优势还是非常显著。武汉的文化和旅游融合支撑环境发展潜力指数始终位列全国前十，说明其文化和旅游融合支撑环境较好，有利于推进其文化和旅游产业融合发展。济南的文化和旅游融合支撑环境呈下降态势，在 2009～2016 年由全国第六下降至全国第八，自 2017 年以后跌出全国前十名（见表5）。

表5 2009～2019 年文化和旅游融合支撑环境排名前十的城市

年份 排名	2009	2010	2011	2012	2013	2014	2015	2016	2017	2018	2019
1	深圳市	深圳市	深圳市	深圳市	深圳市	深圳市	深圳市	深圳市	深圳市	深圳市	深圳市
2	南京市	南京市	南京市	珠海市	北京市	北京市	珠海市	北京市	北京市	珠海市	北京市
3	珠海市	珠海市	珠海市	南京市	南京市	南京市	北京市	珠海市	珠海市	北京市	珠海市
4	广州市	广州市	广州市	广州市	珠海市	珠海市	南京市	南京市	南京市	南京市	南京市
5	北京市	北京市	北京市	北京市	广州市	广州市	广州市	广州市	广州市	广州市	广州市
6	济南市	济南市	武汉市	武汉市	武汉市	武汉市	武汉市	苏州市	武汉市	武汉市	武汉市
7	武汉市	武汉市	济南市	济南市	济南市	济南市	济南市	武汉市	苏州市	苏州市	杭州市
8	厦门市	杭州市	杭州市	杭州市	兰州市	杭州市	苏州市	济南市	杭州市	杭州市	长沙市
9	南昌市	西安市	厦门市	厦门市	贵阳市	西安市	杭州市	西安市	上海市	郑州市	郑州市
10	长沙市	呼和浩特	呼和浩特	西安市	厦门市	兰州市	西安市	上海市	太原市	上海市	上海市

四 文化和旅游融合发展潜力的影响因素

（一）直接因素

1. 资源禀赋是文化和旅游融合发展的基本条件

资源禀赋对文化和旅游融合的产生、存在及发展起着决定性的支持作用。在文化和旅游融合的资源禀赋方面，北京作为历史名城，融合潜力最为突出。重庆、成都地处中国西南部的成渝双城经济圈，拥有丰富的以巴蜀文化为根基的文化旅游资源，其文化和旅游融合综合发展潜力呈现良好的发展趋势。此外，江南地区的城市资源禀赋较佳，具有文化和旅游产业融合发展的良好基础条件。

2. 产业基础是文化和旅游融合发展的重要前提

从城市文化和旅游融合综合发展潜力排名来看，北京近年来稳居第一位。作为我国的政治中心和文化中心，北京集中国传统文化和现代文化于一体，为文化和旅游融合发展奠定了良好的产业基础。因此，文化和旅游融合的高质量发展要充分发挥产业叠加效应、关联效应和扩散效应，打通产业价值链，促进文旅资源产业化集聚发展。

3. 支撑环境是文化和旅游融合发展的有力保障

环境是文化和旅游融合发展的有力支撑，主要包括社会环境、经济环境和生态环境等多个层面。从城市文化和旅游融合支撑环境排名来看，广东省的三个城市，深圳、广州、珠海始终位于榜单前列，这可以归因于广东省经济发展较好，人均 GDP、人力资本水平、创新和专利数量较为突出。因而，要想推动文化和旅游的真融合、深融合与广融合，必须坚持社会效益、经济效益与生态效益的统一，为文化和旅游融合发展提供良好的支撑环境。

（二）间接因素

1. 政府是文化和旅游融合发展的推力

推动文化和旅游的深度融合，不仅是文化产业和旅游产业自身发展的需要，也是各级政府的重要战略任务。各级政府从顶层设计上谋划文化和旅游融合发展的指导思想和有效路径，更加深入地贯彻与践行文化和旅游融合发展理念，才能进一步引导与促进文化和旅游融合的高质量发展。从城市文化和旅游融合发展潜力排名情况可以看出，福州、上饶、金华等城市的文化和旅游融合资源禀赋优越，但在产业基础和支撑环境方面比较欠缺，导致其文化和旅游融合的综合发展潜力较弱。因此，应当借助当地政府的推动力，通过政策、资金、人才支持等方式来刺激其文旅产业焕发活力，通过优质营销

提升城市旅游形象，推动文化和旅游融合发展。

2. 市场化是文化和旅游融合发展的关键

文化产业与旅游产业作为两个开放的产业系统，二者的融合及发展过程必然受到市场环境的影响。市场化对文化和旅游融合发展起到了关键性作用，推动本土市场与国际市场的有机融合也是未来文化和旅游融合发展的重要方向。一方面，要明确市场在资源配置中的决定性作用，市场需求决定了文化和旅游融合发展的方向，只有充分掌握市场动态，才能激发文化和旅游融合的内生动力。另一方面，要积极利用市场化改革为文化和旅游融合发展创造宽松的制度环境，激发文旅企业的创新活力，打破要素限制，促进生成文旅新业态。

3. 数字科技是文化和旅游融合发展的驱动力

在互联网、大数据、人工智能、云计算、5G 等网络信息技术快速变革的大背景下，数字化、网络化、智能化发展水平明显提高，进一步催生出科技和文化、旅游融合的新兴业态。数字科技的创新改变了文化和旅游产业的呈现方式，这不仅推动了文化和旅游的深度融合，还为文化和旅游融合创新带来了新的发展机遇。以广东省为例，其通过数字、信息、互联网等技术不断激发文旅产业数字化创新的活力，产生了一批数字赋能的文旅新业态成果。

4. 开放发展是文化和旅游融合发展的必要条件

开放、合作与交流是当今文化和旅游融合发展的重要方向，扩大对外开放不仅是文化和旅游融合创新的有效途径，更是适应文旅消费新需求新变化的重要发展战略。从城市文化和旅游融合发展潜力排名情况可以看出，排名靠前的城市大多分布于京津冀、长三角、珠三角、成渝城市圈和部分省会城市，而地处内陆、经济发展较晚的一些城市排名自然靠后。因此，应当按照"以文塑旅，以旅彰文"的原则，加强对外文化交流和多层次文明对话，通过多形式的对外文化宣传和旅游推广，拓展对外交流平台，打造国际文化和旅游融合项目。

五　政策建议：推动城市文化和旅游融合
发展潜力转化为发展实力

2021 年 6 月 2 日，《"十四五"文化和旅游发展规划》正式发布，其中"推进文化和旅游融合发展"单独成章，提出"要坚持以文塑旅、以旅彰文，推动文化和旅游深度融合、创新发展，不断巩固优势叠加、双生共赢的良好局面。"[1] 文化产业与旅游业的融合发展不能仅停留在表面，如何实现文化产业和旅游业真融合、广融合、深融合成为相关政府部门和从业者都需要思考的重要问题。

（一）增加优质文旅产品供给，推动文化和旅游深度融合

1. 增加文旅资源存量，打造顶级文旅 IP

资源禀赋对文化和旅游融合的产生、存在及发展起着决定性的支持作用。我国城市的文化和旅游融合资源禀赋发展潜力都有所提高，城市间的差距呈现出不断缩小的趋势，这就要求各城市在充分利用现有文旅资源的基础上，不断挖掘特色文化旅游资源，增加文旅资源存量。文化为旅游创新提供了丰富的内容，可以利用原创 IP 讲好中国故事，打造具有丰富文化内涵的文旅品牌。文旅资源禀赋相对薄弱的城市和地区，可以通过文化艺术集聚的形式创造新文化，引领新潮流。

2. 借助数字科技，增强文旅产品体验性

当前，以物联网、互联网、大数据、云计算、5G、人工智能等为代表的现代信息技术快速发展，对文化和旅游的产业边界和营销方式产生了重要影响。创新文旅产品需要有好的故事情节和文化氛围，借助数字科技和智慧化手段，能够增强互动体验性，从而为消费者提供新颖且有特色的文旅体

---

① 《文化和旅游部关于印发〈"十四五"文化和旅游发展规划〉的通知》，http：// zwgk. mct. gov. cn/ zfxxgkml/ ghjh/202106/ t20210602_ 924956. html。

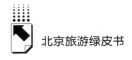

验，增强游客的参与感、互动感。因此要充分发挥前沿科技的驱动作用，深度挖掘大众市场的文旅需求，倒逼数字文旅服务和产品的迭代升级和拓展延伸，助推城市文化产业和旅游产业深度融合发展。

（二）挖掘文旅市场需求，鼓励创新发展

1. 关注市场需求，明确市场在资源配置中的决定性作用

当前我国旅游市场需求呈现出多层次、多样化的特点，而旅游业供需错配使得产品和服务难以满足消费者的个性化需求。一方面，一些文化市场主体生产的文化产品偏重追求艺术性和专业性，无法满足大众需求；另一方面，一些旅游企业提供的旅游产品过于追求经济利益，导致旅游产品质量低，且同质化现象严重，难以满足中高端旅游者的审美情趣和精神文化需求。为解决旅游业发展面临的问题，相关主体需要转变发展思路，及时关注市场需求变化，优化资源配置，创新文旅产品和服务供给模式，不断延伸拓展旅游产业链。

2. 适应文旅需求变化，鼓励文旅行业创新发展

近年来，人们越来越青睐体验型的文化旅游产品，随着文化和旅游融合进程的加快加深，一些文旅运营新模式、新业态已经出现。比如，文旅小镇、主题公园、特色街区和旅游演艺等。除了进一步加强文化旅游产品创新、模式创新、技术创新、内容创新等方面的工作外，还需要结合不同城镇的文化旅游形象，打造独特且极具代表性的品牌，切实做好文旅产品供给端与市场需求端之间的合理高效衔接。

（三）发展壮大城市群，构建城市文旅产业发展新格局

1. 发展壮大城市群，推动产业叠加协同发展

城市群和都市圈在构建新型城镇化格局中具有重要的战略地位。未来都市圈和城市群的发展升级，必将推动这些区域文旅产业的一体化发展。一方面，都市圈、城市群的发展将推动文旅产业与其他产业叠加互补、协同发展，促进城市群内各城市的经济发展，形成一个更大场域、

更具辐射力的区域文旅市场。另一方面，城镇化率将进一步提升，需要在大区域层面增加文旅消费客群数量及消费能力，拓宽文旅产业发展的基本面。

2. 利用城市群的竞合契机，加强产业的联动互促效应

城市群、都市圈的发展将促进城市间文化和旅游领域的合作，在资源禀赋、产业基础和支撑环境方面形成互补优势，从而吸引更多外部企业入驻，带来投资效应。同时，由于不同城市的旅游形象和旅游产品具有差异性和替代性，市场竞争也会相对激烈。因此，应当在推动城市群大区域文旅产业发展的基础上，形成城市内部核心竞争力，平衡城市与城市间的竞争关系，发挥城市在城市群中的关键作用。通过新媒体等多元手段，挖掘城市文化内涵、彰显城市精神，为中国城市旅游经济发展注入新动能。

（四）推动文旅融合政策体系建设，深化政府支持保障措施

1. 优化顶层设计，构建文旅融合政策体系

相关政策制定部门可通过深入调研，总结与分析国内外文化和旅游融合发展的实践经验和经典案例，构建适合我国国情的文旅融合发展政策体系。此外，在相关政策表述中应强调文化和旅游深度融合的发展方向，在进一步提高文旅政策权威性、强制性、规范性的基础上，扎实推动文化、旅游、出版、影视等多个部门的协同发展。

2. 丰富资金人才政策措施，完善支持保障措施

在资金支持方面，不断完善文旅产业融合发展的资金支持体系，通过资金补贴、发放消费券、票务优惠等措施进一步释放消费潜力。积极培育文旅消费热点，创新投融资方式，支持符合条件的文旅企业拓展融资渠道。此外，培养和吸引专业化人才是推动文化和旅游融合发展的重要措施。各城市制定政策和规划时需重视对专业化人才的培养、引导和支持，要与国内外各大高校、文旅企业以及国际性组织建立合作和交流关系，培养具有国际化视野的高端文旅人才，提升文旅行业整体素养。

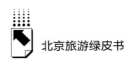

参考文献

吴丽、梁皓、虞华君、霍荣棉：《中国文化和旅游融合发展空间分异及驱动因素》，《经济地理》2021 年第 2 期。

徐翠蓉、赵玉宗、高洁：《国内外文化和旅游融合研究进展与启示：一个文献综述》，《旅游学刊》2020 年第 8 期。

翁钢民、李凌雁：《中国旅游与文化产业融合发展的耦合协调度及空间相关分析》，《经济地理》2016 年第 1 期。

王慧：《文旅融合背景下城市优质旅游有效供给能力评价——以沈阳市为例》，《社会科学家》2021 年第 1 期。

厉新建、张琪、李兆睿：《全域旅游示范区发展水平评价及其空间特征研究》，《燕山大学学报》（哲学社会科学版）2020 年第 3 期。

杨永恒：《引领文化和旅游高质量发展的路线图》，《中国文化报》2021 年 6 月 4 日，第 2 版。

G.16
北京文化和旅游融合发展

——以东城区为例

杨晶晶　张　琪　厉新建　崔　莉*

摘　要： 北京已经从传统国都转变为世界性的城市，东城区是北京的核心区。面向市场、面向全球，北京城市发展需要处理好文化和旅游融合过程中的国内传承和国际传播问题。东城区的建筑、标识、文化产品等一定程度上代表了北京的形象、中国的形象。通过结合北京市文化产业现状和北京市旅游产业发展，以北京市东城区为例，从北京视角、中国视角、世界视角和未来视角对东城区的文化和旅游融合进行分析，最后对北京文化和旅游融合发展提出了对策与建议。

关键词： 文旅融合　北京　东城区

一　北京市旅游产业发展

根据北京市文化和旅游局（2020）统计数据，2019 年，北京旅游总收入 6224.6 亿元，增长 5.1%；接待游客总人数 3.2 亿人次，增长 3.6%；旅

---

* 杨晶晶，澳门旅游学院副教授，研究方向为旅游开发与发展等；张琪，北京第二外国语学院旅游科学学院硕士研究生，研究方向为旅游经济与休闲经济；厉新建，北京第二外国语学院旅游科学学院教授，首都文化和旅游发展研究院执行院长，研究方向为旅游经济发展战略等；崔莉，北京第二外国语学院旅游科学学院教授，研究方向为旅游规划与开发等。

游餐饮和购物总额 3281.9 亿元，占社会消费品零售额的比重为 27%，与 2018 年持平。其中，国内旅游总人数 31833.0 万人次，增长 3.7%；国内旅游总收入 5866.2 亿元，增长 5.6%（外省市来京旅游 19267.2 万人次，增长 1.5%；旅游收入 5306.9 亿元，增长 4.5%；市民在京游 12565.7 万人次，增长 7.2%；旅游收入 559.2 亿元，增长 16.9%）；累计接待入境游客 376.9 万人次，下降 5.9%（接待外国人 320.7 万人次，下降 5.6%，占接待入境游客总数的 85.1%；接待中国港澳台游客 56.2 万人次，下降 7.3%）；经旅行社组织出境旅游 484.5 万人次，下降 5.2%。①

北京市文化和旅游局疫情期间的数据显示，2020 年受疫情影响，旅游业遭受极大冲击，经过各方努力，旅游市场呈现逐步回暖、恢复向好的态势，全年旅游总收入 2914 亿元，恢复至上年的 46.8%；接待游客 1.8 亿人次，恢复至上年的 57.1%。其中，市民在京游 8639.3 万人次，恢复至上年的 68.8%；旅游收入 367.0 亿元，恢复至上年的 65.6%。尤其值得关注的是，北京打造了 100 个文化旅游体验基地，推出了多条城市微旅行文化探访休闲线路，举办了首届北京网红打卡地评选活动，推出了很多具有文旅融合特色的网红打卡地。②

北京市一直加强"四个中心"功能建设和国际一流旅游城市建设，结合深厚的文化底蕴和丰富的旅游资源，把握文旅融合发展新趋势，早在 2019 年 12 月 11 日就研究出台了《关于推进北京市文化和旅游融合发展的意见》。该意见回答了"融什么、为谁融、怎么融"等问题。

二 北京市文化产业现状特征

作为全国文化中心和国际一流的和谐宜居之都，文化产业是北京市重点

---

① 北京市文化和旅游局：《2019 年北京旅游市场总体向好，保持增长》，http：//whlyj. beijing. gov. cn/zwgk/zxgs/tjxx/history/2019/202002/t20200209_ 1888475. html。

② 北京市文化和旅游局：《2020 年北京旅游业在疫情中恢复前行》，http：//whlyj. beijing. gov. cn/zwgk/zxgs/tjxx/202107/t20210727_ 2449734. html。

发展的产业门类。根据《北京文化产业发展白皮书（2020）》，北京市文化产业发展呈现以下特征。

第一，综合实力持续增强，高质量发展成效显著。

第二，产业发展提质增效，核心动能加速转换。2019 年，北京文化产业结构不断优化，全市规模以上文化服务业企业营业收入 10328.4 亿元，同比增长 34.1%，文化核心领域支撑作用显著。

第三，空间格局不断优化，集聚与辐射双向并进。以中轴线申遗为引领，高质量编制完成"一轴三带"各项相关规划。

第四，文化供给品质优化，文化消费转型升级。尤其是文化惠民活动不断升级，惠民文化消费电子券持续发挥激励撬动作用，获得北京地区消费者及文化企业热烈响应。同时，积极培育夜间消费、文旅消费、在线消费等新兴消费形态，为产业拓展更大的市场空间。

第五，文化对外贸易持续发力，文化加快"走出去"步伐。北京市积极应对复杂多变的国际形势，进一步深化文化"走出去"战略，不断扩大文化影响力与吸引力。北京地区 36 个项目入选 2019～2020 年度国家文化出口重点项目名录。

三 东城区文化产业现状特征

国家统计局颁布的《文化及相关产业分类（2012）》标准将文化及相关产业分为 10 个大类，包括新闻出版发行服务、广播电视电影服务、文化信息传输服务、文化创意和设计服务、文化娱乐和休闲服务、工艺美术品的生产、文化产品生产的辅助生产、文化用品的生产、文化专用设备的生产。《国民经济行业分类》（GB/T4754—2011）中的 R 类"文化、体育和娱乐业"包括新闻和出版业、广播电视电影和影视录音制作业（广电业）、文化艺术业、体育娱乐业。本研究综合了两个不同的分类标准，将文化产业分为新闻和出版业、广播电视电影和影视录音制作业（广电业）、文化艺术业、娱乐业。为了详细分析东城区文化产业发展特征，并与其他

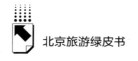

地区进行比较，依据 2018 年第四次经济普查数据分析北京市乡镇街道文化产业发展状况。

总体而言，东城区文化产业发展呈现以下特征。

第一，文化产业类型多样、内容丰富。2018 年，东城区文化产业法人单位约 0.38 万个，从业人员 4.08 万人，营业收入 326 亿元，资产总计约 1286.89 亿元，涵盖了文化产业的所有大类。其中，娱乐业法人单位数量最多，约 0.17 万个；新闻业收入与资产总计最多，分别达 126 亿元和 455 亿元，均超过文化产业三分之一；从业人员方面，新闻业、文化艺术业均超过 1 万人。此外，从产业发展效益来看，广电业劳动生产率最高；娱乐业、文化艺术业劳动生产率仅为体育业的三分之一。

第二，文化产业主要集中在北部街道。从营业收入、从业人数、法人单位数的空间分布特征来看，文化产业及其细分业态向北部集中的空间特征明显；除了体育业集中于南部体育馆街道附近之外，东城区文化产业多集中于北部和平里街道、北新桥街道、东直门街道、朝阳门街道。和平里街道文化产业基础好，众多著名文化产业机构如国家民委新闻出版单位、光线传媒、中国质量标准出版传媒有限公司等位于和平里街道。然而，和平里街道文化产业劳动生产率仅为 53 万元/人，低于全市平均水平（80 万元/人），在所有街道中排名靠后。而南部的永定门街道、前门街道等，不仅法人单位、营业收入规模较低，而且劳动生产率也远低于全区平均水平。

第三，文化产业比较优势突出。2018 年，东城区文化产业从业人员和营业收入占全市比重分别为 11.11% 和 12.36%。从就业来看，东华门街道、北新桥街道、和平里街道、建国门街道文化从业人员数量都超过 3500 人，分别位于全市第 6、第 12、第 15 和第 28。从收益来看，东华门街道、北新桥街道、朝阳门街道、和平里街道、东直门街道、龙潭街道、建国门街道文化产业营业收入都超过 20 亿元，分别位于全市第 6、第 13、第 21、第 23、第 26、第 28、第 30。总体而言，无论是投入还是产出，相比于其他地区，东城区文化产业均具有一定的规模优势。

与此同时，东城区文化产业发展也存在一定的问题和不足。第一，文化新兴业态规模较小，引领带动力不足。东城区是北京历史文化资源最丰富的城区之一，但相比海淀、朝阳仍有一定的差距。长期以来，东城区文化产业主要集中在传统行业，没有将历史文化资源优势转化为产业优势，也没有抓住区域产业要素优势在技术研发、互联网娱乐、数字出版、文化软件服务等战略性新兴业态上充分发力，导致全区文化新兴业态整体规模较小，缺乏引领带动作用。

第二，区域内部文化产业发展差异显著，南部地区文化产业相对落后。从业人数、营业收入、法人单位，包括永定门外街道、前门街道、天坛街道等在内的南部地区各街道文化产业规模相对较小，亟待发展。例如，永定门外街道、前门街道文化产业营业收入仅为 1 亿元，远低于营业收入最多的东华门街道 64 亿元。总之，东城区文化产业空间发展呈现两极化态势，造成文化产业空间分布不均。

第三，从细分业态来看，娱乐业发展有待加快，相比新闻业、广播业、文化业，娱乐业营业收入较低。

四　东城区文化旅游融合分析

（一）东城区文化旅游融合的视角

北京已经从传统国都转变为世界性城市，东城区是北京的核心区。

首先，东城区是北京的一个城区，要考虑北京市的发展目标和需求；同时，东城区代表了中国的传统文化，是中国向世界传递和展示中国文化和中国形象的重要窗口；此外，东城区宝贵的文化遗产是全人类的财富。所以，东城区的发展不仅要着眼于北京，还要考虑到全国、全世界，东城区的发展要置于国际大背景中和全国大背景中，更要注重可持续发展。这也符合北京建设世界城市的目标，符合可持续发展的理念。

外国游客来中国，如果从北京入境，第一站就来到东城区；国内其他城

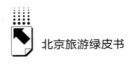

市游客来北京，第一站也是东城区。东城区的建筑、标识、文化产品等一定程度上代表了北京的形象、中国的形象。因此，东城区要处理好文化和旅游融合过程中的国内传承和国际传播问题。

1. 北京视角下的东城区

东城区的文化产业发展首先要考虑北京市的发展目标和方向，东城区作为北京的核心区要结合首都文化开发、发展。

2. 中国视角下的东城区

从中国的角度定位东城区的文化产业发展，服务全国，展示首都形象。考虑到中国不同地区人群对北京的期望，尽可能为来自祖国各地的人群提供满意的服务。

3. 世界视角下的东城区

从世界的角度定位东城区的文化产业发展，建设具有世界性的现代化城市文化建筑、标识和服务体系。

4. 未来视角下的东城区

东城区要把历史文化的保护传承和利用放在第一位。历史文化的保护传承是东城区的使命，在有效保护的基础上要做好科学开放、精准利用、突出效能的工作，在积极推动中国优秀传统文化、革命文化创造性转化的同时，要突出发挥东城区的文化以及相关人才优势、资源优势，突出发挥创意性策划、创新性发展方面的潜力，"崇文争先"，在北京四大文化之一的"创新文化"方面做出贡献，在社会主义先进文化的发展上做出引领性的贡献。

（二）基于"三个视角"的融合发展方向

1. 北京视角下的东城区

东城区有丰富的文化旅游资源，包括文化遗产旅游区、休闲商业街区、文化演艺场馆、民俗文化体验项目、旅游购物场所等。每年举办的"王府井国际品牌节""前门历史文化节"等特色文化节庆活动，增强了文化发展活力，具有浓厚的商务环境文化氛围。将文化与旅游融合作为东城区的产业发展方向，推动文化资源创造性转化和创新性发展，打破文化、科技、商业等各自为政的发展模式，以融合发展打破不同产业间的合作壁垒，促进产业边界消融，最终通过融合形成新型业态，推动经济高质量发展是长期策略。

2. 中国视角下的东城区

东城区应加强与其他城市和地区合作，展示自身丰富的文化资源。培育和提升一批特色品牌活动，如每年的新年音乐会、孔庙国子监国学文化节等活动。完善相应的交通环线设计、多种旅游交通工具的配备和停车场设施建设，促进东城区文化产业与旅游产业融合发展。

3. 世界视角下的东城区

与世界接轨，多语言服务、使用规范的标识。与世界其他国家加强合作，进一步落实、深化与世界相关文化机构和组织的合作。与国际知名博物馆加强合作，可以促进双方全方位发展。同时，要完善文化旅游服务功能，增加无障碍设施、多语种指示牌等。

五　文化和旅游融合高质量发展的建议

（一）文旅融合高质量发展的系统观念

高质量发展不是高端化、高档化。高质量不只是为了满足高收入、高消费人群的需要，而应该是强调主客共享，高中低结合，以人民美好生活追求为目标。高质量发展要解决好多层次发展的问题，尤其要在满足中低收入阶层的文化、旅游、休闲等方面的需求方面着力。要加大文化和旅游公共服务的融合发展，从主客共享和以人民为中心发展理念的角度推动公共文化服务与旅游公共服务融合发展，加大城市公共文化服务线上化的力度。

高质量发展要建立在全面小康的认识基础之上。"货币贫困""时间贫困"问题解决后，"休闲贫困"问题越来越突出；在"财富中产"的情况下，我国文化消费还远未达到中产水平。全面小康之后是人的全面发展，要提升国民的休闲能力，在闲暇中提升人文素养，在休闲中认识传统文化，在

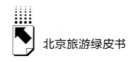

旅游中树立文化自信。在"中等收入群体显著扩大"的目标下，文化中产阶层的壮大是文化繁荣昌盛、全面建设现代化国家、全面实现人民美好生活的重要基础。要让文化消费成为提升人们品位和素养的重要渠道，让文旅融合成为促进新的精神生命形成的重要途径。

高质量发展一定是在开放的、充分的竞争环境下的发展。高质量发展不是立足于自己与自己比，也不是讲企业数量、资产规模，而是讲知名品牌、知名企业的成长。要加强文化和旅游品牌的评价与宣传、做好营商环境、投资环境的评估，加大文化和旅游投资负面清单管理力度，建立文化和旅游投资监测预警机制。

高质量发展要从生活质量的角度和社会治理体系现代化高度推动发展。要有效运用先进的技术手段来提升文化和旅游领域的治理体系、治理能力现代化问题，要加大文化文物资源开放力度，将文物文化资源的开放、开发作为文化文物治理能力现代化的重要指标；要推进城市民宿提升大计划，以民宿为平台和纽带提升文化和旅游融合发展的整体水平，带动文化和旅游的全域化融合，通过文化和旅游融合发展来提升治理能力现代化、文化复兴和文化建设。

高质量发展要促进文旅深度融合。要将传统文化元素融入旅游中，让艺术走向民众，让民众了解艺术，传承好、开发好、利用好我国优秀传统文化。要注重建立重要的文化标识和符号的特许经营制度，规范和明确中华传统文化元素和标识的公共属性等问题，更好地推动文创产品的创新和发展。文化资源不只是对旅游的开放，而是对社会的开放；不只是开放物化资源，也开放数字化资源。

（二）东城区文化和旅游融合的对策与建议

进一步丰富产品。目前东城区文化产业与各行业融合发展的框架已经搭起来了，还需要有更丰富的内容。品牌只有在内容、产品的支撑下才有意义。在文化和旅游融合发展方面，要着力做好文化资源和旅游市场之间的搭桥工作，建立联动机制，把文化演出、夜间娱乐等文化资源更好地与旅游市场需求衔接起来，为高品质的文化演出引入源源不断的游客，为旅游市场提供丰富多彩的文化产品与服务。要加大重要街区环境的优化力度，让文化文物资源能够"亮出来"，让文化文物资源的价值能够"突出来"，让消费者能够"兴奋起来"，让街区空间能够"精致起来""活跃起来"。

进一步拓展市场。以人民为中心的发展理念就是既要服务好外来的消费者，也要服务好本地居民，以主客共享来推动市场规模和消费能力的拓展。东城区一方面要积极鼓励区内文化资源拥有者参与资源供给；另一方面则不断丰富公共文化服务产品和体系，吸引更多的区内居民和本市居民将东城区作为文化休闲消费的首选地，要抓好文化研学，尤其是将学生群体的研学市场作为开发的重点。

进一步做好小文章。在东城区的更新中，既需要顶天立地的大项目、大空间来吸引市场关注，同时更需要铺天盖地的小产品、小空间来吸引人们停留。东城区下一步应该充分利用名人故居、街角公园、文化馆等场所，可以利用"故宫以东"品牌（或开发形成"北京漫步""发现北京"之类的新品牌），瞄准品质生活，植入文化元素，增加文化活动，做精文化产品和服务，通过串点成线、连线成网、结网成体，将分布在东城区大街小巷的这些独具文化范的小产品形成大网络，产生大影响，带来大效益。

进一步集聚文化资源。在创造性转化方面，东城区现在文化资源的利用和转化主要还是在与旅游融合上，有更多的文化文物资源还没有整合进来，需要加强对文化文物资源的普查和开放开发。在加强文化文物资源数字化的同时，要突出文化与科技深度融合发展与创新，探索建立数字化文化资源体系，形成文化资源数字化和数字化文化资源齐头并进、以文化资源数字化促进文化产业创造性转化、以数字化文化资源促进文化产业创新性发展，打造文化产业良性发展新格局。

（三）北京文化和旅游融合发展的对策与建议

第一，东城区要对文化文物单位进行摸底评估，出台负面清单，推动文旅商的融合。要让文化成为提升传统旅游要素价值的催化剂，着力推动文化

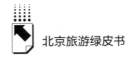

文物场所的开放，让文物资源成为北京高端消费的新亮点，培育一批文化主题的高端餐饮、住宿、娱乐场所。根据高端消费资源散落化分布特点，以文化旅游融合小聚落代替以往的文化大街区建设，用"满天星星"促进高端文旅消费。

第二，把提供优质文化体验放在首位，不单纯追求购物等方面的经济效益。东城区要围绕全国文化中心和国际交往中心的功能定位，平衡经济收益与文化传播之间的关系。推出北京文化旅游科技融合发展示范区和示范企业，适用科技企业税收政策。通过科技赋能优化北京"四种文化"的体验，从"有说头没玩头"向"可说、可听、可看、可触、可玩、可感、可知、可购"转变，以综合衍生消费带动高端化发展。

第三，抓住重点，用好存量，科学理性培育夜间经济消费。东城区要重点利用科技演出对接供需服务，做好来京客流导流工作，丰富游客的夜间生活，提高文化演出的经济效益。重点抓好高水平演出的营销，填补北京高端文化艺术演出产品的"供给缺口"，吸引这些高端消费"进京"。试点博物馆的夜间开放和研学旅游相结合，打造北京"博物馆奇妙之夜"等系列品牌和"博物馆不眠之夜"等标志性夜间文化活动。探索老旧厂房改造用地政策改革，破除文旅融合领域用地性质变更障碍，简化程序，优化服务。

第四，用创意的力量让老字号焕发生机，让老旧厂房获得新生，推动城市有机更新。鼓励知名老字号与现代创意头部企业之间结成伙伴关系，推动老字号文化资源更好地服务于现代旅游和消费需求。为老字号对接海内外知名奢侈品设计企业，鼓励推出联合品牌和产品。用竞争性方式为城区腾退出来的物业导入创意产业，植入培养生活艺术和品位的新业态，鼓励建设各种新业态体验中心和创新创意体验中心，形成空间集聚，带动新型消费。推广东城区"故宫以东"文旅品牌打造系列经验，大胆鼓励用市场手段、用抖音等高能级社交媒体来"发现北京"，激活那些处于"沉睡状态"的文化和旅游资源。

第五，抓好六项重点工程，提高文化和旅游融合发展的引领性、示范性。一是推出沉浸化工程。东城区要用场景思维和科技手段来深度挖掘、展现区内文化文物资源，显著增强博物馆、文化馆、艺术馆等文化空间的吸引力，推出沉浸化工程。选择标志性的文化艺术场馆（比如博物馆等）和旅游景区点（如恭王府等）进行试点，从而在沉浸式博物馆、景区（街区）创新发展上发挥引领性作用。

二是推动解说系统革命。统筹推进"五位一体"总体布局、协调推进"四个全面"战略布局，文化是重要内容；推动高质量发展，文化是重要支点；满足人民日益增长的美好生活需要，文化是重要因素；战胜前进道路上各种风险挑战，文化是力量源泉。东城区要在博物馆解说、重点街区空间（尤其是胡同空间）解说等方面进行系统规划，优化解说内容、解说方式、解说队伍，有效推动优秀文化传承与弘扬、文化价值的深入体现，让文化成为每个人的认知，真正树立人们的文化自信。

三是推动文化公共服务和旅游公共服务融合示范工程。东城区有必要从"以人民为中心的发展思想"和主客共享的发展理念出发，积极推动文化和旅游在公共服务方面的融合发展，公共文化服务不仅为当地居民服务，也要拓展其旅游体验功能，甚至要对公共文化服务网络化布局、网红化发展进行专门规划和政策性支持；旅游公共服务要有针对性地融入文化主题和内涵，要在资讯服务基础上融入能够满足人们品质生活、养成生活品位的服务和项目，鼓励利用公共空间或闲置空间进行精致生活和生活艺术层面的改造和利用。

四是推动文化"三进工程"。三进工程就是文化进景区、进街区、进社区，将文化艺术的社会化、市场化与景区、街区的发展统筹考虑。一方面为剧场（院）和文化艺术院团改革提供广阔的市场空间，另一方面则为景区、街区增加文化内容、提升文化内涵、增强文化吸引力。在条件成熟的情况下，还可以选择相关街区面向街头艺术表演开放，增强街区活力和文化氛围。文化进社区除了要让文化下沉社区外，更重要的是让北京的市民走进文化空间，让他们重新发现"待腻了的地方"在历史、文化方面的潜力，让"家乡"成为触手可及的"诗和远方"。

五是文化资源数字化和数字化文化资源工程。前者主要是利用当前的数

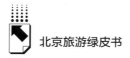
字技术，把已有的文化文物资源进行数字化，并通过数字化来进行文化产品的研发和创新，包括把文化空间、文化场景、文化符号作为文化创意产业的重要资源，通过数字科技完成优秀传统文化、革命文化的创造性转化。后者主要是利用当前艺术科技、文化科技领域的创新成果，丰富文化产品、服务和项目，让时尚、科技与传统、历史有效融合，尤其是把依托在科技基础上的创意、创造发展为社会主义先进文化的重要体现，凸显中国特色社会主义新时代在文化领域的创新性发展。

G.17
北京非遗与旅游的融合：案例分析、认知体系、融合路径*

张祖群 吴秋雨 陈琦 谢心怡 李昕 胡英**

摘　要： 本文从国际、国内层面梳理了非遗与旅游融合的政策导向，
基于知网国内文献进行了非遗与旅游的 CiteSpace 文献计量分
析。借鉴以上分析本文又对北京礼物设计、北京胡同游、故
宫文创中的非遗与旅游融合进行案例分析，获得了非遗与旅
游融合的4条认知体系与5种融合路径；以及非物质文化遗产
的旅游发展要根植于地方特征，非遗与旅游的结合，旨在实
现多方共赢。

关键词： 北京非遗　文旅融合　遗产价值

* 本研究为北京理工大学研究生教育实践改革重点项目"设计艺术学（文化遗产与艺术创新方
向）硕士生教育'三位一体'综合改革探索"（项目编号：2020SJJG005）；2019年校级教育教学改
革专项——"以学生为中心"专业建设与培养模式改革项目"基于学生主体的精益课堂理论建
设与实践探索——以环境设计（文化遗产与现代设计方向）本科专业为例"、2020年校级教育教
学改革立项项目"美育与专业教育有效融合：困境、改革和创新"、2020年校级研究生教育培养
综合改革项目"以学生为导向的研究生培养模式：精益课程、理论素养与综合实践——以设计
艺术学（文化遗产与艺术创新方向）为例"的课题成果。
** 张祖群，北京理工大学设计与艺术学院文化遗产系副教授、硕士生导师，研究方向为文化遗
产与艺术设计、文化地理（产业）等；吴秋雨、陈琦、谢心怡、李昕，北京理工大学设计与
艺术学院2020级设计艺术学专业（文化遗产方向）硕士生；胡英，北京理工大学明德书院
1809班本科生。

一　研究背景

（一）政策导向

《中华人民共和国非物质文化遗产法》（中华人民共和国主席令第 42 号）对非物质文化遗产进行了权威的界定。在中国语境下，非物质文化遗产主要由六大类构成。非物质文化遗产从高雅的学术殿堂走向普通的民众视野。简化"非遗"一词也成为学术界与民众的共同用语。在多元文化交流融合的当今时代，非遗对文化身份认同、维护文化多样性、推动民族创新性发展、促进可持续发展起着至关重要的作用。

近年来国际上关于非物质文化遗产公约也愈加完善。自 2003 年 9 月 ICOMOS（国际古迹遗址理事会）在法国巴黎举行第 32 届会议，参照《世界人权宣言》（1948 年）、《经济、社会及文化权利国际公约》（1966 年）、《公民权利和政治权利国际公约》（1966 年）、《保护民间创作建议书》（1989 年）、《教科文组织世界文化多样性宣言》（2001 年）和第三次文化部部长圆桌会议通过的《伊斯坦布尔宣言》（2002 年），国际上逐渐认识到非物质文化遗产对于促进全球多元文化和谐与可持续的重要性，认为 Intangible cultural heritage 是文化多样性的熔炉，是可持续发展的保证。由于 1972 年定下的《保护世界文化和自然遗产公约》对于保护非物质文化遗产还未有明确规定，为提高全球公民（尤其是青年人）对非物质文化遗产及其保护的认知，2003 年 10 月 UNESCO（联合国教科文组织）订立《保护非物质文化遗产公约》。后来不断补充修正，推出该公约业务指南。在 2016 年进一步制定《保护非物质文化遗产的伦理原则》，以非物质文化遗产为切入点保护人权和土著人民权利。国际公约日益强调在非物质文化遗产保护中社区、群体或有关个人（利益主体）的作用，在日常生活实践中强调各利益主体要相互尊重，促进文化和谐。

自 2004 年中国政府正式加入《保护非物质文化遗产公约》，非遗在中国掀起一股热潮。2005 年《国务院办公厅关于加强我国非物质文化遗产保护工作的意见书》（国办发〔2005〕18 号）强调对我国非物质文化遗产保护工作的紧迫性与重要性。紧接着于 2006 年、2008 年、2011 年、2014 年、2021 年国务院审定与发布第一批、第二批、第三批、第四批、第五批国家级非物质文化遗产代表性项目名录。2011 年颁布的《中华人民共和国非物质文化遗产法》（中华人民共和国主席令第四十二号）第一次对于非物质文化遗产等有了明确的法律规定，是非遗保护的里程碑事件。2012 年我国发布了《关于促进文化与旅游结合发展的指导意见》，对于推动中国文化的向外传播和对内提升、促进文化与旅游结合、促进我国文化事业产业从数量向质量的转变有良好的政策导向。2021 年 8 月，中共中央办公厅与国务院办公厅联合颁发了《关于进一步加强非物质文化遗产保护工作的意见》。该文件将非遗保护与传承提高到"铸牢中华民族共同体意识"的高度，在社会主义核心价值观引领、中华民族共同体立场的坚守、非遗国民教育体系的纳入等多个方面给出指导意见，彰显了国家主流意识形态与国家意志在非遗事业中的主导地位。

随着人们物质生活的日益丰富，精神层面文化需求也逐渐得到重视。党和政府对于非遗日益重视，2016 年国务院发布《关于同意设立"文化和自然遗产日"的批复》（国函〔2016〕162 号）。党的十八大以来，旅游业发展日益将改善人民生活、增强人民福祉作为最高目标，文化与旅游融合相关政策条例随之出台，以促进非物质文化遗产与旅游之间的高度融合。2019 年北京市政府出台《北京市非物质文化遗产条例》（北京市人民代表大会公告 第 1 号），于其中第五章指出"政府鼓励公民、法人和其他组织合理利用非物质文化遗产资源，开发相关文化产品和文化服务；建立非物质文化遗产相关文化产品和文化服务的消费促进机制"。该条例明确强化了政府职能，并针对企业、个人、社区分别进行不同方面的支持与鼓励，鼓励旅游业经营者充分利用非物质文化遗产资源开发旅游线路、旅游项目和旅游商品等，开发相关文化产品和文化服务。2017 年为落实党的十八届五中全会关于"构建中华优秀传统文化传承体系，加强文化遗产保护，振兴传统工艺"和

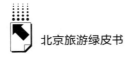

"十三五"规划纲要，文化部经过调研专门制定《中国传统工艺振兴计划》（国办发〔2017〕25 号），将非遗与乡村振兴相结合，鼓励推动传统工艺品的生产、设计等与乡村旅游有机结合，充分发挥公共文化机构的作用，积极开展社会普及教育，促进中国传统工艺的传承与振兴。自 2004 年 6 月在苏州召开第 28 届世界遗产大会至 2021 年 7 月在福州召开第 44 届世界遗产大会，17 年过去，世界遗产、非物质文化遗产等日益深入人心。非遗与旅游日益紧密连接，各地政府与景区、文化传承单位逐渐将旅游、非遗与精准扶贫、新农村建设、少数民族传统村落保护等工作有机结合起来，积极探索振兴非遗传承和旅游和谐共生的有效途径，大力发展文化事业与不断繁荣文化产业。

（二）CiteSpace 文献计量分析

基于知网国内文献，以"非物质文化遗产旅游"为关键词，限定文献类型为"期刊"，在 CNKI 数据库中共检索到 482 篇相关文献，导入到 Citespace5. 7. R5 软件进行分析。参数设置：检索时间为 2021 年 7 月 10 日；文献时间范围为 2006～2021 年（所有文献的发表年份区间）；时间切片为 1；视图呈现的剪切方式为"Pathfinder""Pruning sliced networks"等。

1. 关键词聚类图谱

以 482 篇文献的关键词进行聚类分析，发现主要关键词有"非物质文化遗产""旅游开发"和"非物质文化遗产旅游"等。三者属于不同的聚类族群，是独立的三个核心研究主题，彼此之间的联系较弱。

2. 时间线（Timeline）图谱/时区（Timezone）图谱

聚类出现频次排名前十的关键词，发现主要有非物质文化遗产旅游、旅游开发等（从 0 到 9，出现频次依次减少）。中文文献最早出现"非物质文化遗产旅游"这一关键词的年份是 2006 年，对该主题的研究一直延续到2021 年，15 年之久呈现渐增与稍有起伏态势。图的上方是时间，每一条曲线的起点表示右侧所代表的热点关键词第一次出现的时间；终点则表示最后一次出现的时间；整个曲线的跨度代表关键词出现的年份阶段。其中，线的

9

颜色随着时间的推移逐渐由紫红色向淡黄色过渡，即颜色越深，年份越久远。

时区图谱跟时间线图谱类似，中文文献显示：第一次出现"非物质文化遗产"和"旅游开发"这两个关键词都是 2006 年。随后"遗产旅游""文化遗产旅游""开发模式"等相关关键词开始出现在文献中。

（三）非遗文化与旅游融合的文献评述

当前非物质文化遗产著作主要有学术类（涉及非遗现状、非遗学理、保护措施）和非学术类（多为非遗保护主体的科普性介绍）两类，缺少非遗微观应用理论阐述、非遗传承人研究、非遗文化内核等成果（马知遥、刘旭旭，2018）。非物质文化遗产的旅游发展要根植于地方特征（戴俊骋、李露，2019）。针对文化旅游中出现的非物质文化旅游资源的价值认定与利益分配、文化资源价值的甄别等困惑，非物质文化遗产与旅游之间的融合需要解决物化的吸引物与非物化的吸引物所有权界定、利益分配等问题（厉新建，2013）。故有学者专门指出，非物质文化遗产进行旅游利用时，须注重现状实地调查、旅游者需求调查、利益相关者协调三大环节（石美玉、孙梦阳，2010）。

近年来，优秀的非物质文化遗产与旅游的融合也得到了极大推动和发展。2018 年 6 月，文化和旅游部部长雒树刚在"全国非物质文化遗产保护工作先进集体先进个人和第五批国家级非遗代表性项目代表性传承人座谈会"上提出要推动非遗与旅游融合发展，要充分发挥出我国非遗的潜在优势与现实优势，使之在旅游市场发挥创新性作用（王学思，2018）。2019 年 6 月，《中国旅游报》正式发布与推出首批 10 个非遗与旅游融合优秀案例（陈熠瑶，2019）。2020 年 10 月，文化和旅游部非物质文化遗产司推出 20 个 2020 非遗与旅游融合发展优秀案例。

非遗与旅游的结合，旨在希望实现双方共赢的繁荣局面。非物质文化遗产作为一种活态遗产自身具有极强的生命潜力，能为当地提供源源不断的社会经济效益与社会文化效益，与旅游产业的良性结合，为游客提供更高质量的旅游体验，能延续其可持续发展潜力。因此"旅游业 + 非遗"的产业模式将成为未来旅游服务体验的新模式，这是时代的必然选择。

表1　首批十个非遗旅游融合优秀案例

项目	地域	融合特色
秦淮灯会	江苏南京	良好的组织和制度保障；多方合作，保障资金支持；以会带旅，以旅促会；品牌化发展、国内外双赢
古窑让非遗活起来	江西景德镇	良好的研究基础和研究团队；大力发展研学旅游；集群式非遗传承模式
非遗让最美乡村更有"味道"	江西婺源	将非遗与旅游景区、研学游等融合；进行文化展示体验
世遗永定土楼	福建龙岩	遗产等级高，种类较为齐全；积极开展非遗教育；发展文化产业集群
非遗馆让非遗项目活态发展	湖南长沙	首创中国"非遗 +"活态传承发展模式；推行城市文化消费场馆模式；搭建"产、学、研、销"链条体系
彝族火把节	四川凉山	坚守公约保护为主，展现民族风采与地域风情；重视非遗项目存续力
非遗 + 景区	陕西韩城	用传统仪轨和现代媒体促进非遗 + 景区融合，展现千年古城的精神标识
郧西七夕	湖北十堰	提供仪式感、体验感，非遗与旅游融合发展带动地方经济
推动麻塘精准脱贫	贵州凯里	以文旅融合形式实现精准脱贫
古渔镇借助非遗焕发新春	浙江东沙	主次分工、动静结合、区域协同、衍生发展；解决本地性与开放性之间矛盾；搭建非遗生态网络

根据文献（让非遗在旅游中活起来，2020）与2019年11月陕西韩城旅游公众号整理。

二　案例分析

北京作为中国首都，非遗项目众多，旅游发展具有得天独厚的地域优势，呈现首都特征。"北京记忆——京童谣子项目"案例体现了北京非遗保护利用的数字化趋势（加小双、李宜芳、谭悦，2019）。在2020非遗与旅游融合发展优秀案例中，北京东城区推出的"故宫以东"打造京味文化旅行，去哪儿网用现代思维诠释传统文化推出的"非遗非常潮"亮点突出，北京地域性明显。针对近年来北京非遗与旅游融合中出现的典型性、代表性问题，选取了下列几个案例分析。

（一）案例分析：北京礼物设计中的非遗与旅游融合

1. 案例背景

进入 21 世纪，我国经济迎来了快速发展阶段，第三产业迅速崛起，旅游业比重上升。近年来北京旅游产业迅速发展，旅游市场极其活跃，旅游收入快速增加，旅游需求旺盛，根据《2013 年北京旅游统计便览》统计：北京旅游市场中购物消费占旅游总消费的 32%。2019 年北京市国内旅游达31833.0 万人次，北京市民在京游 12565.7 万人次，北京市累计接待入境游客 376.9 万人次。2020 年、2021 年受到新冠肺炎疫情影响，现今北京旅游逐渐回暖。

在北京旅游商品（纪念品）市场中，出现质量参差不齐、旅游纪念品层次不丰富、两极分化等问题（王化民，2007）。纪念品的销售由商家随意定价，旅游景区无权管理销售市场，产品类型缺少统一的标准（赵晓燕，2007）。旅游商品销售渠道单一，只有小型个体零售、景区授权的专卖店销售两种经营模式。产品缺乏设计感，包装老套，种类单一且同质化现象严重，市场观念淡薄，缺乏品牌意识。从北京 9 家 5A 级景区到 70 余家 4A 级景区，所售旅游纪念品相差无几，呈现高度的趋同性、义乌产地性特征，最大的区别可能只是印刷的图案、文字不同。这些高度雷同、同一货源地的旅游纪念品，并不能代表北京特色的文化，也不能满足消费者差异化的购买愿望。

2. 北京礼物设计类型

在 2010 年前后，北京旅游界意识到旅游纪念品市场的困境，设计与推广的"北京礼物"逐渐出现在大众视野中。北京"文创"这一行当现今已发展得如火如荼，设计优秀的北京礼物层出不穷，直至今天已经拥有了上千种文化创意产品。北京市文化和旅游局开办了专门的北京礼物网站（http://www.beijingliwu.com.cn/），进行北京礼物设计制作评选、认证商品及店面名单公示。在众多文化产品中，可以初步将"北京礼物"划分为

"传统工艺品""地方特色商品""纪念衍生品""文化创意科技商品"四种类型（见图1）。"传统工艺品"是老北京原汁原味的非遗手工艺品，最能原汁原味地保留传统的手工技法的一类商品。可以进一步细分为老北京精品、民间工艺品、传统书画文玩、其他传统工艺品及其创新产品。"地方特色商品"主要是传统老字号、传统京郊特产和其他地方特产等。"纪念衍生品"大多数为旅游景区专属纪念品、文博衍生品和重大活动特许商品。"文化创意科技商品"主要包括一些艺术衍生品和创意科技产品。

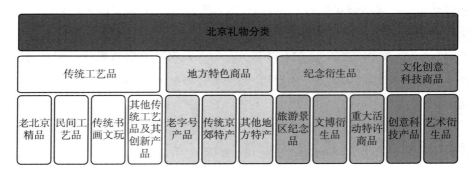

图1　北京礼物分类

"北京礼物"兼收并蓄，在设计过程中以北京特色文化元素为主，又融合了远郊的地方文化，最大程度上协调、整合各方资源，联动带动地方发展。"北京礼物"设计形成了一批具有北京地域特点、民族文化内涵、首都风貌特征、城市知名品牌的旅游商品精品（北京旅游学会旅游环境与公共服务研究中心，2013）。

（1）北京礼物红星二锅头设计：红星二锅头诞生于1948年，而今合并收购20余家酿酒厂，传承老字号酿酒手艺。1949年中华人民共和国成立，红星二锅头作为唯一指定庆典礼品的白酒。红星企业作为北京唯一一家白酒厂，政府明确规定其不能涨价，要让最底层民众喝得起白酒，因此被誉为"老北京饭桌上的亲民酒"。进入20世纪90年代，经济快速发展，物价飙升，红星二锅头几十年如一日的价格使得企业运转难以为继。2003年，红星企业推出红星青花瓷二锅头系列（见图2），该设计在传统青花瓷扁龙瓶造型的基础上拉长瓶颈部分、简化其把手部位，使其整体形象更加简约，瓶身绘制的青花龙纹呼应红星酒业品牌"龙泉"文化，掀起了白酒行业青花瓷包装设计热潮。该设计于 2011 年在"北京礼物"大赛上获得金奖。

图 2　红星二锅头设计分析

图片来源：品商宣发，作者自绘。

红星二锅头一直在不断地改进和摸索中，探索与创新发展路径。在青花瓷之后又相继推出了国粹系列、京味系列、时尚系列、红色系列等。如今，小瓶"苏扁"系列，以极简主义的风格突出"红星"文化主体形象，让现代人印象最深刻的是那句"敬不甘平凡的你""有兄弟才有阵营"振奋人心的广告语。红色系列的推出，讲出了红星的灿烂故事，让红星重新走进大众心中，把酒喝到心坎上，而不是闷在心里。红星二锅头系列已经走入了千家万户，成为北京旅行宴会、百姓饭局上的常备酒。

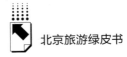

（2）北京礼物兔儿爷设计：兔爷儿是北京在中秋时节供奉祈福的一种泥塑，后来演变成了儿童玩具。作为一种传统手工艺类非遗，北京兔儿爷存在形象较为单一、形式比较守旧、远离现代生活、青少年普及少等问题，为此有识之士提出让兔儿爷进校园、进行 IP 形象设计、开发文创产品、推行体验式博物馆等措施（苏涵珺、叶莉，2020）。吉兔坊是北京最大的兔儿爷生产基地，其创始人胡鹏飞在百工坊开设工作室与非遗体验基地，在通州设置更大的工坊。其兔儿爷形象设计（见图3）以北京文化元素为基础，融合陕西凤翔泥塑等技法，融合时尚审美，推出的一系列精美文创产品，入选"北京礼物"，也深得民众喜欢。吉兔坊的兔儿爷文创产品以线上线下相结合，线上售卖商品，线下推广体验，让消费者、旅游者坐下来，捏泥塑、描彩绘，制作一个个兔儿爷，让消费者、旅游者在深入文化体验中深入了解非遗技艺，体味北京非遗内涵。

元素构成：

京剧头饰　　　福虎

主体颜色：

黄色　　　红色

吉兔坊兔儿爷形象设计

图3　传统兔儿爷形象设计

图片来源：作者调研自摄。

（3）北京礼物京剧脸谱面膜设计：国家京剧院根据生、旦、净、丑京剧角色推出4款面膜。当大众进入国家京剧院就会看到四个角色的京剧面膜，然后大众可以自行购买自己喜欢的面膜，并戴着面膜听京戏，让大众体验一下当"角"的感觉，设计者别出心裁地调动了大众的参与感，同时传播了优秀传统文化。半小时敷上面膜，保养了皮肤，理解京剧行当的换妆切换（刘铱镝，2020）。针对文化爱好者女士与工薪阶层消费者，开发的京剧脸谱面膜文化衍生品与旅游纪念品，是对京剧文化的最佳科普。京剧脸谱面膜从产品构图、设计、选材、制造、运营到推广，均可表现出设计师的良苦用心，入选"北京礼物"也是情理之中的事，这是传统非遗融入现代社会、融入民众生活的很好尝试。

3. 案例总结：北京礼物设计的创新思维模式

政府主导，多方参与：早在 2004 年，北京市旅游局就针对北京市旅游纪念品市场存在的问题做了一系列全面而深入的调查，2006 年出台《北京市文化旅游产业发展实施方案》、2008 年出台《北京工业旅游产品组织实施方案》等政策文件。2009 年，北京市组织相关部门将传统工艺品、地方特色商品、纪念衍生品和文化创意科技商品汇总为"北京礼物"这一概念，并于 2010 年创建品牌，以古都文化、红色文化、京味文化和创新文化内涵展示北京城市形象。将全国旅游纪念品创意大赛更名为"北京礼物"大赛，在全国择选优秀的设计作品。2014 年正式注册该商标。该品牌整合了全市的旅游资源，打造体现北京地域特点、民俗和京味文化内涵、首都风貌特征的旅游商品和文创产品的标志性品牌。2020 年 7 月 1 日，北京市文化和旅游局推出《北京市文创产业提质扩容专项培训工作实施方案》。在"北京礼物"诞生前后，政府主导出台了一系列政策、措施，解决北京旅游纪念品市场、管理和制度标准等核心问题。上述文件政策旨在推动北京旅游纪念品又快又好、高质量发展。至今，北京礼物涌现了一大批质量精美、设计优良、品种繁多的旅游纪念品体系，形成了文化企业、工业设计、旅游市场三方共同参与的旅游市场开发机制。

特许经营模式的成功应用："北京礼物"品牌创立至今，一直在品牌定位、运营模式、产品设计、研发销售等方面进行创造性的探索。起初的北京礼物是在承办全国性的设计大赛并从中选取优秀的设计方案作为"北京礼物"的备选方案。模仿韩国、意大利免税店的运营模式运营"北京礼物"商店，但几经尝试均未能取得理想的成效。奥运会和世博会的成功举办让

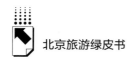

"北京礼物"运营商看到了特许经营的好处，经过考察和摸索，探索出一种适合"北京礼物"的授权模式，2011年这种模式出现，那就是只有经过认证的商品才可以在"北京礼物"专营店售卖，专家团队评定三家公司对"北京礼物"商店进行投资，目前北京市已经有100多家"北京礼物"的授权专营店。

线上线下有效结合：如今互联网发展迅速，物流交通发达，线上购物也成为不可少的一种购物方式。近几年更是出现了"直播带货""短视频推广"等新兴的购物宣传推广方式。"北京礼物"专营店紧跟时代浪潮，抓住契机，开展线上业务，2020年"北京礼物"天猫旗舰店开业，线上销售途径打通，扩大了"北京礼物"的品牌影响力。同时"北京礼物"还积极参与线下各种大型活动，如服贸会、旅商会以及各省的文创大会等。通过线上线下两个抓手，"北京礼物"扩大产品的影响力和知名度，值得现代文创类公司、品牌学习借鉴。

为文旅结合做出成功的表率：从整体上提升北京旅游商品的质量，拉动北京旅游市场的高质量消费。北京礼物的成功运营为全国文旅结合做出成功的表率。对于产品开发商来说，既要像红星那样不断尝试新的产品形式，更要在产品层次上做到丰富多样；还要像京剧面膜一样充分挖掘产品内在的文化价值，通过消费者的情感、文化认同，激发消费者的购买欲望。对于管理运营商来说，需要探索多种合作模式，吸引更多高质量产品进入授权体制；拓宽多种销售渠道，通过线上线下相结合、直播展销等途径，助力商品的推广。文旅融合需要各界共同努力、多方参与，要采取多种形式，开拓更多的发展空间和渠道，不断探索与创新，以呈现更多的精致的文旅产品给大众。

（二）案例分析：北京胡同游的非遗与旅游融合

1. 案例背景

北京胡同历史悠久，大多能够追溯到13世纪的元朝，明、清以后又不断发展，由于历经了岁月的沧桑与历史的沉淀，一墙一瓦都承载着厚重的文化，保留着居民的生活印记。明朝人张爵的《京师五城坊巷胡同集》记录北京街巷胡同约有1170条；清朝朱一新的《京师坊巷志稿》记录北京街巷胡同有2076条；1944年日本人多田贞一的《北京地名志》记录北京的胡同有3200多条；吴良镛先生的《北京旧城保护研究（上篇）》记述1949年北京旧城共有胡同3050条。新中国成立后，经历20世纪50年代、20世纪末、2000～2003年三次大拆改，到2005年北京旧城内能够被直接称为胡同的不足400条。新中国成立初期北京规划摒弃了"梁－陈方案"，旧城负载与叠加新的首都政治中心、经济中心与文化中心、行政中心功能，形成城市发展空间格局"摊大饼"与"同心圆"怪圈（吴良镛，2005）。

在鲁迅、林语堂、老舍等笔下，在《骆驼祥子》《四世同堂》等经典文学作品中，胡同成为北京一道特有的文化风景与地域文化符号。文学作品的胡同侧重于老北京市井生活和环境氛围等感知，现实胡同游中的游客则侧重于具体旅游景点、标志性建筑景观、城市基础设施、旅游服务设施等感知。两者存在一定差异，需要从跨文化、跨时空角度，从游客体验入手，通过串联北京的胡同街巷、经典民居、文学故事、胡同活动体验、胡同小吃等系列活动，提升北京胡同形象，传承北京人文精神（徐虹、韩林娟，2018）。

2. 案例分析

北京胡同的旅游开发最早能够追溯到1990年。20世纪50年代确定了旧城改造目标，在特殊历史背景下许多旧房失修失养，产生了大量的危房，损坏诸多文化建筑。以后随着北京加快城市建设，不少胡同巷道也被拆除消失。20世纪90年代北京出台"危旧房改造"政策，有效改造与完善部分危房，最大程度上保留一些老旧胡同与街巷（方可，2000）。21世纪初，人们逐渐对历史建筑有了大保护、原真保护、活态保护、有机更新等观念，于是又出台了逐步完善老北京胡同可持续发展的政策。1999～2006年，北京市西城区共有17家公司从事"胡同游"业务，其中，16家公司只有工商营业执照（无三轮车准运证），1家公司同时拥有工商营业执照与三轮车准运证。基于巨大的胡同游市场需求和利益驱动，17家公司、1000辆三轮车在市场上争抢客源、无序竞争，甚至出现个别"宰客"等现象。要依据市场供需

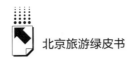

规律，突破路径依赖，对接待户、胡同游公司、旅行社三者资源进行管控，促进三者相互依存与利益平衡，实现城市治理与胡同游的创新。从市场监管角度来看，加大宣传力度，实行行业自律，引导创建规范有序的北京胡同游品牌；划定相对固定的胡同游范围，规定特定的接待地点，规范旅游线路（吴向阳，2006）。

随着时代社会的发展，城市文明的进步，多元性的文化走进了北京胡同，为胡同记忆增添了一抹新的色彩，碰撞出新的火花。最著名的其中一条胡同要属北京什刹海，历史底蕴深厚，文化资源丰富，由南至北，从地安门西大街进入一路北上分别是郭沫若故居、恭王府、银锭桥、广化寺，紧挨着的是著名的钟鼓楼，顺着西北方向便有醇亲王府、宋庆龄故居、德胜门、汇通祠、徐悲鸿纪念馆。穿插在什刹海周围的还有正觉胡同、护国寺街、三不老胡同、棉花胡同。因为区域历史遗址众多，时常有重大的文化活动、非遗展览会在什刹海举办，例如 2019 年北京国际设计周什刹海大美非遗造物节系列活动在北京西城区羊房胡同 56 号举办，邀请 9 位非遗传承人近距离向大众传播非遗文化，带领参观者亲身体验。2020 年 7 月，什刹海文化展示中心举办了"战疫"非遗文化展，参展作品由什刹海地区不同非遗传承人的作品构成，其中包括软陶雕刻彩绘、金丝珐琅彩绘、绢人绢塑等各种非遗作品，将文化与生活紧密结合，传承非遗，铭记历史。

北京胡同的砖雕非遗技艺十分多彩，是中国多样化砖雕艺术体系的重要组成部分。中国砖雕艺术中的京雕、徽雕、苏雕、晋雕入选国家非物质文化遗产名录，北京四合院传统营造技艺入选北京市非物质文化遗产名录。胡同砖雕技艺通常多用于山墙、墀头、廊心墙、博风、透风、影壁等处。艺人们充分利用砖瓦质地松脆之特点，所雕图案不以复杂取胜，多以花卉为题材，动物与人物较少，表现形式却变化无穷。雕刻图案构成严谨饱满，风格朴实、典雅、稳健、稳重、鲜活（刘璧凝、杨琳，2018）。北京胡同游，可以让游客更好地了解到胡同砖雕的精湛手艺以及审美文化。

北京的胡同里还隐藏着许许多多的非遗体验馆，例如杨梅树斜街中就有一家金丝珐琅工艺体验馆（景泰蓝传统金丝珐琅工艺于 2006 年列入第一批国家级非物质文化遗产名录），每到周末挤满了前来学习体验的客人，有老人也有小孩，体验者需要足够的耐心与坚持才能完成一幅上好的珐琅画。在此过程中，很多游客了解了珐琅画所需的原材料、作画前的准备工序、作画时的颜色细节等一系列体验，最终使参与者有极大的文化获得感、文化成就感。这也为这家珐琅馆创造了一个良好的声誉，越来越多的游客来这里体验传统金丝珐琅画工艺，珐琅馆也因此有了许多与政府部门、团队合作的机会，开展微信公众号进行宣传，增加了杨梅树斜街这条胡同的魅力。

3. 案例总结

北京胡同线路多集中于东城区、西城区，尤其是以什刹海为核心向周边辐射。今天北京胡同游需要重点关注：在胡同游线路中串联非遗元素（北京元素），突出游客体验。

试想一下：游客坐着人力三轮车，读着《骆驼祥子》，讲述一段北京名人故事，听一段京剧（2010 年入选人类非物质文化遗产名录），进一座四合院（北京四合院传统营造技艺在 2011 年列入第三批国家级非物质文化遗产名录），写一段经典的北京书法（中国书法 2009 年入选人类非物质文化遗产名录），剪一张大红喜字（中国剪纸 2009 年入选人类非物质文化遗产名录），进几个北京老字号，最后累了来一碗北京豆汁、卤煮，加些北京小吃（共计 15 种北京美食、小吃入选国家级非物质文化遗产代表性项目名录），体味一下北京人的"局气"。在胡同游中能看到诸多非遗文化的影子，胡同里能感受兔儿爷、吹糖人、手工糖葫芦等传统手工艺。正是有这些丰富多彩的文化存在，才构筑了今天既具传统又有现代，兼具历史与外来文化的北京胡同游经久不衰的魅力。今天的北京胡同旅游已经成为北京旅游业的重要一部分，已经成为当前了解北京发展变迁、了解首都时空格局、体味京味文化、增强文化自信的重要窗口。

（三）案例分析：故宫文创中的非遗与旅游融合

1. 案例背景

2008 年是北京旅游的转折年，旅游消费占国民总消费的 30%，旅游市

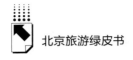

场前景一片大好。2008年北京故宫文创中心成立。北京故宫文创中心以"一年卖出几个亿""朕知道了"系列表情包等，在2014年前后成为互联网"红人"。2013年8月，故宫博物院举办了"把故宫带回家"文创大赛，自此600年的故宫开启了它传奇的"网红"之旅。沉寂了600年的故宫，一改以前孤寂冷僻、尊贵高傲的风格，仿佛一夜之间鲜活起来，如此的"反差萌"背后得益于文创的巨大力量，得益于非遗与旅游融合。

2. 案例分析

全中国有三个故宫：北京故宫、台北故宫、沈阳故宫，前两个登录联合国教科文组织世界遗产名录。两岸故宫博物院的文创发展起步不同：①台北故宫博物院起步较早，早在20世纪60年代，就开始文创产业开发。台北故宫早期文创多来自文物的图案花纹复刻、造型模仿，基于文物的二次元创新较少。从20世纪80年代至21世纪初，台北故宫文创产品开发聚焦到生活实用性上，并与社会企业开展广泛合作，吸收创意来源，有效扩大文创的市场份额。台北故宫的文创进入了多元化、市场稳定的全盛时代。②北京故宫博物院文创开发起步较晚，受到台北故宫文创影响较深。北京故宫博物院作为第一批全国重点文物保护单位、第一批国家5A级旅游景区、第一批中国的世界文化遗产，充分利用现有文化遗产载体，以文创产品、文创形式，融合非遗与旅游。故宫前任院长单霁翔曾在采访中表示：越来越多的地方政府与部门意识到非遗与旅游融合的重要性，积极探索融合的可能性，促进非遗独特的文化内涵与人们现实生活的对接（见图4）。

从时间历程分析，北京故宫文创可以分为三个阶段。

早期是"非遗+旅游"融合的初步阶段。模仿台北故宫文创模式，游客来故宫旅游，感受皇家氛围，临走在出口纪念品商店买一件故宫日历、故宫小挂件、故宫图书、故宫文化衫等。

中期是跨界融合、多元化发展的阶段。①2013年开创了故宫淘宝并创立公众号，以文创产品的方式逐渐走进大众视野。2014年前后推出了手机App皇帝的一天、胤禛美人图、紫禁城祥瑞，开启了线上数字化之路。故宫还建立专门的数字研究院，用来开发和研究文物数字化的相关内容。文化内

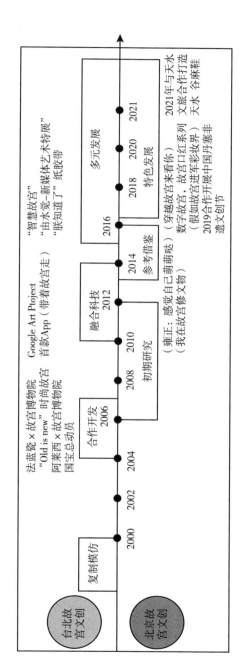

图 4　台北故宫与北京故宫博物院文创发展时间对比（作者自绘）

涵充分地结合了现代的时尚元素，不同维度不同层次的产品也满足了不同类型消费者的需求。②故宫文创不断升级，与许多品牌企业（尤其是影视媒体）举办跨界联名活动，打造自己专属 IP。例如制作大型科普教育类纪录片《我在故宫修文物》《上新了故宫》，吸引设计、文创、文博等高校相关人员参赛，征集优质设计作品，同时将故宫物质文化遗产与文创产品以轻松活泼、幽默诙谐的方式推送给大众，可谓一举多得。③故宫先后与阿里巴巴和腾讯等大平台合作拓宽渠道，加大产品研发力度，实现多方合作共赢。在实现资源共享的同时，借助对方的优势发挥自身的强项。故宫与阿里合作使得故宫淘宝、网上订票、故宫出版在渠道上获得了最优资源；与腾讯合作建设数字博物馆，将故宫博物院数字化，开启新的文物活化模式。

现阶段是异地嫁接、多元融合的阶段。①2019 年故宫文创研发交流中心与人民日报社合作在贵州丹寨举办了中国丹寨非遗文创节，向公众展示大量的来自云贵高原丹寨本土的非遗文创项目，并为大众提供文化互动空间、沉浸式体验、文创产品展览等。该活动在传播文化的同时，也极大地扩大了丹寨非遗文化的影响力，为贵州丹寨的旅游增加一张漂亮的文化名片。游客在云贵高原更加直观地感受到了传统非遗的特色，坚守传承非遗手工艺，点燃记忆中共同的文化源头。②2021 年 5 月，故宫博物院与天水文旅部门展开合作，打造具有地域特色的天水甘谷麻鞋，传播地道的手工艺类非遗。天水市甘谷县麻鞋制作技艺于 2017 年入选第四批省非物质文化遗产代表性项目名录。故宫博物院在甘肃甘谷雅路人麻编工艺制作基础上深入挖掘非遗价值，对其进行整体设计创新，整合非遗企业产业链，使天水非遗文创产品形成规模效应，打造特色鲜明的"非遗"品牌。甘谷麻鞋图案丰富，刺绣工艺精良，在传承传统非遗手工艺的同时也能展示出刺绣麦积山图样、大像山图样等。同时甘谷麻鞋制作保留了大量民间传统技艺和民间文化的初始形态，有效延展传统技艺的当代价值。

故宫文创的影响力越来越大，在全国文博界逐步形成了自己的特色发展体系。

3. 案例总结

陈曾（2017）研究认为：基于民众需求、文化创意、科技内涵、工匠精神四个维度，促进故宫文创进一步创新。相比"北京礼物"来说，故宫文创更值得学习，其经验总结如下。

第一，突出核心 IP 的强劲力量。基于故宫遗产的内在价值、展示价值和体验价值，根植于文化原真性的前提，进行多层次的文创开发、设计、管理、服务等，体现深厚的世界文化遗产的历史神圣感、尊贵庄严感、文化仪式感和民族自豪感（向勇，2019）。故宫 600 年，经历了封建社会最后两个王朝。故宫古时作为帝王的象征，而今又见证了中华民族崛起的历史，在中国人心中拥有至高无上的地位。故宫悠久的历史以及故宫内的建筑、宫殿装饰、非遗技艺等诸多文物都值得深入挖掘。

第二，不断研发多元化的文创产品。故宫文创从未停止探索的脚步，不断推陈出新，形成品种丰富的横向体系、同类产品多元的纵向体系。非遗与旅游相结合最重要的是深入挖掘物质文化遗产与非物质文化遗产的内涵，为文化赋能。结合时下流行的媒体与传播方式，通过线上线下展览、多方合作等多种形式为大众提供多元的展示平台，将非遗文创传递到民众生活中，让传统的非遗在新时代焕发出更加顽强的生命力。

第三，不断进行多平台合作。故宫博物院在文创与非遗融合的过程中，赋予原有产品文化功能，将传统的物质进行二次设计与再利用，把非遗中的传统故事通过现代化的传媒手段进行再传播，通过不同物质载体的特性去宣传、弘扬非遗中的民族文化、地域习性等（刘睿卿，2020）。多种类、多平台、多维度开发和展现传统文化内涵。扩宽产品受众范围，迎合不同层次消费者的需求，找准定位以市场带动产品开发。多渠道运营，提高文创产品的品牌知名度。

第四，以专业运营团队进行营销推广。①在淘宝店铺上线，多元互动的 UI 设计使得大众参与感十足，提升旅游消费者的喜爱程度。②以微信公众号进行定期发布推送，将"朕今天萌萌哒"表情包等推广到大众视野。

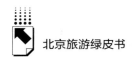

北京旅游绿皮书

三　北京非遗与旅游融合的发展趋势

对非物质文化遗产能不能开发、由谁来开发、如何开发三个基本问题，目前我国非物质文化遗产旅游开发中存在保护与开发的矛盾、开发主体之间的矛盾、利益相关者之间的矛盾（赵悦、石美玉，2013）。毋庸置疑，非遗与旅游的融合是双赢的。一方面，旅游活动为非物质文化遗产的展示和传播提供了极其有利的平台，让精彩非遗被更多的人知道和了解；另一方面，"非遗＋旅游"为旅游活动增加了更丰富饱满的文化认知、更原始纯粹的地方传承，以及更有趣多彩的背景故事。

（一）非遗与旅游融合的认知体系

1. 保护非遗要高度重视与凸显人的核心作用

无数底层艺人的名字被湮没在历史的长河中，无名无姓。要提高传承人的地位，他们是非遗的传承者，要走在非遗事业的舞台中央。让他们有充分的经济保障与社会地位，以高度责任感、自豪感与荣誉感肩负保护传承的核心重任（刘魁立，2021）。无论是民间艺人，还是讲非遗故事的传播者；无论是底层民众，还是政府官员；无论是非遗传承人，还是非遗产业化的从业者……不同的利益主体都要紧密围绕非遗这个核心生命力。笔者认为，只要能够"传承非物质文化遗产的生命力"，延续其文化生命，所有措施都值得提倡。通过非物质文化遗产的活化利用，不仅可以让非遗利益主体、当地居民、文化持有者本身"获益"，还能让游客在非遗体验中获得整体文化认知和美学知识。不同于自然景观和建筑遗产，非遗的传承是以人为载体的，古老的生活方式、地域的生产方式、传统的制造工艺等，千百年以来以活态方式代代流传，为我们提供了研究当时的生产生活世界、理解历史的重要线索。如果你想穿越历史，可以从非遗参观学习中找到过去人们如何建一栋房子，如何雕一尊玉佛，如何织一匹毛毯，如何演奏音乐，如何唱京剧昆曲，如何刻木版水印，如何烧制琉璃，如何制作皮影等答案。非遗是一个民族最稳定的文化基因。当您邂逅非遗，就会唤醒您基因深处的某种文化记忆和割舍不断的乡愁，您会刹那间涌现出自己拥有一份宝贵遗产的喜悦感。因为您醒悟了，非遗是过去时，也是当下，更是未来。

2. 非遗让导游、游客以及文化持有者在短暂时空内，达到最佳共鸣与文化认同

倘若缺少非遗支撑，您可能只是普通导游或文化解说者；有了精彩非遗，您将是"最佳导演"。融入了非遗元素的讲解词，让游客在参观过程中，会有更贴切的融入感和历史文化积累的满足感（见图5）。

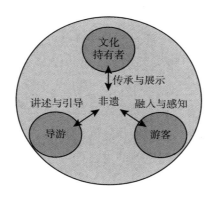

图5　非遗引发的空间共鸣

3. 非遗从社区到舞台展演，是一种具有争议的传播途径

非物质文化遗产的保护，是活态的、传承的，需要融入每一代人的日常生活。一方面，通过舞台展演，可以扩大非遗传播，让更多的人认识非遗。舞台展演也是连接当代审美和古代审美的一座桥梁，让非遗的表达更贴近现代人的审美观点，也让现代人通过自身更容易理解的方式了解到非遗的精彩内涵。另一方面，以舞台展演形式展现的是被提取过的符号化、碎片化的非遗断面，并且为了舞台表演的需要，已做绚丽化、人工化的处理。这有违于对非遗原真性的传承原则。苑利教授等说道：非遗的最佳状态绝不是"表演态"，只有原汁原味的"生活态"才是最值得提倡的（苑利、顾军，2021）。"生活态"的非遗，更应该出现在人们的生活中，这样才是更完整

的非遗本身展示。非遗从社区到舞台，想要走好这条路，一定需要处理好传承和弘扬的关系，守住自身的文化底线，不要被市场经济奴化。要清楚舞台展演仅仅是一种非遗的传播方式，并不是非遗的传承方式。

4. 需要厘清物质文化遗产中"本体"与非物质文化遗产中"本体"的区别

文化遗产的本体往往和环境相对应，两者共同构筑了较为完整的非物质文化遗产文化生态系统（闵晓蕾，2021）。非物质文化遗产的本体层至少可以解构为主体、空间、技术、表征、时间、文化价值等维度；而非物质文化遗产的环境层至少可以解构为政治治理、经济产业、社会服务、文化资本、组织管理等维度。从价值分层入手，对非物质文化遗产原生性主体的认知是核心，对非物质文化遗产次生性主体（非核心利益方主体）的认知是重要拓展，两者共同构成了非物质文化遗产的符号认知体系（吴兴帜、彭博，2021）。非物质文化遗产与旅游的融合，用发展的眼光来看待社会转型不同阶段的非遗旅游创新生态、范式变革等，更多地促进历史性与当代性、时间与空间、本土性和全球性、地方性与民族性、文化与科技、内容与渠道、实践与理论、产品与服务等矛盾范畴的内在统一。

（二）非遗与旅游融合的路径

1. 建立非遗综合展示园区

坐落于北京市东城区光明路乙 12 号的京城百工坊博物馆，人称"京城第一坊"，有"活"的民间艺术馆之美誉。在这里展示有"燕京八绝"，还有面人、泥人、绢人、紫砂壶、牙雕、木雕、髹漆工艺、景泰蓝、錾铜工艺等民间工艺的展示（鲍洪玲，2014）；东城区永生巷 4 号的北京三露的"咏园"，引进了"燕京八绝"项目，成为全国首座示范性非遗主题的文创园区；另外，北京还有非遗展示中心以及中国非遗传承人产业基地，都是较为典型的非遗综合展示园区。把不受地点限制的非遗项目聚集起来，能够营造非遗文化氛围，吸引更多人加倍关注非遗。同时，在非遗综合展示区内，可以让游客在短时间内、在同一空间内参观、学习、感知到更多样化的非遗。与一般的旅游相比，融入了非遗的旅游如同打开未知新世界的窗户，在整个游览过程中，会让游客的地域特色、历史特色、民宿特色文化体验加倍增强。

2. 设计制作非遗礼物（纪念品）

当传统非遗通过文创手段走进大众日常生活中，人们会增加对传统文化的亲近感。基于对文化遗产保护的内在需要，非遗纪念品的设计应以贴近大众生活为目的；要秉持在传承中实现活态转化的理念，以贴近大众生活为宗旨。要拉近普通大众与非遗之间的距离，让非遗传承人、普通民众对传统文化的保护从口号变为实际行动。

3. 打造非物质文化旅游节庆活动

节庆是非遗的主要存在形式之一，也是吸引大批游客的重要途径。融入了地方特色与非物质文化元素的旅游节庆活动，是文旅融合最佳的方式。2008 年 8 月，万众瞩目的北京奥运会开幕式上，代表中国非遗的活字印刷术、昆曲、古琴等得到盛大展演。同年 6 ~ 9 月，北京民族文化宫举办了五十多场 "人文奥运" 系列非遗展演活动，"非遗 + 体育（休闲旅游）" 的融合可谓得到最大限度的彰显。2021 年 4 月，北京平谷举行第十六届世界休闲大会，在主会场、平行论坛之外，大会还进行魔方挑战赛、竞技叠杯、围棋、九连环、鲁班锁等比赛，开展了茶艺体验、中医体验等活动。2021 年 4 月，北京红桥市场举行了《非遗遇上冰雪》主题作品征集展示与表演活动，在活动上不仅展示了旗袍制作、核桃微雕、剪纸等京式非遗技艺，还推出了多种非遗·冰雪文创产品，旨在推出符合当代人审美风格、融入非遗元素的冬奥主题作品。为服务 2022 年冬奥会，印制的《北京冬奥会张家口非遗旅游手册》收录了北京和张家口境内的 100 多个非遗项目，并且精心设计了 7 条非遗旅游线路，附有景点介绍和出行建议等，是 "非遗 + 旅游 + 体育" 的完美融合。

4. 设计非遗旅游线路

近年来，消费者在旅游活动进行之前越来越倾向于通过互联网搜索目的地攻略。在互联网平台，设计与推送涵盖非遗的旅游线路，能够实现非遗旅游最优化。让非遗资深专家精心设计非遗旅游线路，给旅游者提供更丰富多样的选择，这对宣传非遗具有极好的效果。试举两例：一是北京城市中轴线非遗主题旅游线路，已成为北京城市深度游的精品项目，通过将同仁堂中医药文化、便宜坊烤鸭技艺等非遗元素融入旅游线路，增加了首都旅游的文化性、趣味性、饱满性，带给游客全方位的北京文化体验；二是京郊门头沟推出的以"古村山韵"为主题的非遗旅游线路，包括灵水村、黄岭西村、爨底下村和柏峪村等，把孤立的古村落以各自独特的代表性文化（非遗体验）串联起来，让游客在一条线路、一次旅程就能体会到该区域最具代表性的非遗内涵。

5. 增加非遗虚拟体验

2020 年新冠肺炎疫情对旅游业造成重创，疫情防控要求最大限度地减少人员接触与集聚。故"无接触旅游"概念应运而生，旅游业以特定的时空参与非惯常异地移动行为，不可能完全避开人员接触，但是可以通过新媒体技术进行虚拟旅游体验以最大限度地减少人群接触的密度、范围与频率等（马波、王嘉青，2021）。从严格意义上讲，虚拟旅游不算是旅游，但是可以通过增强现实 AR、虚拟现实 VR、混合现实 MR 等技术与非遗融合，模拟实地场景，增强现实文化体验，对当地文化传播与非遗传承具有良好的推动作用，对实体旅游业有正面影响，为当地创造更大的经济价值、社会价值与文化价值。

参考文献

方可：《探索北京旧城居住区有机更新的适宜途径》，清华大学博士学位论文，2000。

吴良镛：《北京旧城保护研究（上篇）》，《北京规划建设》2005 年第 1 期。

吴向阳：《走出路径依赖实现城市管理的突破——对北京什刹海地区胡同游治理的思考》，《中国行政管理》2006 年第 4 期。

王化民：《北京工业旅游产品的现状及对策》，《投资北京》2007 年第 6 期。

赵晓燕：《北京旅游景区旅游商品价格问题和对策研究》，《中国物价》2007 年第

10 期。

石美玉、孙梦阳：《非物质遗产旅游利用中的三大环节探论——以北京为节点的实证研究》，《旅游学刊》2010 年第 6 期。

赵悦、石美玉：《非物质文化遗产旅游开发中的三大矛盾探析》，《旅游学刊》2013 年第 9 期。

厉新建：《文化旅游、旅游凝视及其他》，《旅游学刊》2013 年第 11 期。

北京旅游学会旅游环境与公共服务研究中心：《"北京礼物"旅游商品特许经营管理模式探索》，《北京旅游发展报告（2013）》，社会科学文献出版社，2013。

鲍洪玲：《京城百工坊："活"的工艺博物馆》，《神州》2014 年第 34 期。

陈曾：《从故宫文创谈我国文创产业的创新之路》，《设计》2017 年第 19 期。

刘璧凝、杨琳：《北京砖雕营造技艺在胡同环境提升中的传承初探》，《建筑与文化》2018 年第 2 期。

徐虹、韩林娟：《文学旅游中的艺术形象与游客感知形象对比研究——以北京胡同游为例》，《旅游论坛》2018 年第 5 期。

马知遥、刘旭旭：《中国非遗著作研究述评》，《贵州大学学报》（艺术版）2018 年第 4 期。

王学思：《全国非遗保护工作先进代表和传承人座谈活动举行》，《中国文化报》2018 年 6 月 9 日。

向勇：《故宫文创：传承优秀传统文化的先锋实验》，《人民论坛》2019 年第 9 期。

戴俊骋、李露：《非物质文化遗产旅游和地方建构》，《旅游学刊》2019 年第 5 期。

陈熠瑶：《非遗与旅游融合十大优秀案例发布》，《中国旅游报》2019 年 6 月 10 日。

加小双、李宜芳、谭悦：《数字记忆视域下非物质文化遗产的保护与传承研究》，《山西档案》2019 年第 5 期。

佚名：《让非遗在旅游中活起来 | 非遗旅游》，《西部旅游》2020 年第 8 期。

刘睿卿：《博物馆文创衍生品与非遗文化融合研究》，辽宁师范大学硕士学位论文，2020。

刘铱镝：《新文创时代，印刷"艺"想天开的中国符号》，《今日印刷》2020 年第 11 期。

苏涵珺、叶莉：《非物质文化遗产语境下北京兔儿爷传统手工艺的传承研究》，《工业设计》2020 年第 5 期。

刘魁立：《把握非遗保护的时代机遇（思想纵横）》，《人民日报》2021 年 4 月 30 日。

苑利、顾军：《非物质文化遗产进景区的"功"与"过"》，《旅游学刊》2021 年第 5 期。

闵晓蕾：《社会转型下的非遗手工艺创新设计生态研究》，湖南大学设计博士学位论文，2021。

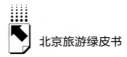

吴兴帜、彭博：《论文化遗产的价值分层》，《中南民族大学学报》（人文社会科学版）2021 年第 2 期。

马波、王嘉青：《常态化疫情防控下的旅游产业新走向》，《旅游学刊》2021 年第 2 期。

萧放：《开启非遗保护传承的新时代》，《光明日报》2021 年 8 月 17 日。

G.18
从"故宫以东"看文旅融合品牌化发展

李雪敏　甘晓帆　方晨子*

摘　要： 英国广告教父大卫·麦肯兹·奥格威有句名言，"品牌代表一种形象"。北京市东城区"故宫以东"利用品牌识别力，树立城市新形象，推进"文化东城"建设，同时发挥品牌信用背书作用，整合更迭文旅资源，创新政府服务职能,发挥品牌的经济效益和文化内涵，为文旅融合产品增强市场竞争力。

关键词： 故宫以东　文旅融合　品牌化

如何将多点文化资源连珠成串，化点为面？在《首都功能核心区控制性详细规划（街区层面）（2018 年—2035 年）》要求下，在文商旅融合的大背景下，如何提供更好的旅游公共服务，更好地展现城市文化风貌，更好地引导消费升级，是摆在东城区面前的棘手课题。

一　"故宫以东"成长背景

东城区地处北京市核心区，位于中轴线以东，是北京文物古迹最为集中的区域，也是北京 16 区中面积最小的城区，但在这 41.84 平方公

---

* 李雪敏，北京市东城区文化和旅游局二级巡视员；甘晓帆，北京市东城区文化和旅游局业务干部；方晨子，北京市东城区文化和旅游局产业发展科科长。

里的区域内，分布着 3 处世界文化遗产，18.5 片历史文化街区，188 项非物质文化遗产项目，356 处不可移动文物，文物数量占到全北京的三分之一。除此之外，"国家公共文化服务系示范区"和"国家文化与金融合作示范区"的"双区"叠加优势，是东城区谋求高质量发展的"底气"。

近年来，作为全国文化中心的核心承载区，东城区坚持"崇文争先"理念，依托独具特色的历史文化资源优势，坚定文化自信，把文化创新融合作为东城区经济高质量发展的特色，打造一批有价值、有内涵的文化 IP，加快推进"文化东城、活力东城、精致东城、创新东城、幸福东城"的"五个东城"战略。文化是东城区的灵魂和基因。①

然而，这些"文化不动产"存在点位分散、产权复杂、市场潜力薄弱等先天性不足。如何将多点文化资源连珠成串，化点为面？如何提供更好的旅游公共服务，更好地展现城市文化风貌，更好地引导消费升级，是摆在东城区面前的棘手课题。

二 "故宫以东"应运而生

"好雨知时节，当春乃发生。"在文商旅融合的创新驱动下，区域文旅品牌"故宫以东"应运而生。它充分诠释了"崇文争先"的发展理念，是"五个东城"建设的有力抓手，是推进"文化东城"建设的"四梁八柱"，是文商旅融合发展路径的积极探索。两年多来，"故宫以东"发挥品牌联动、引领效应，将东城区丰富的文化旅游资源，活态转化，共融共通，建立起文商旅融合的超长链条，推进文化精品高效供给，促进商业模式转型升级，最终实现文商旅资源要素在传播价值、社会价值、经济价值上融为一体。

---

① 金晖区长出席第五届博鳌旅游传播论坛推介区域文旅品牌"故宫以东"讲话内容摘录，http：//www.bjdch.gov.cn/n3952/n3954/n3956/c10244247/content.html。

（一）品牌释义及内涵

2018 年 12 月 18 日，北京市东城区旅游发展委员会在故宫博物院文创馆紫禁书院召开"故宫以东"品牌分享会，标志着"故宫以东"区域旅游品牌正式向国内外游客推出，整体品牌的形象和气质，获得官产学研各界高度评价和一致认可。"故宫以东"文旅品牌，它以"和合文化"为品牌文化内核，以"故宫以东，一见如故""故宫以东，寻迹和美中国"作为品牌表达。当然，"故宫以东"的品牌定位还蕴涵着空间想象、地标引领、开放模式、文化责任等诸多含义和思考。近些年故宫作为"网红"引起了各方的广泛关注。"故宫以东"这个品牌将市场的视线从故宫引向更广泛空间中的那些高质量文化旅游资源。在这个品牌下创新组合了不同系列的产品等游客来发现，采用了不同的思路，让组合方式、发现方式也成为一个新的关注焦点。

（二）品牌建设过程

"故宫以东"品牌自诞生到现在，不到三年时间，但它经历了近 10 年的探索、思考和准备阶段。其最初设想是积极探索和尝试区域旅游品牌构建和目的地形象打造，一方面全面梳理东城区文旅资源，发布了《"故宫以东"北京市东城区文旅融合旅游资源专项调研报告》；另一方面依靠东城区深厚的文化资源禀赋，创造了很多主题产品和营销品牌，如骑迹东城、券游东城、17 小时寻找北京、18 小时寻找北京等。

"故宫以东"发展的第二阶段，也是品牌蓄力发展的重要时期，主要在品牌营销上发力，分别从产品端、活动端、媒体宣传端发力，不断提高品牌知名度和美誉度。它在内容上更加突出文化内涵，产品规划上更加细分主题，渠道设计上更加精准定位，营销推广上更加生动有趣，以区域方位和文化特点为主题使文化更生动、更具有传播力，更易于被海内外游客认知。

1. 无产品支持，不足以营销

首先，产品先行，利用媒体化思维，对产品进行文化赋能，利用产品为品牌提高声誉。2018 年底，"故宫以东"面向 B 端和 C 端市场，推出"寻迹""跃动""腔调""骑迹"四大系列，"我家住在紫禁城""漫步中轴线""小鬼当家""夜行动物"等 22 个主题，供旅行社、旅游网站就多个主题资源包进行菜单式选择和自由组合，生成符合不同人群的文化旅游体验线路、产品包，并不断进行更新。此产品包一经推出，就得到了市场积极有效反馈，尤其为从事出入境旅游的旅行社拓展了路径。如凯撒文化行旅推出的"故宫以东"系列产品——皇城根儿胡同寻宝、"生如夏花"传统盘扣手工坊、《红色之旅》"故宫以东·重走五四之路"……

"故宫以东"系列产品打破了门票经济的僵局，更为可贵的是，"故宫以东"品牌授权给企业，给企业带来了新理念。从前近在身边却往往视而不见的文化，现在变成了可销售的文化资源，帮助旅游者实现了在旅行中体验中国传统文化的愿望。"故宫以东"在深挖文化、消费方面起到了引领带头作用。这两年凡是得到"故宫以东"授权的企业，就像打开了创新发展的魔法盒，从"故宫以东"的产品和经验出发，在全国范围发掘出了大批红色、文化、非遗等旅游线路。新冠肺炎疫情给旅游行业带来了灾难性的打击，好在"故宫以东"未雨绸缪，早在 2018 年就开始做系列产品，当全球旅游按下暂停键时，不能出国或跨省旅游的人们将目光转移到住在地的城市时，获得"故宫以东"产品授权的企业获客不断，得到了"续命"的产品，真正实现了文旅融合创新实践的目的。

2. 激发文化的时代张力

2019 年初，"故宫以东"与打造精品生活的平台——寺库推出了"时间设计师"的概念，打造了"在智化寺带你用乐高粒了解古建""从千古一帝到网红鼻祖，跟着乾隆的足迹逛故宫"等 30 余个"故宫以东"系列旅游线路及产品，促进了"故宫以东"品牌的深化发展，提升了游客的体验度，形成了一批具有国际品质的特色产品。尤其是"时间设计师"的概念很好地匹配了碎片化时间与分散性资源，让游客可以根据自己的游览时间选择多种能真正体验到目的地精华的玩法，同时也促进了目的地旅游产品销售、保障了旅游体验的高品质。要知道很多时候游客对目的地评价不高，未必是这个地方没有足够好的资源和产品，而是游客在时间限制下，没有欣赏到好的资源。"故宫以东"的"时间设计师"恰恰在一定程度上解决了这个痛点。

"故宫以东"还联手国际化平台爱彼迎（Airbnb）合作打造非物质文化遗产旅游示范项目，开发了文化内涵丰富、互动性强的非遗旅游新产品，面向全球展示和销售，实现非遗文化活化利用。此外，还联手凯撒旅游，结合其"文化行旅"课程项目，研发出了多个主题文化体验产品，"文化主理人"带游客重温老北京胡同印记；与中青旅研学事业部共同研发"故宫以东"文化主题研学旅行课程；与国旅高端定制事业部合作研发"故宫以东——见证"系列高端定制产品等。

3. 打造文化主题消费场景

"故宫以东"聚焦故宫—王府井—隆福寺"文化金三角"，针对其集聚了高品质的文化、旅游、商业、艺术、戏剧资源的特点，以点、线、面相结合的方式，立体化构筑了该区域的文化消费场域。一是"多点"提升产品和服务供给品质，以丰富的艺术展览、戏剧演艺、亲子娱乐、社交氛围等服务性消费元素替代传统商业型的物质性消费。二是延伸消费链条，以"故宫以东"首个文商旅联盟为重要依托，多家成员单位资源共享、业态互补、捆绑营销、串珠成链，一方面吸引本地市民特别是 Z 世代年轻群体周末 48 小时消费产品，另一方面则结合暑期、十一、春节等重要节点，多维度搭建宣传平台，形成"故宫以东"品牌性消费节庆活动。三是拓展文化体验消费内容，利用"故宫以东"品牌效应积极为该区域引进诸如艺术展览、戏剧、电竞、动漫、潮流市集等多元合作伙伴，以内容破圈，突破多业态融合壁垒，培育"文化金三角"文商旅消费新业态，形成该区域文化特质鲜明、活动内容丰富、消费体验优质、票务联动实惠的消费新场景。四是通过技术创新推动科技与消费跨界融合，与头部企业平台合作推动新型营销，探索该区域的线上营销新模式，并赋能线下文旅消费新场景，加快"文化金三角"高品质文化要素集聚，形成相互促进、相互赋能的文商旅融合生态体系，让故宫皇家文化走出宫墙，走进"文化金三角"其他业态场景，以相互赋能

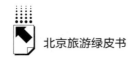

获得协同发展。

除此之外，重视并善于运用融媒体宣传手段，建立品牌宣传媒体矩阵，面向国内打造品牌私域流量，同时增强对海外传播影响力。如在新浪微博、小红书、抖音、B站、微信公众号等平台设立"故宫以东"官方账号，在北京市文旅局境外社交媒体官方账号Visit Beijing以及YouTube、Facebook和Twitter等平台上宣传展示东城区的文化旅游资源，也让境外受众更深入地了解北京。"故宫以东"官方新媒体平台全网粉丝近100万人、官方微博粉丝60万，#故宫以东#话题量超过1亿，传统媒体矩阵多达50家，KOL矩阵20余人，品牌全网曝光超过3亿，获得了突出的宣传效果。

目前，"故宫以东"品牌正处于第二阶段向第三阶段发展过渡时期，即品牌战略时期，品牌正向激励效果和聚集效应已经显现，从顶层设计高度布局了品牌落地项目，建立了一套完整的VI识别系统，逐步完善了品牌知识产权保护体系，建立了"故宫以东"品牌合作机制，通过与头部企业签署授权合作协议，进一步加强文商旅企业间的深度合作，让政府打造的品牌真正成为企业提高文化竞争力和产品生命力的赋能工具与平台。

（三）品牌价值

近三年来，在文化和旅游部、北京市文化和旅游局的支持下，在东城区委、区政府的坚强领导下，在行业研究机构、旅游企业大力推动下，"故宫以东"文旅品牌以"诗和远方"的想象大步向前迈进，从行业到政府、社会层面，都加深了对"故宫以东"品牌的印象，并给予了高度的认可，品牌发展路径在不断调整中进一步明晰。

自成立以来，"故宫以东"得到了市场的广泛认同和积极响应。通过与头部游戏IP完美世界、腾讯动漫IP"一人之下"、萌力星球动漫IP等之间的品牌联名授权合作，"故宫以东"品牌的多维价值得到了很好的释放；同时，"故宫以东"也得到了政策层面的认可和支持。2020年7月，北京市委书记蔡奇在东城区调研时提到，要讲好"故宫以东"故事；

2020 年"故宫以东"旅游宣传推广活动入选全国国内旅游宣传推广典型案例，并位列榜首；在人民文旅第四届中国文旅品牌影响力大会上，"故宫以东"荣获 2020 年度中国文旅营销创新典范称号；"故宫以东"之"19 小时寻找北京"荣获了 IAI 国际广告奖之国际旅游奖品牌营销金奖及全场大奖；东城区文旅局在《环球时报》环球旅游周刊年度评选中获得 2020 年"中国文旅扛旗者"称号；中旅旅行研发推出的"故宫以东，一见如故"系列线上线下 9 款产品荣列 2020 年中国旅游研究院发布的文旅融合发展十大创新项目之首。

三 "故宫以东"在文旅融合中的作用

（一）利用品牌识别力，树立城市新形象，推进"文化东城"建设

英国广告教父大卫·麦肯兹·奥格威（David MacKenzie Ogilvy）说，品牌代表一种形象。[①] 品牌最初的作用，就是用来区分、识别、证明所有权、制造差异化。理解起来，品牌建立的初衷，一句话概括就是："我们不一样。"

东城区的历史久远，文化底蕴厚重，这里坐落着 600 年的故宫、天坛、太庙，700 余年的国子监，文化古迹遍布，不可移动文物占全市三分之一。当地老百姓笑称，"在东城区摔个跟头都可能摔在文物上"。历史文化气息赋予了东城区沧桑和厚重感，再加上独特的区域位置和政治地位，就使得不了解它的人会觉得它只有古老和传统，甚至认为城里房子都是"老破小"，这自然就减弱了对年轻人的吸引力。此外，东城区是根据地理位置命名的，而全国命名"东城区"的城区很多，从推广营销角度来看，地名显著性不强，行政色彩重。在这种情况下，坐拥故宫的东城应该如何脱颖而出就是一

---

① 《品牌入门指南：细数品牌的三大作用》，空手，http://www.woshipm.com/marketing/1009995.html/comment – page – 1。

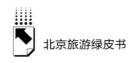

个摆在东城区面前的现实问题，从而"故宫以东"这个品牌诞生了。

"故宫以东"，以参照"故宫"的方位名词作为品牌名称，品牌辨识度高，在国内独一无二。国外城市这样的命名方式也并不鲜见，巴黎左岸、伦敦西区等均属于这种状况。"故宫以东"品牌建设之初就立足时尚化、年轻化、潮流化，旨在改变大众对老城区"老"的印象，提倡西方精致、东方雅致兼容并包的生活方式，展示文化附加值高的新型业态，以品牌输出的方式，推介城市新形象，让人们重新认识东城、爱上东城，让年轻人愿意为其"文化买单"。

1. 以打造 IP 的方式讲好东城故事

2020 年 11 月，中共北京市东城区委宣传部、中共北京市东城区委网信办、北京市东城区文化和旅游局联合光明网及多家新媒体平台，在中央网信办网评局指导下，共同发起"故宫以东·指尖阳光"36 小时极限短视频创作大赛，以东城的城市形象为创作背景、东城文化内容作为创作元素，结合"故宫以东"品牌内涵，邀请创作队伍在 36 小时内，从东城区的各文化场所、景区、网红打卡地等发掘题材，进行创意，为"故宫以东"集聚品牌资产，多角度展现首都核心区域的城市形象与城市风貌。新浪微博、优酷、爱奇艺、腾讯、抖音、小红书、B 站在内的全网 30 家平台和 6 支高校队伍踊跃参与了此次活动。同年，"故宫以东美团旗舰店"正式上线，将东城上百家景区、胡同、高星酒店以及特色餐饮等多业态，按照"寻迹、腔调、跃动、骑迹"四大系列主题进行产品包装，提供有趣、有味、有文化的东城区"一站式消费"，促进文旅消费提质升级。

2. 破圈传播，让品牌年轻化

2020 年疫情期间，"故宫以东"大胆牵手国内最大的互联网动漫平台"腾讯动漫"的头部 IP"一人之下 3"，联合打造以"传承经典，寻找北京"为主题的线上推广活动，如天坛、王府井、前门大街、南锣鼓巷、五道营胡同等众多东城区文旅地标都在动画中得到了呈现。通过线上直播、拍摄短视频结合线下打卡的模式，让更多年轻人以直观、有趣的方式了解古都文化和城市历史。作品在腾讯视频的总播放量已破 7 亿次；在微博主话题"一人之下寻找北京"阅读量破1550万次;#故宫以东#话题量增长1200万,线上直播观看量超过666万次;三支短视频VLOG全网播放量破500万次。

东城区文旅局还牵手完美世界,共同发起"故宫以东,有梦有趣有你"全国校园文创大赛,在几十所艺术类院校和开设艺术类专业的高校共同支持下,充分发动和邀请在校大学生参赛,同时将"故宫以东"品牌的影响力扩展到年轻消费群体。大赛围绕天坛、钟鼓楼、孔庙、北大红楼、景泰蓝、风筝、兔儿爷、面人等文博场所和非遗项目,充分提炼东城元素,设计兼具实用性及趣味性的文创作品。通过传统非遗与当代艺术的跨界融合,鼓励青年人用创意点亮传统文化,使东城区非遗、文博及文旅项目焕发新活力。在为期两个月的作品征集活动中,共有来自全国近300所高校的2000余名在校学生踊跃投稿。2021年,"故宫以东,有梦有趣有你"校园文创大赛特设立红色主题赛道,从校园走出的"故宫以东"文创孵化已提上日程。

3. 主人翁视角表达,唤起城市情感记忆

就像天猫的"双11"、造物节一样,"故宫以东"也一直在努力打造其王牌营销子IP——"X小时寻找北京"。

2017年,共享单车爆发,直播的红利期,"17小时寻找北京"横空出世。5组主播接力骑行,17小时不间断骑行直播,透过自行车把上的第一视角带领广大网友深度感受了城市从苏醒到沉睡不同时段的美。直播活动迅速在传统媒体和新媒体上全面扩散,直播累计播放量79万次,新浪微博#17小时寻找北京#话题累计阅读量达到5.1亿次,引发2.3万人次的讨论量,成为当年现象级旅游目的地营销事件。在Facebook、Twitter和YouTube等平台上进行海外传播,也获得7万余次有效曝光,产生近6000人次粉丝互动量。2018年"18小时寻找北京"以"用我的方式,找我的北京"为活动主题,从宣传旅游资源转向展现生活方式。2019年"19小时寻找北京",在新中国成立70周年的时代背景下,以"变与不变"为寻找线索,"时代在变,匠人的情怀不变""老念想不变,创意生活在变""好那一口儿多变,食客的讲究不变",从与受众建立情感共鸣升华到达成文化共识。10名Vlog大V在05:00~24:00的19个小时陆续发布19种不一样的古都新体验

Vlog 短视频。2020 年"20 小时寻找北京"破冰 Z 世代，联手 App 排名第一、被亲切称为"小破站"的哔哩哔哩（bilibili）发起"在'故宫以东'20 小时寻找北京"视频征集赛，发动 B 站优质视频原创 UP 主，在本地区拍摄及剪辑。"X 小时寻找北京"一直在努力塑造目的地的人文感知和情感记忆，擦亮"故宫以东"这个中心品牌。

（二）发挥品牌信用背书作用，整合更迭文旅资源，创新服务职能

品牌的第二大作用是保证品质，打消疑虑，向消费者提供信用背书。品牌大师大卫艾克说，品牌代表消费者掌握的关于商品、企业相关的知识。实际上，品牌就是消费者和企业签署的一个无形的社会契约，品牌可以给消费者带来一种信用保障，可以让消费者形成特定的依赖感，缩短用户决策过程。[①]

"故宫以东"品牌的推出，显示了东城区政府积极转变服务职能，强化服务意识，对市场主体"主动服务"，优化服务环境；对市场主体来说，借助"故宫以东"平台，对其产品和经营行为起到了政府信用背书的作用，增加了消费者信任感。

品牌找准文商旅行业最佳切入点、最大公约数，在系列主题产品包基础上，成立"故宫以东"文商旅联盟，集中了中国美术馆、北京人艺、嘉德艺术中心、77 文创、王府中环、凯撒旅游等优质代表企业、文化机构，涵盖艺术、戏剧、书店、酒店、旅游、金融等行业领域，以"王府井大街×五四大街"的金十字地带及其周边为示范先行，目标是打造超级文化 IP 和顶级文化矩阵，努力实现行业内深度协作、优势互补、资源共享，形成"以文带旅、以旅兴商、以商成文"的发展新态势。这是东城区贯彻"崇文争先"理念的又一创新实践，在资源聚合裂变中不断催生新业态、激发新

---

① 《品牌入门指南：细数品牌的三大作用》，空手，http：//www.woshipm.com/marketing/1009995.html/comment–page–1。

动能，在跨界融合中持续形成新优势、实现新发展。以"文化＋"赋能区域高质量发展的蓝图正在东城徐徐打开，"故宫以东"文化品牌引领作用也不断得到加强。

（三）发挥品牌的经济效益和文化内涵，为文旅融合产品增强市场竞争力

品牌让消费者获得归属感、被尊重的感觉，这就是品牌之所以能够获得正常价值之外溢价的重要原因。与消费者形成一个具有共同价值信仰和心理模式的共同体是品牌深化发展的前提。

"故宫以东"品牌发展之初就是按照这个理念来推进的，在实践发展中则秉持了开放共享、交流合作的原则，因此无论对消费者还是对文旅企业都具有一定感召力，尤其从企业角度来说，能够通过与"故宫以东"品牌进行联名合作获得文化赋能，为企业产品创造溢价。

这里有一个最典型的案例：2019 年夏天，东城区联手区域内 13 家高端酒店及品牌餐饮，联合推出"故宫以东下午茶"打卡活动，传统文化里的"传国宝玺""琉璃如意""翠玉白菜""宅院门前石狮子"等，都以精雕细刻的创意作品出现在了各商家的茶点中，客人可以坐在四合院餐厅中品茶，亦可在能看到故宫或景山的酒店中度过悠闲的午后时光。其中丽晶酒店、金茂万丽酒店的"故宫以东"下午茶还成了网红产品，为酒店成功打造了二度消费空间。

春节期间，"故宫以东下午茶"均被提前抢购一空，金茂万丽酒店的"故宫以东"下午茶卖到千元一套还一套难求，其溢价空间远高于酒店其他下午茶套餐，因其古色古香的造型，还被主流媒体推广到海外。消费者的喜爱，力推"故宫以东"下午茶也进行迭代更新，如金茂万丽今年推出了"故宫以东"下午茶 2.0 版本，将"80 后"记忆中的老北京街景以下午茶的形式生动再现，如鳞次栉比的店铺塞满街巷，国营糖酒站、百货商店、钟表行等店铺，以及琳琅满目的商品，将茶点独具匠心地制作成蜂窝煤、干脆面的模样，……尽管其价格不菲，但仍然吸引了网红达人、"90 后"等前去

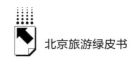
打卡，拥有了一批"故宫以东"下午茶的粉丝。

试析其中的原因，一是"故宫以东"品牌为产品创造溢价，如"故宫以东"下午茶在节庆期间即便大幅涨价也被提前售罄，而且这些下午茶的销售还带动了酒店客房销售的增长。二是自发引流，带来宣传流量。美观典雅、大气、雅致的"故宫以东"下午茶吸引网红大V打卡，这些流量自媒体的自发宣传为相关企业节省了不少广告费用，同时也带动了相关产品发展。三是文化赋能作用明显。如丽晶酒店的"故宫以东下午茶"用巧克力做口红、石狮、如意白菜等，除了可以吃之外还给消费者带来了视觉享受和满满的仪式感。四是激发了面点设计师的创作激情。如丽晶酒店的面点师因为"故宫以东"下午茶成了厨艺界的明星，引来其他面点师的竞相效仿。

总的说来，"故宫以东"下午茶概念提出之初，企业是有些懵懵懂懂被动参与的，品牌经过一年多时间的成长，东城区政府在美团、携程等网络平台铺设营销渠道，以及企业之间的竞争，"故宫以东"下午茶的品牌影响力不断提高，现在东城区域内的顶级品牌酒店纷纷争相申请加入。可见，区域品牌带给企业的不仅是营业收入的增加，也是创意、服务技能的自我提升，更是发展生态的有效构建，即"故宫以东"品牌授权得到了正面回应，文旅企业在品牌之下的经营得以良性发展。

四 "故宫以东"的未来

"故宫以东"成长于东城区肥沃的文化土壤中，最初"身上"刻画的是旅游的烙印，最后则因文旅融合而熠熠生辉。近三年来，"故宫以东"充分发挥品牌效应，创新政府服务形式，整合辖区文旅资源，为合作企业文化赋能，为联名产品创造溢价，不断满足消费者个性化、多样化、品质化的文化旅游需求，实现了旅游与艺术机构的结合、与商业综合体结合、与数字互联网和大学生结合、与动漫游戏结合，凸显了品牌在文旅融合中的创新优势，已成为"文化东城"的重要抓手和特色，推动了东城区文化旅游产业高质量发展。

后疫情时代，在消费回流、国内国际双循环的形势下，将更加考验我国文旅产品供给的能力，文旅体验消费迫切需要提质升级。地区品牌化集群发展为推进文化产业和旅游业的发展尤其是文旅融合发展提供了切实可行的有效路径。经过三年的实践，"故宫以东"多样性、个性化的都市休闲产品在得到国内消费者认可的同时，也为国际旅行商储备了未来入境旅游恢复的都市休闲旅游系列菜单。一位丹麦旅行商在看到"故宫以东"系列产品时惊呼道："这就是我苦苦找寻、游客最想体验的具有中国味道的产品。""故宫以东"产品一向是瞄准满足国内外游客需求的标准来做的，东城区文旅局也已经在产品研发上做足了功课，但未来要更好地服务于国内、国际两个市场，还有很长的路要走。

做好一个品牌并不容易，品牌的打造需要大量资金持续投入，更需要专业人才久久为功深度研发产品、需要专家智库出谋划策。因此，各地需要因地制宜，利用好当地资源禀赋，以 B 端和 C 端需求为出发点，深挖地域文化特色，用国际化视野和技术手段包装、推广产品，探索文商旅融合的实操路径。未来，东城区将继续立足"四个中心"，提升"四个服务"，秉承"崇文争先"理念，进一步从深度和广度打造"故宫以东"文旅品牌，着实推进"文化东城"建设，助力北京市"两区"建设及创建国际消费中心城市。

文化公园建设篇

G.19
北京大运河国家文化公园
建设策略和思路

陈喜波*

摘　要： 大运河国家文化公园建设是利用大运河文化向海内外展现中华文化的重要探索和实践。大运河国家文化公园的高端定位决定了其建设的高等级性以及文化表现的高品质性和经典性。本文结合北京地区大运河文化的特点，分析了大运河国家文化公园的建设功能，提出大运河国家文化公园建设应注意的几个问题，进而提出北京市建设大运河国家文化公园应采取的基本对策和思路。

关键词： 大运河　国家文化公园　北京市

＊ 陈喜波，北京物资学院大运河研究院副院长，教授。

国家文化公园建设是新时代社会主义文化建设的全新探索。2019年7月24日，中共中央总书记、国家主席、中央军委主席习近平主持召开中央全面深化改革委员会会议，审议通过了《长城、大运河、长征国家文化公园建设方案》。2019年12月，中共中央办公厅、国务院办公厅印发《长城、大运河、长征国家文化公园建设方案》（以下简称《方案》）。《方案》强调，要以习近平新时代中国特色社会主义思想为指导，全面贯彻党的十九大精神，以长城、大运河、长征沿线一系列主题明确、内涵清晰、影响突出的文物和文化资源为主，生动呈现中华文化的价值理念和鲜明特色，促进科学保护、世代传承、合理利用，积极拓展思路、创新方法、完善机制。到2023年底基本完成建设任务，初步形成长城、大运河、长征沿线文物和文化资源保护、传承、利用协调推进局面，建成权责明确、运营高效、监督规范的管理模式，积累可复制、可推广的成功经验，为全面推进国家文化公园建设创造良好条件。

一 大运河国家文化公园的性质分析

大运河国家文化公园以保护、传承和利用大运河文化为宗旨，作为国家文化公园，其意义在于彰显国家层面的文化，这就决定了公园建设的高等级性以及文化表现的高品质性和经典性。按照《方案》，大运河国家文化公园建设主旨在于整合具有突出意义、重要影响、重大主题的文物和文化资源，实施公园化管理运营，实现保护传承、文化教育、公共服务、旅游观光、休闲娱乐、科学研究功能，形成具有特定开放空间的公共文化载体，打造成中华文化重要标志。同时，大运河的超长地带延展性，涉及不同行政区划的跨地域性，文化遗产资源的多样性丰富性，南北各异的自然和人文禀赋条件等诸多因素，使得大运河国家文化公园建设不能简单实行一刀切的管理方式。目前，各省市在大运河沿线已经建有为数众多的公园，显然不宜单独另建大运河国家文化实体公园。大运河国家文化公园作为各类公园的"上位"公园，应当跳出建设单独实体公园的思路。就现实情况而言，大运河国家文化公园的管理应成为公园管理的标准，针对大运河文化的特点设置权威性的指

标体系，对现有实体公园规划建设起到引领作用，调动地方积极性，将符合条件的公园纳入大运河国家公园管理体系，实现国家、地方、社会多方共赢。

大运河北京段是历史上海内外山海百货汇聚之所，万国朝宗之地，文化荟萃之区，其文化形象和品位在世界上首屈一指。北京作为国都，是对外展现中国形象的窗口，这决定了北京大运河国家文化公园建设必须走高端化和精品化路线。以大运河通州城区段为例，自北关北运河起至城市绿心森林公园一线，涉及古代运河文化、近代运河文化和当代运河文化不同时期的文化。自北向南，运河沿线的公园可以展现出大运河古今文化变迁过程以及不同时期的运河文化主题，结合城市规划，打造开放性的公共文化空间，可以塑造不同历史时期的运河文化标志，突出展现运河在不同历史阶段发展的关键文化节点。

二　北京地区大运河国家文化公园的功能

北京是文化名城，运河文化是北京区域文化的重要组成部分。随着近年来京津冀区域一体化的发展，北京城市副中心落户通州区以及大运河文化带建设的推进，大运河国家文化公园建设可以说势在必行。大运河是历史的，也是现实的，更是面向未来的，大运河国家公园建设应该展示其厚重辉煌的历史文化、经济、生态以及对外交往功能。

（一）历史文化功能

大运河是彰显中华文明的重要文化遗产，是举世闻名的世界文化遗产。北京地区运河文化悠久，自秦汉时代北京地区已有漕运活动，历经魏晋北朝、隋唐，至金元明清，北京地区的运河文化长达2000多年。金代，北京成为封建王朝都城，北京与大运河更加息息相关。大运河从2000多年的历史中走来，贯穿南北数千里，以大运河为纲，以海河、黄河、淮河、长江、钱塘江为目，又通过海运连接东北、闽广甚至海外，贯通全国大部分地区，沟通海外，因而成为一个跨越时空的文化纽带。在这条文化纽带上，有着京师文化、燕赵文化、津门文化、齐鲁文化、淮扬文化、吴越文化，通过复杂的运河水路网络，还汇集了云贵、川陕、湖广、岭南、辽东等的文化。此外，大运河文化还有域外文化的身影。由此可见，大运河是复杂的多元文化集合体。悠久的历史和丰富的文化内涵，使得大运河充满了无限的文化魅力。北京段大运河国家文化公园建设要集中展现北京地区运河文化的发展历史，更要突出北京地区的运河经济功能、生态功能以及对外交流功能，展现北京大运河文化的开放性、多元性。

（二）经济功能

《大运河文化和旅游融合发展规划》强调推进大运河文化遗产和旅游融合发展，提升大运河文化产业和旅游产业融合发展的水平，培育大运河文旅融合精品线路和系列品牌，促进大运河文化和旅游公共服务融合发展。目前，全国旅游发展已经进入新的阶段，已经从过去追求吃住行游购娱等方面转向更高的文化需求和新式文旅体验需求。大运河沿线文化遗产众多，旅游景点较多，特别是大运河历史上积淀了丰富多元的文化元素，游客可在运河旅游中感受深层次的文化洗礼，产生情感共鸣，体会中华文化的多元性和包容性、感受大运河跨越古今、突破时空的文化凝聚功能。北京大运河沿线丰富的古代文化遗产资源、秀美的景观、优质的红色文旅资源等，均可通过有效的文旅融合、有机整合，推进文旅产业发展，改善运河两岸的民生。

（三）生态功能

按照规划，大运河国家文化公园实行"公园化"管理，实际上隐含着"文化＋生态"的思路，并借助于此实现文化建设和生态建设的双赢。水是重要的生态因子，历史上大运河北京段发挥着重要的生态调节和景观营造功能。丰富的水资源条件为北京城市发展和建设提供了良好的供水和用水基础。金元时期的运河水源工程白浮瓮山河、长河、颐和园昆明湖等汇集西山泉水，为北京城市提供了充足的用水，北京城内的积水潭、什刹海、北海、中海、南海则利用充沛的水源营造了优美的城市园林景观。古代大运河两岸

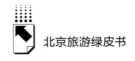
遍植杨柳，运河上白帆点点，河岸边杨柳依依，天朗气清之日，水天一色，蓝绿交织，构建出令人陶醉的运河美景。运河沿线的景观，多与运河杨柳有关，如通州八景之一的"柳荫龙舟"、潞县八景之一的"春郊烟树"。大运河国家文化公园为北京大运河两岸的人们提供了优越的人居环境，也为其提供了文体赛事场地和休闲娱乐场所。

（四）对外交往功能

大运河沿线百姓生活均与运河有着密切的关联，通州潞县的马头村，因运河码头而成村，自古即为京师食用小麦的民间交易场所，运河成了两岸百姓的衣食父母，生于斯长于斯的运河儿女总是对运河充满了难以割舍的情感。大运河还是移民的线路之一，北京大运河沿线居民的祖上大多是从江南和中原地区沿着运河北上至此落户的，大运河连接着地缘乡情，是中华民族交流融合的血缘纽带。据统计，北京市通州区当代居民中，从浙江移民而来的占据大多数，京杭运河不仅仅是地缘表达，更是血缘表达。北京作为封建王朝都城，也是对外交往重地。作为水路要道，大运河还是国际交往的通道，明清时代，朝鲜、日本等东亚国家与中国交往，各国使臣便通过大运河抵达京师北京，大运河见证了中国与琉球地区人民友好交往的历史。明代后期至清代，欧洲使臣来华，也多是通过大运河来到北京，如清初荷兰使臣来华，乾隆年间马戛尔尼使团访华均通过运河来到通州，然后进入北京，大运河成为中国与世界交往的桥梁。在国际交往日益频繁的今天，大运河可以作为国际交流媒介，发挥更大的桥梁作用。

三 北京大运河国家文化公园建设存在的问题

（一）大运河国家文化公园的文化载体与文化标志

大运河国家文化公园不同于一般的综合性或者其他的主题性公园，其要彰显国家形象和中国文化精神。这决定了公园建设要有鲜明的、高标准的文化主题。大运河专家王健认为，大运河国家文化公园建设应当有明确的主题和清晰的内涵。不厘清这个问题，大运河国家文化公园建设的定位就会出现偏差，甚至只注重"公园"建设而轻视对其文化内涵的发掘，或只热衷于游乐设施、商业设施等的配置而淡忘了对运河文化内涵的展示。这样就有违运河国家文化公园建设的初衷，甚至淹没了文化公园建设的主题。① 北京大运河国家文化公园建设应围绕反映大运河重大历史题材、彰显国家文化形象的遗产资源，整合部门力量，打造文化精品，展现大运河所蕴含的民族精神。北京是历史上大运河漕运的终点，漕运文化厚重，很多漕运文化遗产有着较高的历史地位，有着非常高的知名度和美誉度，如通州漕运码头石土二坝、北运河起点——二水汇流处、仓储设施如北京仓和通州仓、张家湾码头群、张家湾琉球人墓地、通州古城、张家湾古城等。文化地标需要依托大运河历史文化资源来设计，避免过度营造现代景观，否则将无法展现运河那博大深沉的历史厚重感，导致运河的文化品位严重不足。

（二）处理好文化遗产保护和城乡建设的关系

大运河是世界文化遗产，大运河国家文化公园建设必须依据世界文化遗产保护的标准来进行。依据多规合一的原则，国家文化公园规划应与遗产保护规划、城乡建设规划、河湖水利规划等各种规划相衔接，以公园化的形式确定文化遗产本体核心区、划定遗产保护缓冲区和周边环境，确保大运河文化遗产形成与其自身相协调的整体历史与文化氛围，使古今文化有机衔接。避免出现类似 2010 年规划通州新城时在燃灯塔周边配置无数现代化高楼的不协调设计大运河国家文化公园不能单纯地成为运河文化遗产的保护地，也不应单纯地成为城市发展的附属品，而是应通过多规合一，使得大运河文化遗产与现代化建设相得益彰，达到历史与现代、自然与人文和谐共生的目的，实现各美其美，美美与共。

---

① 王健：《大运河国家文化公园建设的理论与实践》，《江南大学学报》（哲学社会科学版）2019 年第5 期。

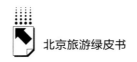

（三）处理好运河文化遗产与非运河文化遗产的关系

大运河国家文化公园具有文化教育、公共服务、旅游休闲、科学研究等功能，是向世界展示中华文明先进的治水智慧、完善的治理制度、坚强的革命精神的活态文化地标，是面向人民群众的文化休闲场所、文化教育场所、文化交流场所和文化消费场所。大运河国家文化公园应该重点打造核心展示园、集中展示带和特色展示点。① 大运河沿线分布着众多的文化遗产资源，有的与运河文化有关，有的虽位于运河沿线，但与运河文化没有直接关系。由于目前缺乏有效的专业性指导，运河边的文化遗产都被列入运河文化遗产范围内，而能够直接体现运河漕运文化的物质和非物质文化遗产却缺乏有效关注。通州区漕运码头石坝、土坝、潞河驿、大王庙、张家湾三大码头群和客运码头等皆是体现运河文化的重要遗产资源，需要重点加以清理和保护。目前，由于对运河文化遗产分类辨识不清，无法有效展示其核心文化遗产，文化遗产保护和传承往往会出现较大问题，甚至出现张冠李戴、顾此失彼的现象。如果不能有效展示其核心的运河文化遗产及其文化内涵，人们对于运河的认识和理解就会很肤浅，难以领会运河文化所蕴含的民族智慧和大运河对于国家统一和多民族共同体的内在推动作用，达不到国家文化公园文化育人和凝聚人心的效果。

（四）大运河国家文化公园与北京城市副中心规划建设

大运河国家文化公园建设还应该展现当代文化建设和发展成就，向世界展现北京市未来的发展前景。2014 年 2 月 26 日，中共中央总书记习近平在视察北京时提出，要疏解北京非首都功能，实现京津冀协同发展。2016 年 5 月，中央政治局会议决定在通州规划建设北京城市副中心。北京城市副中心将遵循中华营城理念，构建蓝绿交织、清新明亮、水城共融、紧凑发展的生态城市布局，形成"一带、一轴、多组团"的空间结构。其中，大运河奠定了北

---

① 王健、彭安玉：《大运河国家文化公园的四大转换》，《唯实》2019 年第 12 期。

京城市副中心规划建设的基本框架，并以其为基础构建水城共融、蓝绿交织的生态文明带。在此基础上，大运河国家文化公园应结合北京城市副中心未来规划，有机融入城市建设当中，成为未来城市发展的重要文化设施。

四 北京大运河国家文化公园建设的思路和建议

北京市是向世界展现中华文明的窗口，大运河是代表中华文化的金名片，因此北京大运河国家文化公园建设需要从以下几个方面来筹划。

（一）加强大运河基础学术研究

学术研究是建设大运河国家文化公园的前提条件，没有深入的学术研究基础，就没有过硬的运河文化展示途径。尽管多年以来，北京市各科研单位已经下了非常大的力气研究大运河文化，但目前，还有不少关键的问题没有得到妥善解决，比如国家图书馆馆藏的《潞河督运图》是否为真迹？该图表现的是通州还是天津？其为盐运图还是漕运图？元代通惠河在漕运上的真实历史作用如何？北京城内积水潭是否为漕运码头？通州在运河上的历史地位等，这些问题均需要从学术层面予以解决。漕运文化是大运河文化的核心，因此加强对漕运文化遗产资源的保护是建设大运河国家文化公园的核心内容。使大运河国家文化公园能展示真实的历史，要有绝对的学术支持，否则就会因经不住推敲而失去权威性。漕运制度是中国历史上的一种经济制度，为中国所独有。放眼全局，要从大运河的世界性、国家性的角度对其进行价值判断。还要在全局的基础上总结归纳出北京段大运河的价值和意义，突出其特点。大运河不仅是历史的，其对于近代教育、近代工业的推动作用也值得深入研究。近代以来，帝国主义、封建主义和官僚资本主义是压在中国人民头上的三座大山。为了救人民于水深火热之中，中国共产党成立之后，开始了艰苦卓绝的革命斗争。在中国共产党领导下，运河沿线的英雄儿女拿起武器，在抗日战争和解放战争中与敌人展开了英勇斗争，涌现了许多可歌可泣的故事。运河沿线的红色文旅资源也是展现大运河沿线人民保家卫

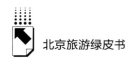

国的斗争精神的重要素材，在当前社会经济发展中发挥着激励后人的积极作用，大运河沿线的红色革命事迹，还有待深入挖掘和研究。

（二）进一步加强对文化遗产的保护、传承和利用

中国大运河已经被列为世界文化遗产项目，是体现人类智慧的杰作，是人类改造和利用自然的伟大工程，也是中华民族贡献给世界的礼物，有着普遍的文化遗产价值。建设大运河国家文化公园，应按照"保护第一"理念，保护文化遗产及其周边环境的完整性，保护文化遗产的真实性和多样性，让文化遗产得以自然展现。[①] 北京地区大运河文化遗产资源十分丰富，沿线还有很多待发掘的文化遗产资源，未来应进一步加强考古工作，制定相应的法律法规，扩大运河文化遗产的保护类型和范围，制定严格的保护措施。不能仅仅让运河文化遗产存在于馆藏之中，更要让其走入人民百姓的生活当中，珍贵的文化遗产不仅仅属于中国，也属于全世界，唯有保护好文化遗产，才能对其加以利用和传承，才能实现其历史价值和文化的传播功能。运河文化的传承和利用，离不开创造性转化和艺术性再现。利用科技手段进行艺术展现，除通过非遗文化活态展演等诸多方式对文化遗产进行传承利用之外，还应复建部分重要文化载体。大运河国家文化公园在功能上彰显了运河文化，如何体现其"运河性"，显然依赖于运河沿线的各类文化遗产资源的有效表达和展示。大运河国家文化公园应该是运河物质文化遗产的展示区，非遗展演地。应通过艺术创作、文学作品、动漫动画等多种形式创作新文化产品，加强对现代高科技传媒技术的应用，充分发挥移动传媒、微视频、自媒体等的宣传作用。通过虚拟技术可以实现历史场景展现和文化解说，如通州古城东门外的土坝码头和潞河驿，体现漕运文化的大王庙、天妃宫、吴仲祠等，北京地区独有的非物质文化遗产"开漕节"仪式均需要通过复建或其他技术手段来展现，这些运河特性明显的文化如果得不到有效传承和利用，那么讲述北京大运河文化时总是不完整的，且难以突出其经典特色。

[①] 朱民阳：《借鉴国际经验，建好大运河国家文化公园》，《群众》2019 年第 24 期。

（三）大运河国家文化公园建设要积极发挥社会和民间力量

大运河国家文化公园建设应该广泛发动各方力量，建立政府主导、社会参与的互动机制，鼓励科研院所、企事业单位、民间爱好者参与其中，群策群力，形成共建共享机制。在通州区大运河沿线，有许多民间人士十分关注对运河文化遗产的保护，他们作为大运河文化的守护人，一直在努力推动着运河文化遗产保护和大运河文化带建设工作。在通州区潞城镇，至今还保留有北运河故道，运河河道的遗迹保存良好，当地人称"老河底"。该段运河故道沿线小东各庄、谢家楼等沿线村落的运河爱好者成立了"老河底文化研究会"，呼吁建设"大运河故道湿地公园"。这种民间自发的文化遗产保护意识正是大运河国家文化公园建设所需要的民间力量。

（四）宣传和展示弘扬超越时空的大运河文化精神

习近平总书记在党的十九大报告中说："文化自信是一个国家、一个民族发展中更基本、更深沉、更持久的力量。"大运河能够带给我们文化自豪感，提高中华民族凝聚力，这是社会经济文化发展最为基本的持续推动力。大运河充满着创新精神，是人类在改造自然和社会的过程中创新的产物，人类在运河河工治理上创造了一个又一个利用自然的奇迹，元代通惠河工程开创了世界上最早的现代船闸技术，郭守敬从昌平白浮泉引水，最早使用了海拔的概念，彰显了中华民族伟大的创新力；大运河充满了协同精神，漕运是跨地域、跨部门、跨工种、跨时间的协同合作，没有系统的组织能力，无法将分布在不同地区的各种物资运送到北京地区，"大运河漂来的北京城"反映了明代北京建设，就是跨地区跨部门协作的结晶。大运河是开放和共享的，大运河不仅是漕粮运输通道，还向民间开放，由此成为各种物资运输、商品流通、商旅往来的路线，是经济、社会和文化共同享用的交通大动脉。大运河具有创新、开放、共享、协同等诸多文化精神，大运河国家文化公园建设的终极目标还是向海外宣示中华文化的精神内核。

G.20
北京大运河文化建设的旅游资源分析

蒋世和　马宝建　吴若云*

摘　要：　北京大运河有着丰富的文化遗产，文旅融合发展、活化利用好大运河文化遗产才能更好地保护和传承它。本文对北京大运河流域昌平、海淀、西城、东城、朝阳、通州和顺义七个区的116种优良旅游资源进行了全面调查，系统分析了资源类别和空间分布特征，并进行了旅游价值评判。进而对北京大运河沿线各区如何有效开展大运河旅游文化建设提出合理建议，有助于北京更好得参与大运河国家文化公园的建设。

关键词：　北京大运河文化　大运河国家文化公园　旅游资源

京杭大运河对北京这样一座由军事重镇发展成的大国首都具有非常重要的意义。随着清朝的覆灭和火车等现代交通运输工具的兴起，大运河在19世纪后期就结束了运粮进京的历史使命。但了解大运河与北京的城市发展史一直是学界的热门话题。

对北京大运河的历史文化研究可以划分为三个阶段：2005年以前、

---

* 蒋世和，北京林业大学园林学院MTA企业导师，客座教授，绿维文旅集团副总裁，北京文旅时代景区规划设计有限公司专家，艾蒂亚智库秘书长，研究方向为文化旅游产业投资运营分析和企业管理；马宝建，博士，北京林业大学副教授，硕士生导师，研究方向为旅游基础理论与旅游规划、自然保护地的保护与游憩利用等；吴若云，旅游管理专业硕士研究生，研究方向为旅游规划。

2006~2015 年和 2016 年以后。2005 年以前为第一阶段，学界多关注大运河的历史演变和北京城市社会经济发展的关系。2005 年 12 月 15 日，运河三老郑孝燮、罗哲文、朱炳仁给大运河沿线 18 个城市的市长写了一封《关于加快京杭大运河遗产保护和"申遗"工作》的信，把大运河文物保护和轰轰烈烈的申遗工作推向了高潮。2014 年 6 月 22 日，中国大运河成功申遗，成为中国第 46 个、北京第 7 个世界遗产，此为第二阶段。2016 年，北京市启动了《大运河文化带规划》，标志着对北京大运河文化遗产的保护利用传承进入第三个重要阶段。现在，大运河、长城、长征和黄河国家文化公园建设已经上升为新的国家发展战略，北京大运河国家文化公园建设也进入了关键时期。利用好大运河文化遗产，彰显中华文明，服务中外游客，使大运河有了更加重大的历史意义。对大运河沿线的旅游资源进行分析是建设北京大运河文化的一项非常重要的基础工作。

一 背景介绍

京杭大运河最北段为北运河（流经北京、河北、天津），北运河长约 40 公里，但北京大运河不仅是指通州这 40 公里的北运河，从元大都建城后郭守敬引昌平白浮泉入通惠河源流汇合处至北运河还有 80 多公里。总共 120 多公里的大运河沿河两岸文物、文化旅游资源极为丰富，被联合国教科文组织世界遗产专家认定的北京遗产点除了通惠河通州段、通惠河玉河故道，还有万宁桥、东不压桥遗址和什刹海（积水潭），作为北运河主要水源的温榆河、潮白河，以及历史文化资源丰富的沙河、清河、坝河、高粱河、亮马河、萧太后河和凉水河等都是北京大运河文化的重要组成部分，遗漏了这些内容就无法解说北京大运河文化发展的历程。要理解北京大运河文化，自然也必须对北京的建城史、建都史有深入的了解，其中开凿运河随北京都市发展演变的历史正是我们理解北京大运河文化的关键所在。

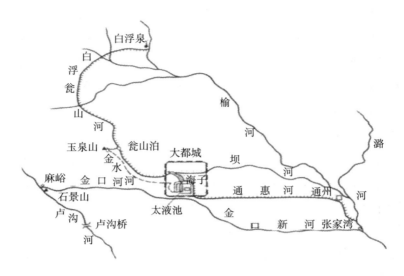

图1　元代北京大运河（通惠河）示意

北京西、北、东北三面为太行山、军都山、燕山山脉，平均海拔800～1000米，山脚地带海拔60～80米，千万年来由此形成的大小河流冲刷堆积成了西北高、东南低的面积上万平方公里的北京小平原，北京城内西北海拔40～50米，东南海拔20～30米，流经北京市域大的水系，包括西南部拒马河、大清河，西部永定河，北部温榆河、潮白河和东北部泃河、蓟运河水系，其中和北京城市发展关系最大的就是永定河水系。北京最早的城市聚落——蓟城，就是以永定河水系为依托而建成的，此后一直到隋唐、辽金，北京经历了从军事重镇演变成都城的历史过程，除了南、北方历朝战争中开发利用大运河沟通、运输物资外，北京的城市发展也与永定河水的合理利用与灾害防治紧密相关。如今留存的莲花湖、玉渊潭、悯忠寺、高粱河、萧太后河、璐州古城、张家湾古镇等都有丰富的故事传说。当然，北京大运河的正式建成和利用是以郭守敬对通惠河的科学规划为标志的，他总结了前人特别是辽、金在水利方面的成功经验与失败教训，摒弃了直接开口引用永定河河水的做法，巧妙利用温榆河上游支流水系和西北山区诸泉水在颐和园汇合蓄积，从颐和园南长河到紫竹院再到积水潭，利用闸坝技术进行逐级掌控，经玉河、护城河、坝河、通惠河出城外，至通州汇聚到北运河，通过北运河到来的南方物资则可以直接通过通惠河抵达皇城脚下，在什刹海钟鼓楼区域形成各种物资集散、商业服务业一派繁荣的景象。明、清两朝虽然也曾对保障运河畅通有所贡献，但明初北京都城的降级、内外城的改建和明皇家陵园的修建导致大运河水系不畅，通惠河已经无法将船舶货物从通州直接送到城内，只能在东便门外从大通桥、朝阳门一线入仓。北京大运河的总体规模和格局此后已经无法达到元朝初期的盛况。

另外，建设北京大运河的目的不是为恢复其历史上的交通运输功能，现代交通设施日新月异，在绝大部分北方地区，飞机、高铁、高速公路已经取代了大运河的水上运输功能。大运河文化的建设重点也必然随之转向精神层面而非物质层面，比如旅游观光、休闲娱乐、艺术熏陶。这就要求我们认真研究北京元、明、清三代大运河沿线特别是北京段发展过程中的首都文化特色，关注北京城市发展各历史时期的相关文物、文化和旅游资源，丰富北京大运河文化的内涵。要达到这一目标，丢掉昌平、海淀、西城、东城、朝阳、顺义，仅靠通州区的资源是不行的。可以在通州北运河沿岸创建一个5A级国家旅游景区，这也是目前北京大运河的建设重点，但北京古都特色难以在通州区域得到充分表现，北京特色的大运河国家文化公园的建设任务也很难完成。

二　资源调查

为申报大运河世界文化遗产，北京市曾公布了40项物质文化遗产点，其中1海（什刹海）1河（通惠河2段）2点（万宁桥、东不压桥）得到联合国教科文专家的认定。40项物质文化遗产中含全国重点文物保护单位18处：瓮山泊（昆明湖）、绣漪闸、玉泉山诸泉、白浮泉（含九龙池与都龙王庙）、积水潭（今什刹海）、通惠河故道（今玉河故道）、广源闸、高梁桥、万宁桥（包括澄清上闸遗址）、通惠河、庆丰上闸遗址、平津上闸遗址、永通桥（包括御制通州石道碑）、通运桥、张家湾城墙遗迹、南新仓、北运河、东不压桥遗址（包括澄清中闸遗址）；北京市重点文物 3 处：燃灯佛舍利塔、北新仓、禄米仓；区级文物保护单位 13 处：德胜桥、银锭桥、广利桥（包括镇水兽）、通州大运中仓遗址（仓墙为区级文物保护单位）、通州城北垣遗址、皇木厂遗址（古槐为区级文物保护单位）、玉河庵（包括玉河庵碑额）、坝河、南长河（今昆玉河北段与长河）、通济桥遗址、张家湾东门桥、张家湾虹桥、张家湾码头遗址；6 处未核定级别：里二泗码头遗址、通州西仓遗址、神木厂址（包括神木谣碑）、花板石厂遗址（包括遗石若干）、上下盐厂遗址（包括下盐厂石权）、王德常去思碑。此外，北京市还评选了大运河非物质文化遗产资源 85 项：包括民间文学 14 项、传统音乐 3 项、传统舞蹈 6 项、传统戏剧 1 项、曲艺 7 项、传统体育 3 项、传统美术 10 项、传统技艺 21 项、民俗 5 项、现代节庆 2 项、传统知识 10 项等。这些非物质文化遗产品位高、价值大，被评为国家级非物质文化遗产的有 14 项、北京市市级的有 14 项、区级的有 20 项。几乎涉及大运河沿线各乡村街道。

受北京市文化和旅游局的委托，绿维项目团队于 2017 年开始对北京大运河文化带涉及的七个区的重点河段的旅游资源进行了普查、分析和研究，比较全面地弄清了北京大运河文化带旅游相关资源的空间分布、赋存状态、价值特征，并通过合理规划设计，提出了对大运河文化带旅游资源进行开发的策略建议。我们以田野调查法、文献法、专家咨询座谈为基本手段，实地调查的河段从昌平白浮泉起，经京密引水渠、长河、什刹海、玉河、通惠河、北运河到达北京与河北交界处的通州牛牧屯。以通惠河北运河河道及两岸 1500 米左右的空间为研究重点，其他河段还包括沙河、清河、温榆河、坝河（亮马河）、萧太后河、凉水河、潮白河等局部重点河段，总长度约 200 公里，旅游资源单体和综合体总数约 300 个。此次调查为大运河文化带文化旅游资源的保护、开发和利用，建设北京大运河国家文化公园奠定了基础。

三 分类评价

按国家旅游局 2017 年提出并经由国家标准委正式发布的《旅游资源分类、调查与评价》（GB/T 18972－2017）国家标准，我们首先对大运河约 300 项相关旅游文化资源进行了赋值评价，并对其中与大运河文化关联度和影响度较大的优良旅游资源（三级以上）进行了分类（见表 1）。

表 1　北京大运河优良旅游资源分类

主类	亚类	基本类别	单体名称
A 地文景观 3	AA 自然景观综合体 3	AAA 山丘型景观 3	1 万寿山、2 玉泉山、3 景山
B 水域景观 22	BA 河系 10	BAA 游憩河段 8	4 通惠河、5 北运河、6 坝河、7 亮马河、8 萧太后河、9 潮白河、10 长河、11 前门三里河
		BAC 古河道段落 2	12 玉河故道、13 白浮瓮山河
	BB 湖沼 10	BBA 游憩湖区 7	14 昆明湖、15 紫竹院、16 玉渊潭、17 积水潭、18 莲花池、19 龙潭湖、20 陶然亭
		BBC 湿地 3	21 温榆河公园、22 延芳淀湿地、23 稻香湖
	BC 地下水 2	BCA 泉 2	24 白浮泉、25 玉泉山天下第一泉
C 生物景观 2	CA 植被景观 2	CAA 林地 2	26 大运河森林公园、27 城市绿心公园
D 天象与气候景观 0	无		
E 建筑与设施 58	EA 人文景观综合体 30	EAF 康体游乐休闲度假地 8	28 颐和园、29 静明园、30 南长河公园、31 动物园、32 北海公园、33 庆丰公园、34 高碑店水库、35 环球影城
		EAD 建设工程与生产地 4	36 北新仓、37 南新仓、38 禄米仓、39 通州大运河中仓遗址
		EAG 宗教与祭祀活动场所 8	40 都龙王庙、41 龙泉寺、42 什刹海火神庙、43 悯忠寺、44 文庙、45 佑胜教寺、46 紫清宫、47 通州清真寺
		EAE 文化活动场所 6	48 万寿寺、49 五塔寺石刻博物馆、50 鼓楼、51 钟楼、52 通州博物馆、53 通州奥林匹克公园
		EAI 纪念地与纪念活动场所 4	54 萧太后河源头广场、55 通汇祠（郭守敬纪念馆）、56 宋庆龄故居、57 恭王府

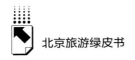

主类	亚类	基本类别	单体名称
E 建筑与设施 58	EB 实用建筑与核心设施 23	EBA 特色街区 2	58 后海、59 南锣鼓巷
		EBD 独立场所 3	60 大运河文化广场、61 台湖演艺小镇、62 宋庄
		EBE 桥梁 8	63 绣漪桥、64 高梁桥、65 白石桥、66 万宁桥、67 德胜桥、68 银锭桥、69 永通桥(八里桥)、70 苏庄闸桥
		EBG 堤坝段落 3	71 通州石坝、72 甘棠闸、73 榆林庄闸
		EBH 港口、渡口与码头 4	74 北运河游船码头、75 北展后湖码头、76 张家湾码头遗址、77 里二寺码头遗址
		EBJ 陵墓 3	78 耶律楚材墓、79 李贽墓、80 琉球国使臣墓
	EC 景观与小品建筑 5	ECI 塔形建筑 2	81 燃灯佛舍利塔、82 北海白塔
		ECB 观景点 1	83 月岛观景台
		ECC 亭台楼阁 1	84 大光楼
		ECE 雕塑 1	85 郭守敬雕像
F 历史遗迹 16	FA 物质类文化遗产 5	FAA 建筑遗迹 3	86 金中都公园、87 神木厂遗址、88 皇木厂遗址
		FAB 可移动文物 2	89 清御制通州石道碑、90 曹雪芹墓碑石
	FB 非物质类文化遗产 11	FBA 民间文学艺术 3	91 什刹海传说、92 崇文门传说、93 船工号子
		FBB 地方习俗 3	94 会馆文化、95 通州运河龙灯会、96 李二寺小车会
		FBD 传统演艺 3	97 蹦蹦戏、98 京韵大鼓、99 龙灯会
		FBF 传统体育赛事 2	100 冰蹴球、101 阳坊五虎棍
G 旅游购物 6	GA 农业产品 6	GAA 种植业产品与制品 2	102 京西稻、103 三伸腰稻米
		GAD 水产品与制品 1	104 牛栏山二锅头
		GAE 养殖业产品与制品 3	105 大顺斋糖火烧、106 小楼烧鲶鱼、107 万通酱豆腐
H 人文活动 9	HA 人物与事件活动记录 3	HAA 地方人物 2	108 郭守敬、109 刘绍棠
		HAB 地方事件 1	110 开凿通惠河
	HB 岁时节令 6	HBA 宗教活动与庙会 3	111 都龙王庙会、112 通州运河文化庙会、113 东岳庙庙会
		HBB 农时节日 2	114 通州运河龙灯会、115 开漕节
		HBC 现代节庆 1	116 大运河文化旅游节

可见116项北京大运河优良旅游资源中，类别最多的是建筑与设施，达58项，占资源总数的50%；其次是水域景观22项，历史遗迹16项，人文活动9项，旅游购物6项，地文景观3项，生物景观2项。没有天象与气候景观。

为更好地了解北京大运河相关优良旅游资源的类别和空间分布情况，我们对上述116项资源按各大类别所在空间区位进行了统计，得出大运河优良旅游资源按区分布的统计结果（见表2、图2、图3和图4）。

表2 各区大运河优良旅游资源分布

单位：项，%

区别	昌平	海淀	西城	东城	朝阳	通州	顺义	各类总数
地文景观	0	2	1	0	0	0	0	3
水域景观	3	6	3	3	2	3	2	22
生物景观	0	0	0	0	0	2	0	2
建筑设施	2	11	12	6	4	22	1	58
历史遗迹	1	0	2	2	2	9	0	16
旅游购物	0	1	0	0	0	3	2	6
人文活动	1	0	1	1	1	5	0	9
各区总数	7	20	19	12	9	44	5	116
占比	6	17	17	10	8	38	4	100

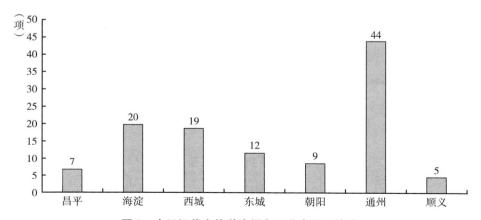

图2 大运河优良旅游资源各区分布项目统计

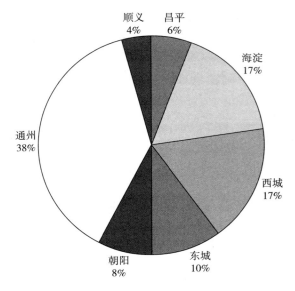

图3 大运河优良旅游资源各区分布比例统计

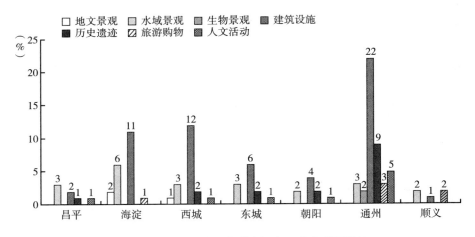

图4 各类大运河优良旅游资源各区分布项目统计

　　可见，通州区大运河相关优良旅游资源最多，达44项，占全市大运河优良级以上旅游资源的38%，通州区在大运河建筑设施、历史遗迹、生物景观和人文活动等方面都居全市领先地位，具有开展大运河旅游开发和文化传承最丰富的资源基础。其次是海淀、西城，东城，朝阳，海淀在水域景观方面较领先，西城在建筑设施方面也有突出优势，仅次于通州；最后是昌平和顺义，优良旅游资源数量相对较少。

四　分析建议

（一）通州

通州在北京大运河文化建设过程中优势明显，近几年在实现北运河通航的基础上，继续建设后续通航相关工程，今年6月按期实现了北运河在北京境内全线通航的目标任务，为对接河北廊坊香河段、天津段北运河全线通航打下了很好的基础。问题是由于游船市场客源不足，运营前期在财务上会存在亏损风险，需要加大营销力度。同时，为配合环球影城的开业，吸引游客继续参与大运河游船旅游，需要提高协调统筹能力，共同开发联营产品，发现新机遇，创新合作共赢机制，借助环球影城开业良机，尽快促进大运河游船旅游走上良性循环的发展道路。以三庙一塔景区、大运河森林公园和北运河通航旅游等项目为基础共同创建5A级国家旅游景区。以大运河博物馆命名的首都博物馆东馆建筑面积近10万平方米，除提供大运河文物文化展陈外，还提供了副中心市民休闲共享空间，两栋主体建筑间的水街将是大运河博物馆最亮丽的夜游产品，使北京大运河博物馆在全国大运河博物馆大家族里确立了自己的独特地位。通州与朝阳交界的八里桥知名度很高，历史上经历多次战争洗礼，是爱国主义教育的重要载体。八里桥是通惠河漕运粮食进京的重要节点，还是世界遗产点，价值极大。目前对八里桥的文物保护有所强化，但对其的环境治理、旅游开发利用则进展缓慢，问题不少。

（二）朝阳

朝阳区是通惠河目前现存流域的主体，很长一段时间通惠河一直是城市污水的排放通道。由于水流量不够稳定，水质勉强能达到排放标准，道

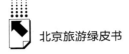

路、桥梁、闸坝阻隔问题突出，旅游开发利用难度很大。虽然在高碑店水库区域实现了游船试运营，但通惠河目前仍没有找到开发游船旅游的手段，需要借鉴国际先进经验。庆丰公园定位不够清晰，管理维护存在一定困难。

（三）东城

东城区既有直达通州的陆路交通遗存，也集中了京城存粮的各种仓廒，比如南新仓、禄米仓、海运仓等，可以充分挖掘历史素材，借助高端餐饮、文创休闲继续发挥仓廒为民服务的历史作用。

东城区是宫城、内城所在地，也曾经是连接皇城、内城、外城的通惠河（玉河）主要河段，是否可以打开被阻断、掩埋、覆盖的老河道，还通惠河以本来面目，实现北京大运河实质性的全线畅通，给市民、游客一个亲水休闲的空间？有关部门可以开展可行性研究。

（四）西城

西城区的什刹海区域是北京大运河的重要标志，曾是水利部门最高管理机构都水监所在地，也曾经是大运河运粮进京的终点。意大利使者马可·波罗正是在这里感受到东方古都的宏伟壮观，并记下他的所见所闻，将中华文明传播到西方世界。北京城市规划的中轴线穿越其间，钟楼、鼓楼广场热闹非凡，各种文化旅游资源丰富多彩。如何在不疏解集聚性团体人流的大趋势下，保护好、传承好、利用好大运河文化遗存，吸引更多高端消费人群，同时更好地树立北京大运河东方文明城市的形象，需要进一步探索。

（五）海淀

海淀区的长河游船连接动物园、颐和园两大景区，深受国内外游客的青睐，每年接待游客近 200 万人次，既解决了两大千万级景区人流的交通问题，又缓解了游客的旅途劳顿，使游客既欣赏了沿河两岸的良辰美景，又了解了北京都市的皇家文化。由于环保要求，目前所有游船必须改装电瓶发动机，以减少对水体的污染，同时游船的外观装饰和乘坐舒适度都有很大的提升空间。游船旅游既要彰显首都皇家文化，也要兼顾海淀区作为全国科技创新示范核心的特点，应该以国际一流大都市游船旅游最高水平为目标继续努力。

（六）昌平

昌平白浮泉是通惠河源流，都龙王庙显示了白浮泉对通惠河通航的重要意义。大运河源流广场结合当地庙会活动，也对昌平的乡村旅游发展具有带动作用。至于京密引水渠，由于水源保护的政策限制，没有太大的旅游开发的空间。

（七）顺义

潮白河是顺义的母亲河，也曾经是北运河的主要水源，是北京大运河文化带的重要组成部分。潮白河水面宽阔、水质优良，两岸物产丰富、空气清新，是北京市民周末休闲度假的好去处。潮白河游船项目、奥林匹克水上运动项目，燕京啤酒、牛栏山二锅头酒工业旅游都深受游客喜爱。在顺义，一年四季都有不同的乐趣，春有野趣，夏有采摘，秋日赏花，冬日冰雪。水和人类最亲密的共存关系在这里得到最佳体现。

五　结论

建设大运河国家文化公园是党中央、国务院的重大战略部署，北京大运河国家文化公园建设也是北京打造国家文化中心的一个重要举措。北京大运河国家文化公园建设除通州已经取得重大进展外，大运河北京段（以通惠河为主线）的沿线各区都要根据自身特点做好旅游开发定位，既不要盲目重复开发项目，也不要碰到困难就退缩。同时各河段、各区域、各行业要取长补短、协同发展、各显特色。只有这样，北京大运河文化才能得到真正意

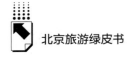

义上的保护和传承，大运河才能在北京文化中心的建设中发挥它应有的作用。对各区涉及北京大运河文化公园建设的旅游资源进行调查分析，就是希望有助于大运河沿线文化旅游的融合发展，彰显北京古都特色，确立北京大运河在中国大运河文化公园建设中的重要地位。

（鸣谢：作者感谢北京市文化和旅游局、北京绿维集团的支持与帮助。）

G.21
北京国家文化公园体制机制建设研究

邹统钎　苗慧　常东芳　仇瑞*

摘　要： 国家文化公园建设是我国在民族复兴、旅游发展、文化强国的大背景下提出的，不仅承担着生态保护的职责，更肩负着文化传承的重任，国家文化公园致力于推广文化遗产，传承中华精神，增强文化软实力，推动文旅深度融合，创造美好生活的重要载体。本文立足首都北京，通过梳理北京国家文化公园的建设现状，分析了其在规划和建设中面临的问题与挑战，最后针对北京国家文化公园的体制机制问题，从管理、经营、财政、法律、公众参与五个方面提出了见解和展望。希望能够对北京长城与大运河文化公园的建设提供些许帮助，贡献微薄力量。

关键词： 北京国家文化公园　长城　大运河

　　国家文化公园是为推动中华优秀传统文化创新性发展而规划建设的国家重大文化工程。是党中央在民族复兴、旅游发展、文化强国这三个时代背景下提出的保护自然文化遗产资源的重要战略，2019 年 7 月 24 日，中央全面深化改革委员会会议审议通过了《长城、大运河、长征国家文化公

---

* 邹统钎，教授，博士生导师，北京第二外国语学院校长助理，北京旅游发展研究基地首席专家，中国文化和旅游产业研究院院长，研究方向为文化遗产管理、文化旅游发展政策等；苗慧、常东芳、仇瑞，三人均为北京第二外国语学院旅游管理专业研究生，研究方向为旅游目的地管理与旅游规划。

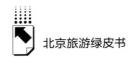

园建设方案》，提出了"5个关键领域实施基础工程"，包括"推进保护传承工程、研究发掘工程、环境配套工程、文旅融合工程、数字再现工程"。在国家文化公园建设方面，应当遵循"保护优先，强化传承；文化引领，彰显特色；总体设计，统筹规划；积极稳妥，改革创新；因地制宜，分类指导"的原则。国家文化公园应该成为文旅深度融合的典范，注重资源的保护与开发，强化旅游产业功能，借助旅游业传播文化。本文就北京市范围内建设的长城和大运河国家文化公园现状与进展进行介绍，分析问题并提出建议。

一 北京长城国家文化公园概况

长城北京段跨越了6个区，全长629公里，目前八达岭、居庸关、水关等段落已经对外开放。2016年8月国家发展改革委正式同意北京长城国家公园体制试点实施方案，延庆区八达岭长城被选为试点区，试点主要是整合现有的禁止开发区域的体制机制，以便实行统一高效的保护和管理，解决各类国家禁止开发区多头管理、区域交叉重叠等碎片化问题，形成可推广、可复制的模式。长城国家文化公园将建有管控保护、主题展示、文旅融合、传统利用四类主体功能区，规划范围共计4929.29平方公里。

北京长城段在不同段落因地制宜开发旅游产品，比如八达岭旅游区的"长城脚下的公社"，怀柔慕田峪长城段则以开发度假产品为主。在试点建设进程方面，《长城国家文化公园（北京段）建设保护规划》由文物局编撰，于2021年8月由国家文旅部对外公布。

2020年8月8日，北京市文物局举办的长城文化节正式开幕，该节日旨在推进长城国家文化公园建设、展示长城文化带建设成果，打造北京长城文化节品牌，从而带动经济社会发展，让长城文化赋能全面小康。长城文化节将采取线上与线下相结合的方式，主要活动包括：学术交流、长城修葺技术展示、长城文化主题展、长城文创大赛等。

北京怀柔区于 2020 年 9 月 19 日成立了长城沿线首个保护修复实践基地，进一步推进了长城国家文化的建设，该实践基地通过总结实践方法，传播保护理念，为中国长城的修复工程提供了借鉴。

二 北京大运河国家文化公园概况

2019 年，中办、国办联合印发了《长城、大运河、长征国家文化公园建设方案》，按照这一方案，预计大运河国家文化公园将在 2023 年底完成初步建设。在如此紧促的时间下要完成如此繁重的工作，必须正确处理好六大关系以保质保量达成目标：（1）整体统一与特色展现的关系；（2）物质载体与精神内涵的关系；（3）项目建设与遗产保护的关系；（4）社会公益与经济利益的关系；（5）规划评审与事后监督的关系；（6）政府主导与社会参与的关系。

文旅部审议了《大运河文化保护传承利用"十四五"实施方案》，该方案积极推进了大运河国家文化公园的建设，并进一步研究部署了未来重点工作。文旅部主要做了四方面工作：加强规划引领，做好顶层设计；推进项目建设，促进转型升级；强化支持大运河非遗保护传承；指导大运河主题文艺创作。大运河北京段是大运河的终点站，北京市所做工作格外重要，2020 年北京文化和旅游局向国家发改委上报了大运河国家文化公园北京段的建设保护规划，提出整合大运河沿线 40 多处非物质文化遗产等，并统筹现有旅游资源，挖掘运河文化内涵，做出数字化展示的工作方案。

2020 年 11 月 7 日，北京市大运河文化节正式开幕，目的是深入挖掘大运河文化内涵，丰富大运河文化精神展示途径，促进大众了解大运河历史脉络，探讨大运河当代价值。大运河在全国文化中心建设中作用特殊，意义重大，大运河国家文化公园建成后，北京将进一步迈向世界文化名城、世界文脉标志，文化软实力和国际影响力将更增一筹。

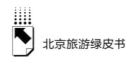

三　北京国家文化公园建设面临的问题与挑战

（一）多头管理时有发生，制度保障缺失

国家文化公园是在国家公园制度与体系基础上的大胆创新和发展，作为线性遗产，其横跨区域广。在长城段、运河段的开发建设中，需要牵涉许多部门，诸如土地、交通、规划等，因此这就需要在对长城和大运河进行规划建设时，考虑同一行政区内不同部门的协调问题。

以延庆八达岭长城、怀柔慕田峪长城、密云司马台长城（三者开发程度较高）为例，三个长城分别处于不同的行政区。之前在对长城管理开发和对长城文化的发掘过程中，三者的互相联系较少，未能够实现有机联动，因此各个长城彼此之间仍相互独立，这对于建设长城文化公园有较大的阻力。而且，不同区位、不同时期的长城受到的关注度和保护力度不同，目前对它们的开发程度也并不相同。总体而言，明代长城、处于重要区位的长城所受关注更多，而对更早期的长城、处于次要区位的长城的重视度不足。

除此之外，在国家文化公园建设中，机构改革导致的新的管理机构同原有的管理机构之间的冲突，使国家文化公园的管理机制进一步复杂化。

以怀柔慕田峪长城、黄花城长城为例，两者日常旅游项目的运营以及维护是由北京慕田峪长城旅游服务公司和北京黄花城长城旅游发展有限公司各自进行的。这类公司容易忽略对长城的文物本体以及原有历史风貌的保护，容易在不考量长城的承载力的情况下，出于对经济利益的过度追求对长城进行过度开发，进而使长城遭到人为破坏，不利于长城的长久发展。而在大运河国家文化公园建设中，对运河两岸散落的文物遗址进行保护是必要的。例如对什刹海周边文物和建筑进行清理修复，对百福泉、万寿寺、延庆寺等重点文物进行搬迁和环境整治。这部分建筑的腾退、修缮、重建涉及不同的行政区，涉及不同景区的利益，因此阻碍了大运河国家文化公园的建设。

2019 年北京市公布了《北京市长城文化带保护发展规划（2018 年—2035 年)》和《北京市大运河文化保护传承利用实施规划》及五年行动计划（2018 年～2022 年)，北京市文物局发布的 2021 年《长城国家文化公园（北京段）建设保护规划》通过了专家的结项评审。这些文献梳理了长城文化带和北京大运河以及国家公园未来保护、开发和利用的中长期目标，但对国家文化公园建设中遇到的利益冲突、管理权责等问题的讨论仍不足。虽然出台了许多文件，但这些文件执法力度较弱，科学有效的保护体系尚未建立，管理机构未被授予执法权，施工中的违法行为和不文明攀爬、雕刻现象等屡见不鲜。

总体而言，大运河和长城国家文化公园在建设中难以避免权责不明的问题，而目前仍未对此出台有较强约束力的制度，多头管理的问题并未得到有效解决。

（二）资金来源构成单一，回收周期长

长城、大运河建设国家文化公园将面临前期投入大、回收周期长、运营成本高等诸多问题。

北京国家文化公园建设规模庞大，前期需要投入大量的资金，中央财政投入十分有限，且各地的资金投入机制往往只停留在规划层面，具有一定的滞后性，资金难落地，国家文化公园建设的资金需求难以得到及时满足。紧迫的建设周期与资金较长的回收周期、资金来源与构成单一以及大量的资金需求和有限的资金规模等，这些问题阻碍着国家文化公园的建设。我国国家文化公园的发展需求较高，资金来源与构成单一的模式难以满足国家文化公园及其周边区域的发展需求。积极探索多渠道融资的模式，完善我国国家公园的资金保障制度是实现"全民公益性"的根本保障。

北京国家文化公园建设时间为 2018 年至 2035 年，共 17 年的建设周期，

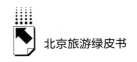

这对资源众多、规模庞大的长城、大运河国家公园来说是一个不小的挑战。此外，由于国家文化公园具有公益性、科普性、全民性，资金回收周期较长。回顾大运河文化带建设过程中面临的挑战，江苏省文化投资管理集团总经理徐宁称："我们面临国家文化公园建设公益外溢性与社会资本安全收益性有机匹配的挑战，面临国家文化公园建设任务紧迫性与基金投资运作回收长期性的平衡兼顾，面临着重大项目大额集中投入与基金规模有限分散的矛盾问题。"

（三）全民公益难以实现，社区保护意识淡薄

《建立国家公园体制总体方案》明确国家公园应有公益性。然而，北京的许多长城景区仍由旅游公司管理。开发企业追求经济利益的本质，使其很难充分体现全民的利益，不可能产生全民的公益效果。

以八达岭长城这一试点为例，八达岭试点项目涉及 9 个行政村和数千名当地人口。在试点中的社区严重依赖长城旅游资源，对长城进行了过度开发。然而，仅处于长城核心地带的村落获得了发展的红利；远离长城遗产的村落在资源和区位上没有明显优势，经济收入不容乐观。如何建设国家公园，兼顾社区发展，保护当地居民利益，鼓励社区参与保护，是长城国家公园建设道路上的"拦路虎"。在国家公园的管理理念下，像北京石佛寺依靠交通发展的模式无法建立起来。对于其他村庄来说，在自然资源和资金投入的限制下，如果没有良好的政策支持和发展思路，很难找到金山银山的转化的途径。

总体来看，对长城、大运河本身以及周围自然生态系统的长期监测较为缺乏，对游客和社区居民有效的行为引导和环境教育较少，公众保护意识有待提高。此外，社区居民在长城的保护中参与积极性低，参与的渠道受限，并未建立起有效的社会参与机制。

2019 年，为了加强保护长城的力度，北京按照《长城保护员管理办法》对长城保护员管辖长城点段的标准进行了明确，确定其工作职责和待遇保障、奖惩措施。通过培训，长城保护者将被允许持证书上岗并定期接

受培训。截至 2019 年 6 月，共有 463 名长城保护者，包括 289 名全职工人和 174 名兼职工人，对长城进行分时段巡查。尽管有长城保护员，但对长城的破坏仍是屡见不鲜。一是现如今社区整体保护意识较为淡薄，仅靠少数长城保护员的力量还是不足以保证长城不受破坏；二是长城保护员队伍中可能也有保护长城意识不强的人，因此在巡查力度、尽责力度等方面存在不足。

如今，我国大部分的长城景区是以游览和参观为主。这些景点往往被认为是"不到长城非好汉"的必达之地。这里的大多数游客到长城旅游仅为收获"到此一游"的浅层体验。长城的历史文化价值未被展示出来，甚至被省略。尤其在节假日，长城的旅游景点都挤满了人，游客难以获得深刻的文化体验。

四　北京国家文化公园体制机制规划建议

国家文化公园作为彰显我国优秀传统文化、树立民族文化自信的重要载体，需要从国家层面提炼与传承国家文化公园的精神文化内核，从法律层面明确其公益化的价值取向，延续中华文明的千年神韵，打造华夏儿女的共有精神家园，在建设与管理过程中应坚持整体保护、统一管理、规划先行的原则。国家文化公园建设地理跨度大，涉及部门多，实例参考少，要想既符合国情又发挥效益服务大众，必须加强顶层设计，规划完善体制机制，对此我们就北京国家文化公园体制机制建设提出以下建议。

（一）加强顶层设计规划，由专属机构统筹负责，相关部门协同参与，进行分区管理

北京是全国文化中心，具备人、财、物等多方资源，应充分发挥政府部门、先进思想、信息科技的集中优势，在国家文化公园建设上主动起到带头示范作用。坚持规划先行，科学编制，突出顶层设计，确保步调统一、上下一致、统筹推进。在北京设立国家文化公园管理处，对北京地区的长城和大

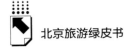
运河国家文化公园进行统一管理，统筹把控，确保体量巨大的公园体系分而不散，和而不同。在北京长城文化带沿线 6 个区，大运河文化带 7 个分段，分设管理办公室，对本区域内公园的设施设备、资源利用、项目运营以及社区管理等事务进行细化、量化、具体化和项目化处理。市级管理处直接领导与监督区级管理办公室，区级办公室向市级管理处进行工作汇报，形成层级分明、运作高效的垂直管理体制。

在部门配合上，由相关部门协同参与。与国家文化公园建设有关的部门如林业、国土资源、住建、环保、文物等以合作形式参与公园的规划发展，各部门对公园事务提供数据和资源支持并进行监督监护，形成部门联动、合力发展的多元协调机制。

在功能分区上，分区管理体制更能使公园效益最大化。在国家要求重点建设的四类主体功能分区——管控保护区、主题展示区、文旅融合区、传统利用区的基础上，规范利用区域空间，合理布局区域功能，形成空间划分科学、功能展示充分的分区管理体制。

（二）创新经营体制，融入产业化运营理念

吴丽云、高珊、阎芷歆在研究中阐述了美国历史文化类国家公园的利用模式，美国国家公园管理局通过特许权合同、商业使用授权、租赁授权的方式，为游客提供必要而舒适的商业服务。管理权与经营权相分离也是不少国家采取的一种经营管理制度（如美国、澳大利亚、新西兰、日本等），在该制度下，国家公园管理部门主抓保护和管理工作，公园内的相关经营项目则通过特许经营等方式委托给企业或个人经营，对保护国家公园生态系统和遗产资源具有重要意义。基于以上国际经验，我们认为在北京国家文化公园的建设中，可以试运行经管分离、特许经营的经营机制。在坚持公园公有属性、坚守文物保护底线的前提下，由公园管理机构制定园区经营管理条例，引导并规范社会资本在园区内的活动，并对经营者进行管理与监督；"特许经营"方在遵守公园的管理计划和法规政策的前提下，以对公园资源和价值的影响最小的方式，为游客提供必要的商业服务。

（三）以财政拨款为主，完善多元资金机制，资金利用去向公开透明

国家文化公园是全民共享的精神文化生活空间，要突出国家文化公园的全民公益性，就应在建设中实现财政拨款和社会资金的统一，确定明确、稳定的资金投入制度。因此我们认为：北京市应建立以财政拨款为主，以公园收入、社会资金为辅的财政机制。北京市委与公园管理处共同设立国家文化公园建设发展专项资金，该资金由财政补贴、公园收入、社会赞助及其他资金共同组成。资金来源要以财政拨款为主，做到应保尽保，避免公园因资金不足而过于追求商业化，丧失全民公益的属性；此外，在社会资金筹措上，接受企业、社会机构及个人捐款；另外，北京市政府可以试水国家文化公园专项债券，例如江苏省的大运河文化带专项债券就有效解决了融资困难问题。

资金利用可以更加公开透明。北京国家公园管理处可以利用互联网建立快捷高效的审批机制，在此机制下，公园资金利用方式、利用过程及预期成果要及时提交管理机构审批，避免资金的滥用。同时，公园要主动接受社会监督，公园财报应定期公开发布，自觉接受群众和媒体监督。

（四）健全完善法律法规，构筑科学完整的法律体系

完善的法律法规体系为北京国家文化公园建设发展保驾护航。世界各国不仅出台了自己的国家公园管理专项法规（如美国《国家公园基本法》、加拿大《国家公园法案》、瑞典《国家公园法案》、澳大利亚《国家公园法》等），还结合自身实际出台了一系列相关法律法规，形成了较为系统完备的法律体系，为国家公园的有效监督和管理提供了强大的法制保障。在国家文化公园建设的过程中，法律规范是应最先查漏补缺、补充完善的部分。在制定法律政策之前，可以向相关部门、专家学者、公园所在社区和社会公众征求意见，提高法律的科学性、完整性和适应性。

另外，随着国家文化公园建设的不断推进，法律也要与时俱进。北京市

可以借鉴加拿大国家公园的经验，加拿大不仅在国家层面有健全的法律体系，各省也有适用于各个公园或文化遗产的法案条例，这些条例 5 年更新一次，其中的管理计划更是每年更新，这使得加拿大国家公园的法律体系能够紧跟社会发展，适用性更强。由此，北京市国家公园管理局可以采取听证会的形式，定期讨论完善与其相关的法律法规，以适应甚至引领时代发展。

（五）共商共建共享，拓宽多主体参与路径

国家文化公园是国民文化精神的表达空间，要发动民力、汇聚民智，尊重社区利益，协调社区参与国家文化公园建设。一方面，可以参考澳大利亚乌鲁汝－卡塔曲塔国家公园（Uluru-Kata Tjuta National Park）的联合管理模式，乌鲁汝－卡塔曲塔国家公园的原住民群体通过加入管理董事会的形式参与国家公园的管理，董事会下雇有社区联络官，辅助社区加强与澳大利亚公园管理局（Parks Australia）之间的联络，并向董事会提交社区意见。北京长城和大运河周边的居民可以参考此模式选拔社区顾问，社区顾问作为北京国家文化公园管理处和社区之间的联络人，可以起到上传下达的作用。另一方面，可以参考智利拉帕努伊国家公园的社群形式，拉帕努伊的社区居民组成了名为 Ma'u Henua 的土著社群，通过 Facebook 等社交平台，以制作视频、发布动态等方式宣传公园的文化与遗产。北京国家文化公园可以鼓励社区居民利用抖音、快手等自媒体平台或微博、微信等社交媒体，宣传公园的文化精神，分享公园景致，以社交辐射效应促进群众对公园建设进行监督管理。

与国家文化公园事务有关的各类协会组织，如中国非物质文化遗产保护协会、中国古迹遗址保护协会、中国生态环境保护协会、中国长城学会等，可以以代表形式参与到北京国家文化公园的规划管理中来。例如云南省林业厅与大自然保护协会（The Nature Conservancy，TNC）的国家公园合作模式。2008 年以来，TNC 陆续为云南省合作伙伴提供了国家公园地方立法、地方技术标准制定、组织机构建设、信息管理、资源调查和社区参与等多角度、全方位的技术支撑，产生了客观的经济、生态和社会效益。北京国家文化公园管理处可以与相关协会组织保持合作关系，吸纳协会代表就研究方向

问题建言献策，为国家文化公园可持续发展贡献公益力量。

对于普通民众，则要增加其参与渠道，拓宽其参与路径。通过网络问卷或调查表、意见公开听取会等方式，了解公众诉求，给予公众参与国家文化公园建设的机会。

五 结论

国家文化公园是一个利国利民的文化工程，它的提出与建设为不同的地域文化提供了一个统一而宏大的文化符号，并以其强大的文化感召力和包容性，将沿线众多文化符号有机地联结起来。国家文化公园的建设关乎国民利益。本文借鉴国外国家（文化）公园的优势经验，针对北京国家文化公园多头管理、制度缺失、资金来源单一、社区参与受限等实际问题，在坚持文化保护与传承的底色上，提出了体制机制建设的意见建议：首先，在管理方面，做好顶层设计，构建"市级统筹，区域协同"的垂直管理体制；其次，通过"经管分离、特许经营"来创新经营机制，同时加大财政资金投入，形成多元化的资金来源渠道，构建完善严密的法律体系，引导多主体共商共建共享公园，保证公园的国家文化性、人民公益性和贯通融合性，将公园建设成为真正"承中华精神，展民族风采，为百姓所享"的文化旅游工程。

参考文献

李飞、邹统钎：《论国家文化公园：逻辑、源流、意蕴》，《旅游学刊》2021年第1期。

张凌云：《黄河国家文化公园创建的几点思考》，《中国文化报》2021年7月20日。

杨悦：《深化文旅融合 推进长城国家文化公园（北京段）建设》，《中国旅游报》2021年7月29日。

龚道德：《国家文化公园概念的缘起与特质解读》，《中国园林》2021年第6期。

李树信：《国家文化公园的功能、价值及实现途径》，《中国经贸导刊（中）》2021

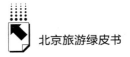

年第 3 期。

龚雪琴、赵云龙、张龙：《浅谈北京长城国家公园体制试点》 《中国工程咨询》2018。

派智库：《国家公园体制试点建设的难点与对策建议——以北京长城国家公园为例》，2008 - 02 - 11/2021 - 08 - 01。

邹统钎、韩全：《国家文化公园建设与管理初探》，《中国旅游报》2019 年 12 月 3 日。

冷志明：《国家文化公园：线性文化遗产保护传承利用的创新性探索》，《中国旅游报》2021 年 6 月 2 日。

吴丽云、高珊、阎芷歆：《美国"公园 +"利用模式的启示》，《环境经济》2021 年第 5 期。

钟永德、徐美、刘艳等：《典型国家公园体制比较分析》，《北京林业大学学报》（社会科学版）2019 年第 1 期。

吴丽云、蔡晟：《国家文化公园建设应坚持三大原则》，《环境经济》2020 年第 16 期。

邹统钎：《国家（文化）公园经典案例研究》，旅游教育出版社，2020。

李笑兰：《推动国家公园模式与社会组织的实践案例》，《旅游学刊》2018 年第 8 期。

G.22

"智慧长城"和"智慧运河"

——国家文化公园建设的技术化应用研究

汪早荣*

摘 要： "智慧长城""智慧运河"在数字中国战略的牵引下需充分
发挥数字化优势，有效平衡保护传承和运营发展的关系是推
进国家文化公园数字化战略的关键。本文首先阐述了国家文
化公园数字化建设运营的现状，说明了运营主体前期数字化
发展过程中的相关问题，以及建设国家文化公园带来的新动
能；其次，基于行业现状梳理了国家文化公园数字化建设的
内容与路径；最后，提出了国家文化公园数字化建设的方向
建议。

关键词： 国家文化公园 智慧园区 数字化建设

2019 年 12 月 5 日中共中央办公厅、国务院办公厅印发的《长城、大
运河、长征国家文化公园建设方案》（以下简称《方案》）指出：国家文
化公园是国家推进实施的重大文化工程。需要秉持保护优先，强化传承；
文化引领，彰显特色；总体设计，统筹规划；积极稳妥，改革创新；因地
制宜，分类指导的建设原则。《方案》印发后，各地都在依据《方案》积
极探索国家文化公园的建设。随着国民经济的持续发展，人民收入水平不

---

* 汪早荣，深大智能集团董事长，高级工程师。

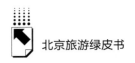

断提升，人民对美好生活的追求不单是对物质生活的追求，更是对美好精神文化的需求，是对提高自身精神境界的要求。国家文化公园是承载着中华文化内涵的公共文化载体，是国家的象征，需突出创新性、公益性、开放性和国际性。数字技术作为重要的工具可有力支撑国家文化公园的保护传承和运营发展。

一　国家文化公园数字化发展现状

从《方案》所框定的建设范围看，现有国家文化公园的行政管理主体以当地文化和旅游部门为主，国家文化公园主体功能区包含管控保护区、主题展示区、文旅融合区、传统利用区 4 类。其中管控保护区、主题展示区、文旅融合区 3 类主体功能区的运营管理主体（以下简称"核心资源方"）以各省市所在地当地管委会及文保单位、国有文旅企业为主。传统利用区属于传统生活生产区域，数字化建设的集中度相对较低，暂不纳入本次数字化建设的研究范围。以下就当前核心资源方的数字化发展现状进行阐述。

（一）核心资源方现状

当前游客出游的热情越来越高，在"长城""运河"文化 IP 的加持下，核心资源方在节假日期间承受着巨大的游客接待压力，社会各界对数字化系统的应用要求越来越高。核心资源方目前仍然存在部分不足。一是管控保护能力不足。对不可移动文物及环境的信息监测能力和覆盖率尚需提高，对可移动文物的数字化保护能力尚有很大的提升空间。二是产品同质情况普遍。由于"长城""运河"国家文化公园具有线性遗产的特点，引导沿线地区打造差异化产品，才能在大的主题背景下，寻求各自的发展路径。搞好沿线资源的保护与开发，做好分工与协调也是数字化建设需要探索的方向。三是文化旅游融合不足。合理运用是对文化最好的保护，建设国家文化公园的目的是传承优秀传统文化，把这些文化遗产都"锁起来"，不利于增强广大人民群众对中华文化的认同感。因此需要充分运用数字化建设挖掘文化遗产价值，通过场景化、活动化方式将文化应用到各个场景中，使其产生更好的社会效益、经济效益。四是游客体验度不高。"80后""90后""00后"日渐成为文化旅游消费的主力，通过"两微一抖"等新媒体的传播让部分资源方成为网红是吸睛的关键，充分运用歌曲、视觉、社交媒体开发出适宜的文化传播方式是路径。五是门票经济依赖较重。当前长城、大运河在实际运营中主要依靠两老产品（老天爷、老祖宗），未充分挖掘文化遗产的价值，产品创新力不足，收入严重依赖门票经济。六是管理能力有待提升。应对黄金周大客流的应急管理机制尚存在一些问题，无法有效兼顾游客体验感，降本增效有较大提升空间。

（二）数字化转型过程中的关键问题和难点

数字化技术作为国家文化公园建设中的工具和手段，是为运营管理服务的，当前国家文化公园体系下的各资源方在实施数字化转型中普遍存在管理和技术类问题，需要在国家文化公园的数字化建设前期做好相关梳理工作。一是减少多头管理现象。长城、大运河在行政管辖范围内存在多地同属管理的问题，在保护和开发的过程中，经常出现管理部门的争夺和推诿现象；虽然部分核心景观已经实行景区化管理，但是仍存在管委会、文旅集团、经营公司等多主体分段管理的现象，在推行公园化管理以后，需要从体制机制上进行统筹协调。二是确保运营管理可持续性。在运营管理上国家文化公园面临着分布范围广、遗产保护难、工作基础差、环境问题多、前期投入大、初期收效慢、运营成本高等诸多现实问题。三是重建设轻运维。当前公园部分信息系统存在为了上而上的现象，会出现部分建设内容平时闲置不用，需要用时却用不起来的情况，后续的运维投入不足也可能使问题持续发生，总体系统化运用程度不高，在人员配置上也存在人手不足的问题。四是信息化建设顶层设计不足。当前系统建设以解决当前单项业务需要为主，缺乏数字化的顶层设计，存在数据孤岛现象。五是需要减少低水平重复建设。数字化建设由于分属于不同的运营主体，建设经费相对分散，低水平重复建设现象较

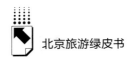

为突出，无法集中力量办大事，需要借助区域龙头资源方、联盟等主体降低综合建设成本，实现高质量发展。

（三）国家文化公园数字化建设迎来新动能

"长城""大运河"国家文化公园是我国推进实施的重大文化工程，该工程通过整合具有突出意义、重要影响、重大主题的文物和文化资源，实现保护传承利用、文化教育、公共服务、旅游观光、休闲娱乐、科学研究功能，形成具有特定开放空间的公共文化载体，集中打造中华文化重要标志，以进一步坚定文化自信，充分彰显中华优秀传统文化持久影响力、社会主义先进文化强大生命力。具有文化 IP 属性的产品通过数字化营销、服务及社交化传播为传统文物保护单位、旅游景区、文化机构蓄积能量，从而实现可持续发展。

二　国家文化公园数字化建设运营的内容与路径

根据《方案》要求，长城国家文化公园建设范围包括战国、秦、汉长城，北魏、北齐、隋、唐、五代、宋、西夏、辽具备长城特征的防御体系，金界壕，明长城，涉及北京、天津、河北、山西、内蒙古、辽宁、吉林、黑龙江、山东、河南、陕西、甘肃、青海、宁夏、新疆 15 个省区市。大运河国家文化公园建设范围包括京杭大运河、隋唐大运河、浙东运河 3 个部分，涵盖通惠河、北运河、南运河、会通河、中（运）河、淮扬运河、江南运河、浙东运河、永济渠（卫河）、通济渠（汴河）10 个河段，涉及北京、天津、河北、江苏、浙江、安徽、山东、河南 8 个省市，需要分省规划。

（一）国家文化公园数字化建设

"长城""大运河"国家文化公园需要坚持以保护传承为前提，以运营发展为导向，驱动核心资源方的数字化建设，形成文化深入挖掘、游客满意度提升、企业效益增加、政府监管有力的新格局。为达成此目标，需要从数字化顶层设计入手,助力核心资源方实现数字化转型,并通过核心资源方带动周边资源方及上下游产业链实现共同发展。

1. 数字化顶层设计

国家文化公园涉及主体较多,包括政府、学术机构、运营企业等,其整体产业链涵盖的产业关系详见图1。

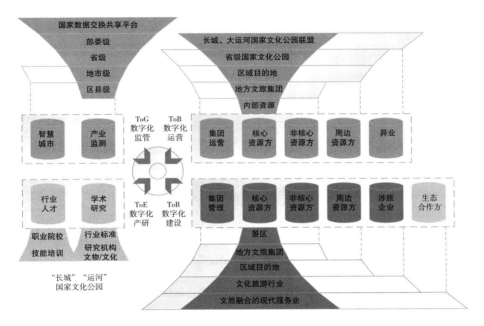

图1 国家文化公园产业链涵盖的业务关系

国家文化公园产业数字化建设涉及产业数字化监管、产业数字化研究保护、企业数字化建设、企业数字化运营等内容。由于数字化建设涉及面大,需要采取整体梳理、统筹规划、分步实施的方式有效推进。从行业顶层设计上看:一是构建行业主题数据库。为使文化 IP 资源能在知识产权得到有效保护的前提下实现应用的最大化,需要在国家层面构建主题数据库,为持续赋能行业打下坚实基础。二是建设行业数字云平台并实现数据交换共享。需依据国家数据共享交换平台体系,建设完善文物和文化资源数字化管理平台,文化和旅游部可在此基础上构建行业数据中心,从政府层面开展有利于

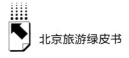

行业的监管。省区市各级政府可通过数据接口实现数据交换共享。

2. 数字化建设内容

从主体功能区划分来看，"长城""大运河"国家文化公园分为管控保护区、主题展示区、文旅融合区、传统利用区，所属的实际运营主体不同，需要依据自身的实际运营发展阶段分级做好数字化建设（见图2）。

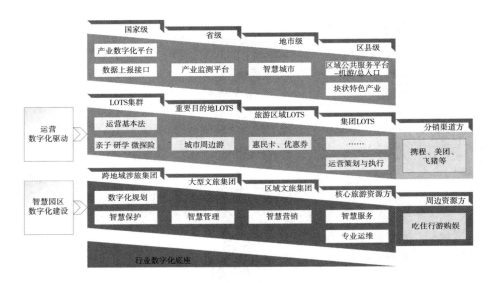

图2　国家文化公园产业数字化建设内容

从降低资源方及产业生态链上下游企业数字化综合建设成本、促进共同发展的角度考量，需要在"长城""大运河"主题国家文化公园层面或省市主题文化带层面推动相关单位通过采用 SaaS 服务的方式实现业务系统的互联互通（符合网信规范要求）。各单位依据需求有序推进各类互联网综合服务平台（含营销、服务功能）的搭建、线下信息系统的使用、内部管理类系统的运用，对于有复杂业务承载的资源方，可采取独立部署的方式实施数字化建设。

（二）文保单位/地方文旅集团数字化建设

文保单位（含部分实施景区化管理的核心资源方，以下将"文保单位"

"文化资源单位"均称为核心资源方)作为国家文化公园的重要载体,承担着保护传承、运营发展的使命。地方政府通常会将核心资源方作为重要资产成立地方文旅集团。地方文旅集团作为国有企业,承担带动全域旅游协调发展的重担,其自身因为业务发展也需要通过数字化建设持续获得新动能。因此旅游核心资源方数字化建设需要通过统一规划、分步实施的方式进行。

1. 数字化建设蓝图

数字化建设要以破解问题为工作导向,开展文物保护、文化资源挖掘、流程再造、数字赋能、高效协同、整体智治等工作,构建文旅集团"一体两翼"数字化改革总体框架,补齐数字化保护、管理、经营短板,实现场景系统集成应用,激发内生动力。打造集团数字化标准规范体系,统一各业务板块数字化发展路径(见图3)。

"一体"是搭建文旅集团数字化基础支撑平台,通过数据湖 - 数据库 - 企业服务总线将所有业务抽取至决策支撑平台,为文旅集团、运营项目提供业务决策服务支持,并分级保障内部管理系统(含文物保护管理、文化资源管理)和各经营业务的安全运行。"右翼"是完善游客综合服务平台,打通 B2C、B2B 渠道管理,在营销方法、客群维系、经营分析及配套工具发放环节形成互联网化的营销一体化能力;"左翼"是完善服务于各业态的经营业务系统,从业务经营到商业消费管理,从游客综合服务管理体系到物业与安防综合管理体系,形成完整的业态化决策链。

2. 数字化基础设施建设

(1)数据中心。发挥国家文化公园丰富的线下场景优势,共享和汇聚跨部门、跨主体的各类保护、管理、经营数据,构建集团数据中心,实现各系统数据的无缝对接,提升对各类数据的综合处理能力,为数字化改革提供最有利的数据支撑。

(2)企业服务总线。通过企业服务总线避免信息系统出现各自独立建设,产生数据孤岛的现象,形成统一的数据接口标准,提供统一数据推送,统一监控服务,构建统一的报表平台,通过企业服务总线将数据存入数据中心。

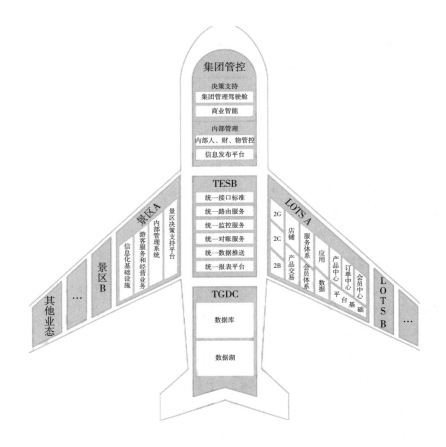

图3 核心资源方"一体两翼"数字化改革总体框架

（3）集团数字化基础管理平台。通过对基础信息进行管理可设置相关的人员、角色、权限，实现集团对各类业务的有效把控，通过管控平台实现对集团与运营项目的矩阵式管理，通过差异化定位明确集团－运营项目管理的侧重点，形成集团指导运营项目有序运营的格局。

（4）集团内部管理数字化。集团内部管理数字化建设以战略管控为导向，通过建设专业的人事管理、财务管理、办公管理、企业资源管理、员工管理等信息系统实现集团－运营项目多级管理的格局。重点是强化统一入口、强化业务流程管理、提升便捷性。

（5）国家文化公园智能管控平台。一是面向不可移动文物建设遗产监测平台。充分运用5G、人工智能、大数据、物联网、GIS、北斗等技术对不可移动文物实施保护性监测，环境监测内容包含但不限于气象、水文、空气等因素对不可移动文物的影响。二是面向可移动文物建立资产管理监测平台。运用扫描技术对文物进行数字化建档，通过系统台账对可移动文物进行数字化管理；运用人工智能、大数据、物联网等技术对展陈场馆、储存库房进行实时监测，确保陈列、储存文物的环境适宜。三是面向文旅融合建立智能指挥调度中心。通过 AR 实景可视化和 GIS 地理信息技术以及数字监控、电子门禁、GPS 车辆调度、LED 大屏显示等信息系统和无人机、单兵执法仪等设备，实现景区重点景观实时展示、环境监测、分时实名预约与核验、人流车流预警等功能。通过数据可视化页面实时展示信息，景区运营管理人员能实时掌控全景区的游客接待和资源保护情况，并将指令实时传达至第一线，根据实际情况合理调配人力、物力，迅速处理突发事件，保证服务质量。

3. 集团互联网游客综合服务平台（轻资产）

集团游客综合服务平台是国家文化公园的重要窗口，向上承接政府部门弘扬文化的使命，平行承担全域旅游协调发展的重担，向下需要实现拉动集团内产业的效应。

数字化建设应以运营为导向，从供给侧整合业态产品，通过多样化营销运营工具实现对游客的有效触达。一是注重挖掘产品内涵。通过文化挖掘、网红孵化等形式增加文化 IP 产品，重点突出爱国主义教育基地和博物馆、纪念馆、陈列馆、展览馆产品，利用重大纪念日和传统节庆日组织形式多样的主题活动，因地制宜地开展宣传教育，推动开发乡土教育特色资源。二是提升综合预订率实现流量变现。通过聚合集团景区、酒店、民宿、餐饮、购物等资源，实现对国家文化公园、旅游度假区、旅游目的地的供应链管理，通过增加曝光量有效提升综合预订率。三是加强会员中心建设。随着集团业态逐步完善，强化会员中心建设将助力集团提升总体效益。四是注重营销能力建设。通过全员营销、社群营销、直播等工具强化 C 端运营能力从而实现流量在平台端的转化，通过同业分销、渠道分销等方式面向不同类型渠道形成旅游产品的差异化供给。五是加强媒体矩阵建设。通过"两微一抖"等新媒体推广集团文化资源、旅游产品，引导游客种草直至转化。六是强化内容建设。通过直播、导游导览、语音讲解、即时信息发布、公共服务、识图等内容的供给，提升游客游前、游中、游后的相关服务黏性。七是承接政府部门政策项目。通过市场化方式整合目的地旅游资源后，可加强与政府的数据协同关系，从而承接政府旅游消费券、优惠券、政策补贴等项目，弘扬主题文化。

4. 资源方项目数字化建设（项目运营）

文化旅游运营项目数字化建设应建立在集团统一标准、归口管控的基础上，以项目运营适配为前提，以规范旅游服务质量为基础，以数据颗粒归仓为目标，建立面向旅游项目的各类业务系统和管理系统。针对项目定位、资金预算等情况，有序推进运营项目的信息化、数字化建设。

智慧管理。强化集团－运营主体两级管理，人事管理（EHR）、财务管理（FMS）、办公管理（OA）、企业资源管理、员工管理等信息系统采取集团统一建设，运营项目使用的原则；安防管理、客流管理、应急救援、一键报警等信息系统采取集团制定统一标准，运营主体按实际需求使用的原则。

智慧营销。旅游运营项目应加强产品供给能力；强化集团旅游线上总入口的业务归集、流量归集、流量分发功能，实现智慧旅游平台对集团下辖运营项目在营销上的全面支撑。

智慧服务。以提升游客服务质量为目标。通过优化网络覆盖（5G＋WiFi6），提升游客的游览体验；通过完善即时信息发布系统，加强对游客的引导能力；通过建设餐饮、商品、租赁、体验业态（沉浸式体验项目、无人车）等业态门店数字化系统，提升游客服务体验。

（三）地方文旅集团数字化运营——以北京八达岭为例

2017年北京八达岭引入深大智能旅游整体解决方案，上线景区线上线下一体化票务管理系统。在旅游行业尚未恢复至2019年水平的背景下，延庆旅游电商平台"长城内外平台"实现逆势发展。

当前八达岭文旅集团旗下旅游产业链布局有古崖居、世界葡萄博览园、九眼楼、水关长城、古长城等景区,空中索道、地面缆车等交通工具,八达岭饭店、共享别院、森林生态体验基地、希尔顿逸林酒店等餐饮住宿,球幕影院、万科石景龙滑雪场等消费业态。

八达岭文旅集团是在原北京八达岭旅游总公司的基础上成立的,通过"自主投资+划拨转让+优势合作"的发展模式,不断加快整合延庆优质旅游资源,通过"投资开发+升级提升"的方式实现资源资产化,通过专业化、市场化运营提升资产价值,推动集团从旅游运营企业向全域旅游投资运营商转变,实现市场化、规模化、品牌化、集团化发展,形成聚焦延庆、面向全国的发展格局。

"长城内外"以自有景区为核心,通过整合自身及周边地区的"吃住行游购娱"资源,统一和完善直销、分销渠道,建立落地服务的标准化体系,打造旅游线上线下一体化的O2O体系和一站式服务平台,服务于旅游目的地智慧营销、智慧服务和智慧管理,提升延庆区旅游业品质。

平台以游客为中心,游前提供全面、准确的目的地官方信息,以便于游客获取信息进行决策和预订;游中提供完善的目的地落地服务,提升游客的满意度;游后提供更方便的分享和传播服务,提升集团目的地口碑。

不断完善产品体系。建立"资源-标准化旅游产品-社群角色-新旅游产品组合"模式。第一,不断开拓优质旅游资源,打造充满竞争力的产品;第二,在目的地范围内开拓旅游要素丰富的小产品,通过赋予其文化、精神内涵,设计、包装形成一个个标准化旅游产品;第三,将这些标准化产品与各个社群角色结合,形成新的产品组合;第四,提高社群角色能动性,让社群角色可以在后台自由调取产品进行组合售卖,提升个人收益。

不断提升营销运营能力。一是建立统一的品牌形象。采取多品牌结构定位,最大限度地占领市场。各所属企业在集团提供的统一标准、框架、元素等基础上,根据板块运营需要,统一构建运营体系,打造"长城内外"大营销品牌。二是优化和提升运营能力。由集团统一提供直播、短视频、社群

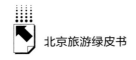

运营等培训服务, 破除流量壁垒。多维度聚合企业微信公众号、视频号、抖音、快手、小红书等数字化营销方式, 通过优势叠加、内容升级, 培养更多线上运营达人, 将优质图文、视频、直播植入各个社群, 引导用户种草。

三　总结

通过北京八达岭 – 长城内外案例, 可以发现地方文旅集团通过思想解放、业务创新开创了一条北京旅游景区从没有走过的路, 其发展的理念是以运营为导向, 驱动业务发展。在此过程中, 数字化技术解决的是生产工具的问题。因此在推进"智慧长城""智慧运河"国家文化公园数字化建设过程中可借鉴该案例的相关经验。

随着体制机制的进一步理顺, 国家文化公园数字化建设规划需要前置考虑保护传承与经营发展的关系。在数字化建设过程中需要综合考量管理融合、产学研融合、文旅融合, 引入适合自身发展的数字化管理系统。在数字化运营中核心资源方需要充分挖掘自身文化元素, 在兼顾均等化的前提下充分挖掘差异性, 打造适合市场的产品, 运用融媒体、新媒体等渠道实现流量的充分转化, 带动区域经济发展。

参考文献

马一德:《文化产业数字化助推经济体系效能提升》,《北京日报》2021 年 4 月 12 日。

王合壮:《全域旅游智慧营销的实施分析》,《中国市场》2019 年 7 月 29 日。

刘佳:《中华传统文化创新性传播的路径与对策》,《传媒》2021 年第 10 期。

曹福然、马雨墨、熊威:《数字化文化遗产与提升城市形象研究》,《学习与实践》2021 年第 4 期。

王铁林:《关于长城景区发展的一些思考》,《中国长城文化学术研讨会》2019 年 10 月 30 日。

孙森:《长城文化传承与数字化保护——以北京长城保护为例》,《2018 年（第五届）科学与艺术研讨会论文集》，2018。

夏丽娟：《关于长城文化价值发掘和保护策略分析——以嘉峪关长城博物馆为例》，《丝绸之路》2021年6月25日。

李佳桧、赵连稳：《数字化——文化遗产保护的有效途径》，《博物馆的数字化之路》2015年6月14日。

袁彩霞：《杭州运河博物馆运营管理优化研究》，吉林大学，2020年8月27日。

张磊：《数智时代运河文化带建设中非物质文化遗产的保护与传播研究》，《枣庄学院学报》2021年7月1日。

张飞越、陈海鹏：《基于扬州运河文化活态数字化发展构建研究》，《中国新通信》2021年第23期。

邢樾：《数字化背景下文化产业内容生产与营销传播的新趋势探析》，《生产力研究》2020年第1期。

皮 书

智库成果出版与传播平台

❖ 皮书定义 ❖

皮书是对中国与世界发展状况和热点问题进行年度监测,以专业的角度、专家的视野和实证研究方法,针对某一领域或区域现状与发展态势展开分析和预测,具备前沿性、原创性、实证性、连续性、时效性等特点的公开出版物,由一系列权威研究报告组成。

❖ 皮书作者 ❖

皮书系列报告作者以国内外一流研究机构、知名高校等重点智库的研究人员为主,多为相关领域一流专家学者,他们的观点代表了当下学界对中国与世界的现实和未来最高水平的解读与分析。截至2021年底,皮书研创机构逾千家,报告作者累计超过10万人。

❖ 皮书荣誉 ❖

皮书作为中国社会科学院基础理论研究与应用对策研究融合发展的代表性成果,不仅是哲学社会科学工作者服务中国特色社会主义现代化建设的重要成果,更是助力中国特色新型智库建设、构建中国特色哲学社会科学"三大体系"的重要平台。皮书系列先后被列入"十二五""十三五""十四五"时期国家重点出版物出版专项规划项目;2013~2022年,重点皮书列入中国社会科学院国家哲学社会科学创新工程项目。

皮书网

（网址：www.pishu.cn）

发布皮书研创资讯，传播皮书精彩内容
引领皮书出版潮流，打造皮书服务平台

栏目设置

◆ **关于皮书**

何谓皮书、皮书分类、皮书大事记、
皮书荣誉、皮书出版第一人、皮书编辑部

◆ **最新资讯**

通知公告、新闻动态、媒体聚焦、
网站专题、视频直播、下载专区

◆ **皮书研创**

皮书规范、皮书选题、皮书出版、
皮书研究、研创团队

◆ **皮书评奖评价**

指标体系、皮书评价、皮书评奖

◆ **皮书研究院理事会**

理事会章程、理事单位、个人理事、高级
研究员、理事会秘书处、入会指南

所获荣誉

◆ 2008 年、2011 年、2014 年，皮书网均
在全国新闻出版业网站荣誉评选中获得
"最具商业价值网站"称号；

◆ 2012 年，获得"出版业网站百强"称号。

网库合一

2014 年，皮书网与皮书数据库端口合
一，实现资源共享，搭建智库成果融合创
新平台。

皮书网

"皮书说"
微信公众号

皮书微博

权威报告·连续出版·独家资源

皮书数据库
ANNUAL REPORT(YEARBOOK)
DATABASE

分析解读当下中国发展变迁的高端智库平台

所获荣誉

- 2020年，入选全国新闻出版深度融合发展创新案例
- 2019年，入选国家新闻出版署数字出版精品遴选推荐计划
- 2016年，入选"十三五"国家重点电子出版物出版规划骨干工程
- 2013年，荣获"中国出版政府奖·网络出版物奖"提名奖
- 连续多年荣获中国数字出版博览会"数字出版·优秀品牌"奖

皮书数据库　　"社科数托邦"
　　　　　　　微信公众号

成为会员

登录网址www.pishu.com.cn访问皮书数据库网站或下载皮书数据库APP，通过手机号码验证或邮箱验证即可成为皮书数据库会员。

会员福利

- 已注册用户购书后可免费获赠100元皮书数据库充值卡。刮开充值卡涂层获取充值密码，登录并进入"会员中心"—"在线充值"—"充值卡充值"，充值成功即可购买和查看数据库内容。
- 会员福利最终解释权归社会科学文献出版社所有。

社会科学文献出版社 皮书系列
SOCIAL SCIENCES ACADEMIC PRESS (CHINA)
卡号：197215744555
密码：

数据库服务热线：400-008-6695
数据库服务QQ：2475522410
数据库服务邮箱：database@ssap.cn
图书销售热线：010-59367070/7028
图书服务QQ：1265056568
图书服务邮箱：duzhe@ssap.cn

基本子库
SUB DATABASE

中国社会发展数据库（下设 12 个专题子库）

紧扣人口、政治、外交、法律、教育、医疗卫生、资源环境等 12 个社会发展领域的前沿和热点，全面整合专业著作、智库报告、学术资讯、调研数据等类型资源，帮助用户追踪中国社会发展动态、研究社会发展战略与政策、了解社会热点问题、分析社会发展趋势。

中国经济发展数据库（下设 12 专题子库）

内容涵盖宏观经济、产业经济、工业经济、农业经济、财政金融、房地产经济、城市经济、商业贸易等 12 个重点经济领域，为把握经济运行态势、洞察经济发展规律、研判经济发展趋势、进行经济调控决策提供参考和依据。

中国行业发展数据库（下设 17 个专题子库）

以中国国民经济行业分类为依据，覆盖金融业、旅游业、交通运输业、能源矿产业、制造业等 100 多个行业，跟踪分析国民经济相关行业市场运行状况和政策导向，汇集行业发展前沿资讯，为投资、从业及各种经济决策提供理论支撑和实践指导。

中国区域发展数据库（下设 4 个专题子库）

对中国特定区域内的经济、社会、文化等领域现状与发展情况进行深度分析和预测，涉及省级行政区、城市群、城市、农村等不同维度，研究层级至县及县以下行政区，为学者研究地方经济社会宏观态势、经验模式、发展案例提供支撑，为地方政府决策提供参考。

中国文化传媒数据库（下设 18 个专题子库）

内容覆盖文化产业、新闻传播、电影娱乐、文学艺术、群众文化、图书情报等 18 个重点研究领域，聚焦文化传媒领域发展前沿、热点话题、行业实践，服务用户的教学科研、文化投资、企业规划等需要。

世界经济与国际关系数据库（下设 6 个专题子库）

整合世界经济、国际政治、世界文化与科技、全球性问题、国际组织与国际法、区域研究 6 大领域研究成果，对世界经济形势、国际形势进行连续性深度分析，对年度热点问题进行专题解读，为研判全球发展趋势提供事实和数据支持。